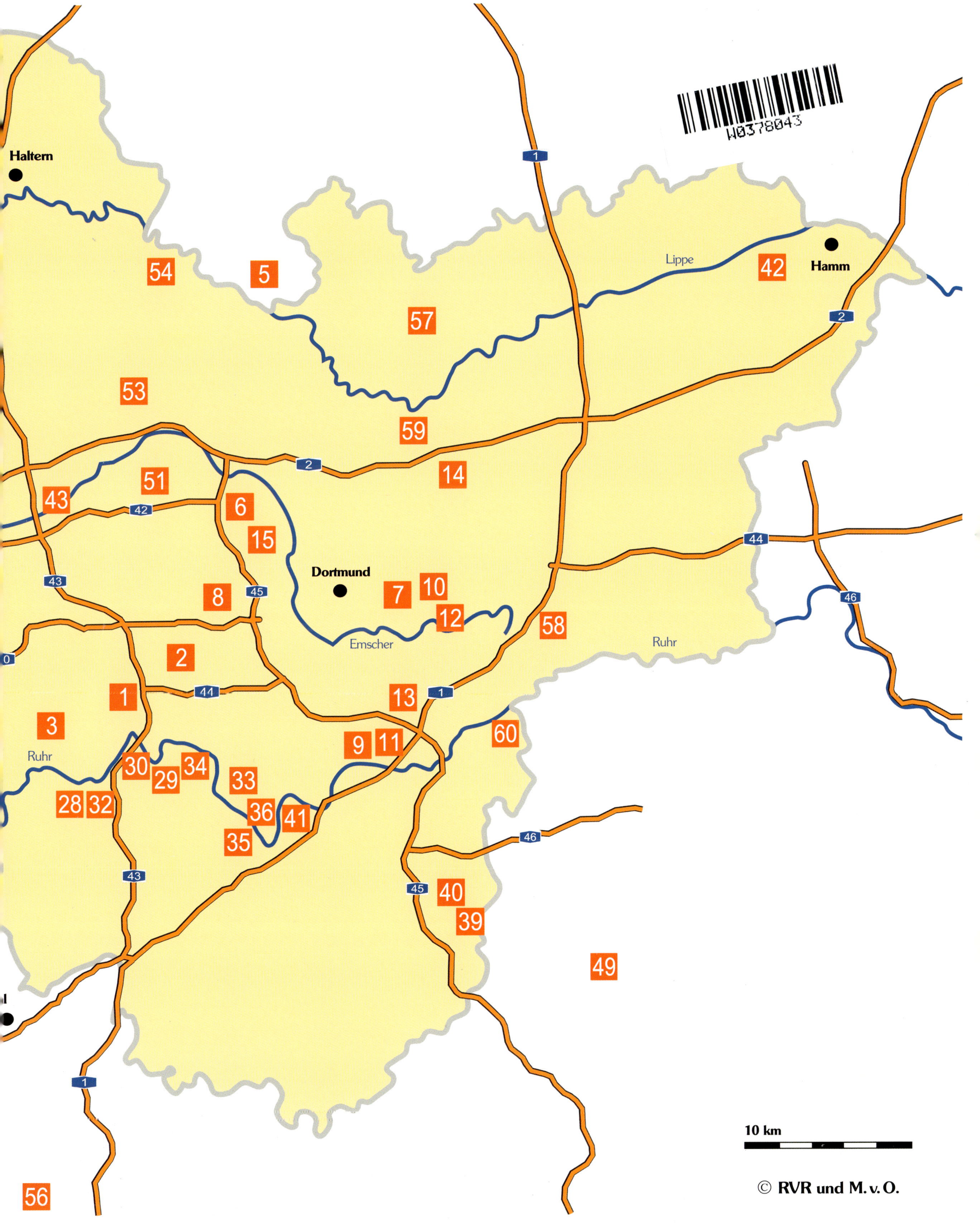
Haltern
Hamm
Lippe
Dortmund
Emscher
Ruhr
Ruhr
54
5
57
42
53
59
51
14
43
6
15
8
7
10
12
58
2
1
13
3
9
11
60
30
29
34
33
28
32
36
41
35
40
39
49
56
1
2
42
43
44
45
46
10 km
© RVR und M. v. O.

Hattingen: Haus Kemnade und Kemnader Stausee

Die verborgene Seite des Ruhrgebiets

Burgen und Schlösser aus der Vogelperspektive

Altena: Burg Altena

Die verborgene Seite des Ruhrgebiets

Burgen und Schlösser aus der Vogelperspektive

herausgegeben von Baoquan Song

mit Begleittexten von Studierenden der Ruhr-Universität Bochum

Luftbilder von Baoquan Song,
Pastellbilder von Joachim Blome
sowie Bodenaufnahmen von Wolfgang Hannig u. a.

Gimmerthal Verlag
Bochum

Fotografien in Zusammenarbeit mit
dem LWL-Museum für Archäologie
für das Ausstellungsprojekt

Ritter, Burgen und Intrigen
AUFRUHR
1225!

Die Deutsche Bibliothek - CIP Einheitsaufnahme

Die verborgene Seite des Ruhrgebiets: Burgen und Schlösser
aus der Vogelperspektive / Baoquan Song (Hrsg.).
- Bochum: Gimmerthal Verlag 2010
ISBN 978-3-00-030595-5
NE: Song, Baoquan (Hrsg.)

Redaktion: Christina Vollmari und Lena Wesemann
Layout und Satz: Bernd Lehnhoff, Bochum
Herstellung: Druckerei und Verlag Peter Pomp GmbH, Bottrop
Umschlaggestaltung: Bernd Lehnhoff, Bochum, unter Verwendung eines Luftbildes von Baoquan Song

Druck: Druckerei und Verlag Peter Pomp GmbH, Bottrop

Printed in Germany

ISBN 978-3-00-030595-5

Herten: Schloss Herten.

Schwerte: Haus Villigst,
im Vordergrund die Spuren des Vorgängerbaus

Inhaltsverzeichnis

Wetter/Ruhr: Burg und Freiheit Wetter

Herne: LWL-Museum für Archäologie

Grußwort

Das Ruhrgebiet, ein politisches Kunstprodukt des 20. Jahrhunderts und der drittgrößte Ballungsraum Europas, kann auf eine reiche und lange Geschichte zurückblicken. Im Laufe vieler Jahrtausende prägte der Mensch zwischen Ruhr, Emscher und Lippe die sich stetig verändernde Kulturlandschaft.

Wer weiß heute schon, dass das Ruhrgebiet eine der burgenreichsten mitteleuropäischen Regionen war? Mittlerweile ist auch das von Bergbau, Schwerindustrie und rauchenden Schloten geprägte Industriezeitalter vorbei. Mancher Adelssitz ging erst in dieser Zeit unter, musste dem Platzbedarf der Zeit weichen.

Viele Geschichten, die das Mittelalter schrieb, sind überliefert. So kommt 1225 der Kölner Erzbischof Engelbert, einer der mächtigsten Männer des Reiches, während eines Überfalls bei Gevelsberg gewaltsam ums Leben. Dieser Mord veränderte die politische Situation und damit die gesamte Ruhrregion. Die Vormachtstellung des Erzbischofs geriet ins Wanken, Kleinkriege und neue Burgenbauten waren die Folge, zahlreiche Zentren entstanden rasch nebeneinander. Die Auswirkungen dieses epochalen Ereignisses werden in der Sonderausstellung »AufRuhr 1225! Ritter, Burgen und Intrigen – Das Mittelalter an Rhein und Ruhr« im LWL-Museum für Archäologie vom 27.02. bis zum 28.11.2010 in Herne gezeigt. Damit wollen die Ausstellungsmacher Bewusstsein schaffen für den hohen kulturellen Wert der Ruhrregion.

Bei der heutigen Überprägung der Landschaft fällt es schwer, sich auszumalen, wie die Flusslandschaft im Mittelalter ausgesehen haben mag. Mehr als 400 Burgen aus Holz und Stein existierten einst in der Region zwischen der Quelle der Ruhr im Hochsauerland bei Winterberg und ihrer Mündung in den Rhein.

Aber es gibt sie noch, die Reste mittelalterlicher Burgen, erhalten als Bodendenkmal in Form von Turmhügeln, so genannten Motten, oder Gräben. Oder im Laufe der Zeit modifiziert und umgebaut. So haben sich einzelne Standorte bis in die heutige Zeit erhalten. Der Luftbildarchäologe Dr. Baoquan Song hat diese Burgen im Foto aus der Luft festgehalten. Damit ist ein Stück Geschichte des Ruhrgebietes zugleich gut dokumentiert und stimmungsvoll präsentiert.

Ich wünsche dem Bildband viele Leser und eine weite Verbreitung.

Prof. Dr. Michael M. Rind
Direktor der LWL-Archäologie für Westfalen

Die Autoren der Einzelbeiträge:

P.B.	Pia Berendes
D.B.	Daniel Böhmer
T.D.	Tobias Döppenschmitt
J.H.	Jann Henrik Höller
C.K.	Christin Kemper
S.K.	Sven Knippschild
R.K.	Robert Külpmanns
A.K.-S.	Agnes Kwoka-Sprenger
R.L.	Roland Lavelle
I.L.	Isabel Lüdtke
A.P.	Arne Palmer
A.S.	Aiden Schaub
B.S.	Dr. Baoquan Song
B.S.-G.	Beatrix Schulte-Gimmerthal
A.v.O.	Anne van Oosten
M.v.O.	Marc van Oosten
C.V.	Christina Vollmari
L.W.	Lena Wesemann

Bochum: Ruhr-Universität

Vorwort

Im Rahmen der Vorbereitung auf die Ausstellung »AufRuhr 1225! Ritter, Burgen und Intrigen – Das Mittelalter an Rhein und Ruhr«, die vom 27. Februar bis zum 28. November 2010 im LWL-Museum für Archäologie in Herne zu bewundern ist, hat sich ein Forschungsteam am Institut für Archäologische Wissenschaften an der Ruhr-Universität Bochum damit beschäftigt, die Kulturlandschaft des Ruhrgebiets mit ihren Burgen und Schlössern anhand der luftbildarchäologischen Methode zu erforschen und zu dokumentieren. In den vergangenen zwei Jahren wurden mehr als 100 Anlagen aus der Luft untersucht, wobei wir den aktuellen Zustand der betroffenen Kulturdenkmäler systematisch jeweils zu günstigen Jahres- und Tageszeiten mit Luftbildern dokumentiert haben. In einigen Fällen konnten so Spuren von Vorgängerbauten aufgespürt werden, die längst von der Oberfläche verschwunden sind. Darüber hinaus haben wir aus der Vogelperspektive auch einige bisher unbekannte Burgenanlagen entdeckt und näher untersucht. Die archäologische Flugprospektion, eine wichtige Methode der Luftbildarchäologie, erwies sich in diesem Fall wieder einmal als spannend und erfolgreich.

Der vorliegende Bildband soll die Ergebnisse der jüngsten Burgenforschung einem breiteren Leserkreis zugänglich machen. Eine sorgfältige Auswahl von 60 repräsentativen Monumenten, die über das gesamte Ruhrgebiet und die angrenzenden Regionen verteilt sind, wird hier mit reichhaltigem Bildmaterial und kurzen Texten vorgestellt.

Die geografische Lage, die meistens in die Landschaft angepasste Bauform und die architektonische Besonderheit der Burgenanlagen können mit Hilfe der Luftbilder ausgezeichnet veranschaulicht werden, welche dann in Bodenaufnahmen von Wolfgang Hannig, Dr. Stefan Leenen und Kai Niederhöfer M.A. ihre Ergänzung finden. Eine Bereicherung zur Illustration dieser Kulturdenkmäler stellen die Pastellbilder des Herner Architekten Joachim Blome dar.

Im Rahmen einer Lehrveranstaltung haben Studierende am Institut für Archäologische Wissenschaften der Ruhr-Universität Bochum kurze Beiträge zu den einzelnen Anlagen geschrieben, wobei darauf Wert gelegt wurde, einen Überblick zu geben. Durch eine Mischung historischer Fakten, wichtiger Ereignisse, Sagen und Märchen soll das Interesse der Leser geweckt werden. Zur intensiven Beschäftigung findet der Leser eine Auswahl weiterführender Literatur im Anhang. Da manche der in den Beiträgen verwendeten mittelalterlichen Begriffe heute nicht mehr geläufig sind bzw. vom heutigen Sinn abweichen, werden sie im Text durch die Farbe Sepia hervorgehoben und im Glossar erläutert.

Das Forschungsprojekt, das vor ca. zwei Jahren ins Leben gerufen wurde, konnte nur durch den Beistand zahlreicher Helfer erfolgreich vollendet werden. Es ist nun unsere angenehme Pflicht, uns bei all den Menschen zu bedanken, die uns bei dem Buchprojekt tatkräftig unterstützt haben.

Für konstruktive Gespräche zur Konzeption und Gestaltung des Bildbandes möchten wir uns herzlich bei dem Leiter des LWL-Museums für Archäologie, Dr. Josef Mühlenbrock, und bei dem Projektleiter der Ausstellung »AufRuhr 1225«, Dr. Stefan Leenen, bedanken. Dr. Stefan Leenen, Kai Niederhöfer M.A., Karolin Frede M.A., Christina Vollmari, Lena Wesemann und Li Song übernahmen das Lektorat. Dankenswerterweise haben Dozenten der Fakultät für Geschichtswissenschaft der Ruhr-Universität Bochum die historischen Fakten einiger Texte auf ihre Korrektheit hin geprüft. Dr. Werner Herzog von der AG Geomatik des Geografischen Instituts der Ruhr-Universität Bochum stellte uns digitale Kartenunterlagen zur Verfügung. Die digitale Kartierung der im Bildband dargestellten Burgen im Ruhrgebiet wurde von Marc van Oosten erstellt.

Schließlich möchten wir uns ganz herzlich beim Direktor der LWL-Archäologie für Westfalen, Prof. Dr. Michael Rind, für seine tatkräftige Unterstützung des Projekts und für sein Grußwort bedanken.

Bochum, im März 2010
Dr. Baoquan Song

Abb. 1: Burg Thurant an der Mosel.

Burgenlandschaft und Luftbildarchäologie im Ruhrgebiet

Dr. Baoquan Song

Die Burgenlandschaft im Ruhrgebiet ist ein wenig bekanntes Kapitel in der Geschichte unserer Region, das lange Zeit im Schatten der Bergbau- und Stahlindustrie stand. Umso überraschender ist es, wie wir im Laufe der Forschungsarbeit feststellen konnten, dass das Ruhrgebiet zu den burgenreichsten Kulturlandschaften Europas gehört. Es gilt nun, Licht auf diese bislang verborgene Seite des Ruhrgebiets zu werfen.

Die Errichtung der Burgen, welche wir heute in vielen Regionen West- und Mitteleuropas einschließlich des Ruhrgebiets noch sehen können, ist eigentlich ein Phänomen des Mittelalters. Obwohl ur- und frühgeschichtliche Befestigungen wie Ring- oder Abschnittswallanlagen in unserer Region vereinzelt noch bis heute zu beobachten sind, fungierten sie wohl kaum als Vorbild des mittelalterlichen Burgenbaus. Auch römische Militärlager im Einzugsgebiet der Lippe und die aus der Antike übernommenen burgenartigen Kastelle am Niederrhein erreichten das Mittelalter größtenteils als Ruinen. Sie wurden zwar von den Germanen bewundert, aber ihr Fortifikationswert wurde nicht erhalten. Sie zerfielen zumeist und wurden oft als Steinbrüche beispielsweise für den Kirchenbau benutzt. Der mittelalterliche Burgenbau hat andere Wurzeln. Im Ruhrgebiet lassen sich die meisten Anlagen auf spätkarolingische große Bauernhöfe und Herrensitze bis ins 9., 10. oder 11. Jahrhundert zurückführen. Nachdem Karl der Große ein ausgedehntes Reich geschaffen hatte, trug die neu entstandene Machtstruktur mit dem Lehnswesen zur Entstehung einer neuen Führungsschicht bei, nämlich des Adels. Für die Ausführung diverser Verwaltungsaufgaben im Reich wurden die so genannten Ministerialen, Adlige niederen Ranges, eingesetzt. Die so entstandene Adelshierarchie gilt als eine entscheidende Voraussetzung für den europäischen Burgenbau. Im Wesentlichen hängen die Entstehung, das Aufblühen und der Niedergang der Burgen mit der Entwicklung der feudalen Herrschaftsstruktur und damit verbunden mit der Funktion und dem Schicksal des Adels in der mittelalterlichen Gesellschaft zusammen.

Uns interessiert zunächst die Frage, was eigentlich Burgen sind und wodurch sich Burgen von Schlössern und Festungen unterscheiden. Um die historische Bedeutung der in diesem Bildband vorgestellten Anlagen besser einschätzen zu können, soll anschließend die Entwicklung der Burgen im Ruhrgebiet skizziert werden. Diese weisen hier eine besondere Verbreitungsdichte auf und gelten als das Ergebnis der spannenden Geschichte unserer Region. Die heute existenten Burgen sind nur ein kleiner Bestandteil der ehemaligen Burgenlandschaft im Ruhrgebiet. Für die Geschichte des Mittelalters ist es von großer Bedeutung, die ehemalige Burgenlandschaft zu rekonstruieren, also die im Laufe der Zeit verloren gegangenen Informationen zurück zu gewinnen. Die Luftbildarchäologie kann hier einen hervorragenden Beitrag leisten und aus diesem Grund werden wir auch einen Blick auf ihre methodischen Einsatzmöglichkeiten werfen.

Burgen, Schlösser und Festungen

Unter einer Burg stellt man sich normalerweise ein gut befestigtes Großsteinbauwerk in hoher, eindrucksvoller Spornlage vor, wie z. B. Burg Altena (Frontispiz). Solchen Anlagen begegnet man allerdings nur in manchen Regionen, wie beispielsweise im Bergischen Land, im Rheinland oder an der Mosel (Abb. 1).

Funktional wird eine Burg als befestigter Wohnsitz des Adels bezeichnet. Näher betrachtet bot eine derartige Adelsburg dem Hausherrn Wohnraum, schützte ihn vor Angriffen bzw.

Abb. 2: Burg Thurant an der Mosel, eine durch Teilung in zwei Hälften gegliederte Burg.

diente ihm als Basislager für seine bewaffnete Herrschaft und repräsentierte schließlich seinen gesellschaftlich-politischen Status.

Ein Adliger konnte über eine oder mehrere Burgen, manchmal durch Erbteilung bzw. Kauf auch nur über einen Anteil einer Burg verfügen (Abb. 2). Dies war letztendlich von seiner Finanz- und Militärmacht sowie seinem politischen Einfluss abhängig. Hier bestand ein ausgesprochen großer Unterschied zwischen einem König auf der obersten Stufe der Adelshierarchie und einem Ritter auf der untersten Stufe.

Die Burg fungierte grundsätzlich als Machtzentrum eines Herrschaftsgebietes, als Symbol der regionalen Macht, und diente als solches auf der einen Seite zur Verteidigung und Vergrößerung der Macht gegenüber der Masse der Bevölkerung, auf der anderen Seite aber auch zur Vorherrschaft innerhalb des Adels. Machtgewinn und Machterhaltung waren zwei wichtige Funktionen der Burg. Das Verbreitungsbild der Burgen zeigt daher in gewissem Maße die Machtstruktur einer Region.

Die Burg diente dem Adligen und seiner Familie als Wohnsitz. Besaß ein Adliger mehrere Burgen, so zog er in der Regel von der einen zur anderen. Seine Burgen wurden in diesem Fall jeweils von einem Ministerialen, einem Vogt oder Burggrafen bewohnt und verwaltet.

Dementsprechend unterscheidet sich eine Burg von einer Festung vor allem darin, dass die Festung eine rein militärische Anlage war und keinen Wohnraum für den adligen Inhaber bot. Während alle Adelsburgen ihre Wurzeln im Mittelalter haben, treten Festungen erst mit der Einführung stehender Heere in der Neuzeit (im 16./17. Jahrhundert) auf. Ein Beispiel hierfür ist die Zitadelle Wesel (Abb. 3). Etwa in derselben Zeit entstanden auch die Schlösser. Im Gegensatz zur Festung als Wehrbau sind Schlösser repräsentative Herrschaftsbauten, auch wenn sie in manchen Fällen durchaus verteidigt werden konnten.

Abb. 3: Zitadelle Wesel als Nachschubbasis mit Bauten für stehende Heere.

Abb. 4: Die teilweise durch Steinbrüche gestörte Wallanlage von Oestrich bei Iserlohn.

Entwicklung der Burgenlandschaft im Ruhrgebiet

Die älteste urkundlich bezeugte Befestigung im Ruhrgebiet ist wohl die sächsische Sigiburg (an der Stelle der heutigen Hohensyburg), die sich oberhalb des Zusammenflusses von Ruhr und Lenne in Dortmund-Syburg befindet. Sie wurde im Jahr 775 vom fränkischen Heer Karls des Großen erobert und diente anschließend als Bollwerk gegen die Sachsen. Die Sigiburg gehörte zu den Sonderfällen der Burgenanlagen, die durch schriftliche Quellen in das Frühmittelalter datiert werden können.

Aufgrund archäologischer Funde werden einige Wallburgen, z.B. die Vryburg in Essen-Horst, in die Zeit des 9.–11. Jahrhunderts datiert. Ebenfalls zum Frühmittelalter können die Wallanlagen von Oestrich bei Iserlohn (Abb. 4) und der Kaiserberg in Duisburg-Duissern (Abb. auf S. 60) gehören. Als Gründe für die Errichtung solcher Wallanlagen sind neben den Sachsenkriegen vor allem die danach folgende Etablierung und der lokale Ausbau der adeligen Herrschaften zu nennen. Auch die Einfälle der Normannen können den Bau der Verteidigungsanlagen verursacht haben.

Zu den wenigen archäologisch untersuchten Burgen gehört Burg Broich, die als die älteste Anlage mit Steinbauten im Ruhrgebiet gilt (s. Abb. auf S. 146). Sie befindet sich in Mülheim-Broich am linken Ufer der Ruhr. Nachdem die Wikinger 883 Duisburg erobert und ihr Winterlager dort eingerichtet hatten, ließ der ostfränkische Herzog Heinrich im Winter 883/884 in Broich ein befestigtes Militärlager errichten. Auf einem natürlichen Geländesporn oberhalb der Ruhr entstand die Steinburg, wohl um den Fluss und den Hellweg, der hier über eine Furt die Ruhr passiert, zu kontrollieren. Eine ovale Steinringmauer umschloss zahlreiche mehrräumige, auch zweistöckige Gebäude.

Die Anlage war allerdings ein Provisorium. Nachdem die Bedrohung durch die Wikinger vorbei war, wurde sie aufgegeben. Die Burg wurde erst gegen Ende des 11. Jahrhunderts von den Edelherren von Broich wieder aufgebaut und erweitert. Das Geschlecht der Herren von Broich ist 1093 erstmalig schriftlich benannt, wie überhaupt die ersten erfassten Geschlechternamen von Adligen unserer Region aus dieser Zeit stammen.

Gemäß der historischen Überlieferung errichtete der Kölner Erzbischof im Jahr 1100 die Burg Volmarstein bei Wetter; dies ist das erste exakt bestimmbare Gründungsdatum einer Burg an der Ruhr. Eine Beschreibung über das Aussehen und die Ausstattung der damaligen Anlage ist jedoch nirgendwo überliefert. Zu dieser Zeit waren, von wenigen Ausnahmen wie z.B. der Burg Broich abgesehen, wahrscheinlich kaum größere profane Steinbauten in der Landschaft unserer Region zu finden.

Das Lehnswesen wurde im 12. und 13. Jahrhundert durch den sozialen Aufstieg einer großen Anzahl von Dienstleuten, aus denen sich der niedere Adel herausbildete, erweitert. Sie fingen an, Burgen zu errichten, wobei ihre eigenen bzw. die ihnen zur Verwaltung anvertrauten Höfe meistens als Keimzelle dienten. Bauart und Größe der Burgen wurden in erster Linie von Finanzmitteln, Geländebeschaffenheit und Effektivität bestimmt. Den lokalen Adligen, die um Vorherrschaft in ihrer Region kämpften, dienten die Burgen häufig auch zur Sicherung ihrer Machtposition. In zahllosen Konflikten wurden Burgenanlagen erbaut und zerstört.

Ein typisches Beispiel hierfür ist der Streit zwischen den Erzbischöfen von Köln und den Grafen von Burg Isenberg / Limburg im 13. Jahrhundert. In diese Streitigkeiten wurden viele Burgen unserer Region verwickelt. Angefangen hat die Geschichte mit dem Bau der heute als „Schloss Burg an der Wupper" bezeichneten Anlage durch die Grafen von Berg im Bergischen Land in der ersten Hälfte des 12. Jahrhunderts. Der Graf von Berg baute 1152 die Burg Altena aus, die wohl durch Heirat mit seiner aus dem Arnsberger Grafengeschlecht stammenden Frau in seinen Besitz gekommen war. Nach seinem Tod wurde der Besitz des Vaters unter seinen Söhnen aufgeteilt. Einer blieb weiter als Graf von Berg auf Schloss Burg an der Wupper und behielt die im westlichen Herrschaftsgebiet liegenden Besitztümer und Rechte, während ein anderer die Burg Altena bekam. Der sich von nun an als Graf von Altena bezeichnende Erbe erhielt die Güter und Rechtsansprüche im östlichen Herrschaftsbereich, zu denen auch zahlreiche im Ruhrgebiet gehörten.

Die Brüder Friedrich und Arnold von Altena der zweiten Grafengeneration teilten wiederum den väterlichen Besitz. 1190 errichtete Arnold auf dem Isenberg bei Hattingen an der Ruhr eine mächtige Burg für sich und seine Nachkommen. Dies geschah gerade zu einer Zeit, in der aus den Großgrafschaften Landesterritorien entstanden und die ehrgeizigen Burgherren in erbarmungslosem Wettkampf die uneingeschränkte Macht in einem möglichst großen Herrschaftsgebiet anstrebten. Auch der Sohn des Erbauers der Burg Isenberg, Friedrich von Altena-Isenberg, war keine Ausnahme. Er ließ zwei Lehnsverzeichnisse, die so genannten Isenburger Vogteirollen, erstellen. Die vor 1220 erstellte „Kleine Vogteirolle" und die aus dem Jahr 1221 stammende „Große Vogtei-

Abb. 5: Luftbild und Bodenaufnahme der Motte Uhlenbrucks Busch.

rolle" führten die Güter, über die Friedrich von Isenberg die Rechte als Vogt besaß. Beweggrund zur Erstellung der Vogteirollen war vor allem der Machtkampf um die Vogteirechte am Stift Essen. Diese Machtansprüche führten schließlich zum unvermeidbaren Konflikt mit einer Adelsgruppe, an deren Spitze der Kölner Erzbischof Engelbert von Berg stand. Er war als Herzog von Westfalen und Reichsverweser einer der mächtigsten Männer jener Zeit. Nach dem tödlichen Überfall auf ihn am 7. November 1225, für den der Graf von Isenberg und seine Gefolgsleute verantwortlich gemacht wurden, wurde die Reichsacht über Friedrich von Isenberg verhängt und dieser auf der Flucht festgenommen und 1226 in Köln auf grausame Weise hingerichtet, indem er „auf's Rad geflochten" wurde. Die Burg Isenberg wurde anschließend von den Kölnern zerstört.

An der Vollstreckung der Reichsacht hatte sich Friedrich von Isenbergs Vetter Adolf von Altena aktiv beteiligt, um in den Besitz der Isenberger zu gelangen. Tatsächlich belehnten ihn bald darauf die Nachfolger des verstorbenen Kölner Erzbischofs mit Gütern des hingerichteten Grafen Friedrich von Isenberg. Zur Absicherung der neuen Erwerbungen ließ Adolf von Altena 1227 die Burg Blankenstein in der Nähe der zerstörten Burg Isenberg aufbauen. Die Anlage diente jedoch nicht als Wohnsitz, sondern als strategischer Außenposten an der Ruhr unter der Verwaltung eines von ihm bestimmten Drosten. Auf den durch die Bluttat seines Vetters im ganzen Reich belasteten Namen „von Altena" verzichtete Graf Adolf und bezeichnete sich nun nach der Burg Mark, die sein Vater zuvor in der Nähe der heutigen Stadt Hamm erworben hatte, als „Graf von der Mark" und sein Herrschaftsgebiet als „Grafschaft Mark".

Verwandte und Anhänger der Grafenfamilie Isenberg, an deren Spitze der Herzog von Limburg an der Maas, Schwiegervater des hingerichteten Friedrichs, stand, bemühten sich für die Isenberger Nachkommen um die Rückgewinnung des verlorenen Besitzes. Zu diesem Zweck erbauten sie an der Ruhr, im Süden der heutigen Stadt Essen, die Neu-Isenburg und an der unteren Lenne, nahe der heutigen Stadt Hagen, die Burg Limburg, die erst viel später den heutigen Namen Hohenlimburg erhielt. Es folgte ein jahrelanger Streit der Limburger mit dem Grafen von der Mark, bis es schließlich am 1. Mai 1243 zu einem Vergleich zwischen Dietrich von Isenberg-Limburg und Adolf von der Mark kam. Der märkische Graf erhielt dabei den größten und der Sohn des hingerichteten Grafen nur einen verhältnismäßig kleinen Teil des ursprünglichen Isenberger Besitzes.

Andauernde Konflikte wie die zwischen dem Grafen Isenberg und dem Erzbischof von Köln sorgten für sich ständig ändernde politische Verhältnisse und verhinderten, dass ein Alleinherrscher seine Macht über das gesamte Ruhrgebiet ausdehnen konnte. Sie gehörten zu einer Reihe bedeutsamer Ereignisse, an deren Ende eine Region mit zahlreichen kleinen Territorien zwischen den Randgebieten der Mächtigen entstand. Die Ansprüche und Absicherungen auch kleinräumiger Besitztümer führten letztendlich zu einer großen Anzahl an Burgen in unserer Region.

Baugeschichtlich betrachtet, gehen viele Burgenanlagen auf die „Motte" zurück, ein früher Burgentyp, der vor allem im

Tiefland seine Verbreitung fand. Gelegentlich kommt er jedoch auch in Höhenlagen vor. Er entstand um 1000 und wurde als einfacher Burgentyp bis zum Spätmittelalter im 14. Jahrhundert gebaut. Weitere deutsche Bezeichnungen sind Turmhügelburg, Erdhügelburg oder Erdkegelburg. Hauptmerkmal für eine solche Anlage ist der von einem Graben umgebene, künstlich aufgeschüttete Erdhügel, auf dem meist ein turmartiges Holz- oder Steingebäude errichtet bzw. „eingemottet" wurde. Solche Anlagen sind heutzutage lediglich vereinzelt oberirdisch – meistens im Schutz eines Waldes – erhalten (Abb. 5, 14 und 15).

Eine Motte konnte auch eine Vorburg besitzen, in der ein weniger aufwändiger Hof mit Wirtschaftsgebäuden untergebracht wurde. Meistens gingen spätere umfangreiche Burgenbauten aus solchen Anlagen hervor. Der Ausbau einer Motte musste aber nicht immer erfolgen; wurde sie aufgegeben und eine „modernere" Burg in der Nähe gebaut, blieben bestenfalls nur der Hügel und manchmal einige Wälle erhalten. Wurde der Turmhügel im Laufe der Zeit völlig eingeebnet, können uns meistens nur Spuren verfüllter Gräben den Standort einer solchen Anlage verraten (s. Abb. 17 Haus Hagenbeck und Abb. 18 Fundstelle bei Waltrop). Die Form und Größe der Motten variieren vom schlichten Turmhügel mit geringer Ausdehnung über sehr umfangreiche, mehrteilige Werke zu Anlagen mit besonders großem Hügel. Typologisch können sie allerdings ohne zusätzliche Informationen kaum zeitlich genauer unterschieden werden.

Häufig sind Burgen in bescheidener Ausführung im Ruhrgebiet anzutreffen, die oft nur aus einem größeren steinernen Haus, wie z. B. Haus Dellwig, aus einem einfachen Turm, wie z. B. Schloss Moers oder in der aufwändigeren Variante aus einem großen Wohnturm inmitten einer Umwehrung, wie z. B. Burg Altendorf, bestehen. Zu der gehobenen Klasse gehören Burgen mit einem repräsentativen Hauptgebäude, einem dominierenden Hauptturm und weiteren Gebäuden innerhalb einer aus Steinen gebauten Ringmauer. Solche aufwändigen, gut befestigten und als Herrschaftszeichen wahrnehmbaren Anlagen mit teureren Steinbauten wurden in der Regel von mächtigen Adelsherren errichtet oder durch Lehnverträge und Abhängigkeit der Bewohner eng an diese gebunden. So entstanden die eindrucksvollen Höhenburgen im Mittelgebirge, z. B. Burg Isenberg, Burg Blankenstein, Burg Wetter, Burg Volmarstein und Hohenlimburg. Es gibt durchaus auch Anlagen im Flachland, z. B. Burg Angermund, Burg Linn oder Burg Hörde, bei denen das Steinmaterial importiert oder Backstein verwendet wurde.

Im Bergland wurde die Form der Burgen oft durch die Geländebeschaffenheit der Standorte bestimmt, dagegen konnte der modernere, von den französischen Kastellbauten abgeleitete, regelmäßige Grundriss meistens im Flachland leichter verwirklicht werden. Ein typisches Beispiel hierfür ist die Burg Linn. Ein Detail neuer Bauformen sind im 13. Jahrhundert auch die aus der Ringmauer vorspringenden Flankierungstürme, die als Einzelelemente oder als entwickeltes System, z. B. bei Burg Linn, ihre Anwendung fanden (Abb. 6).

Viele Siedlungen entwickelten sich im 13. und 14. Jahrhundert zu mit besonderen Rechten ausgestatteten Städten. Auch hier war eine Befestigung von Bedeutung, um vor allem die eigene Selbständigkeit zu verteidigen, wie z. B. in Duisburg oder Dortmund. Auch kleinere Ansiedlungen vor einer Burg konnten als Freiheiten beschränkte Stadtrechte erhalten. In einigen Fällen sind sie heute noch zu erkennen, z. B. in Blankenstein, Horneburg, Volmarstein, Wetter oder Crange.

Die im 14. Jahrhundert aufkommenden Feuerwaffen stellten mit ihrer zunehmenden Wirksamkeit im 15. Jahrhundert den Schutzwert der Burgenanlagen immer mehr in Frage. Ein einfaches Verstärken der Burgmauer, wie z. B. in Broich, genügte oft nicht mehr, um auf Dauer militärisch standhalten zu können. Ab dem 16. Jahrhundert wurde ein komplettes Erdwerksystem zum Schutz vor dem Kanonenbeschuss notwendig. Dies konnte jedoch nur bei wenigen Anlagen unserer Region wie in Herten, Moers oder Linn realisiert werden, weil sich ein normaler Burgherr eine derartige Aufrüstung kaum leisten konnte. Die meisten Kleinadelsburgen waren ohnehin kaum mehr als befestigte Bauernhöfe und blieben auch weiterhin in dieser Bescheidenheit. Ein oft einfacher Wohnturm aus Stein ist das auffälligste Element der meisten Burgen des 14. und 15. Jahrhunderts. Der Wohnturm blieb häufig trotz weiterer Ausbauten das markanteste Burgenbauteil, wie z. B. in Hardenstein. Bei der späteren Erweiterung vieler Burgenanlagen zu größeren Gebäuden mit mehreren Flügeln wurden Wohntürme jedoch häufig mit einbezogen.

Obwohl die Burgen oft mit neuartigen Wehrelementen wie Schießscharten für Gewehre modernisiert wurden, hätten sie sich gegen einen schweren Artilleriebeschuss kaum wirksam schützen können. Zu beobachten ist dies z. B. in den aufwändigen, regelmäßigen Anlagen des 15. und 16. Jahrhunderts mit Rundtürmen an den Ecken, z. B. in Haus zum Haus (Luftbild S. 143), Herten (Luftbild S. 155) oder Bladenhorst (Luftbild S. 153). Bei manchen Anlagen weisen auch einzelne Bauteile solche Türme auf, z. B. in Hardenstein, Vondern, Kemnade, Sandfort oder Broich. Kostspielige Schlossneu-

Abb. 6: Burg Linn nit sternförmig angelegtem Erdwerk.

Abb. 7: Schloss Landsberg.

Abb. 8: Cessna 172.

bauten in moderner Gestaltung blieben eher die Ausnahme. Typisches Beispiel hierfür ist das Renaissance-Schloss Horst in Gelsenkirchen.

In den Konflikten des späten 16. und des 17. Jahrhunderts wurden viele Anlagen beschädigt bzw. zerstört oder gerieten später infolge der kriegsbedingten Geldnöte in Verfall. Diese Schäden haben trotz der Bemühungen um einen Wiederaufbau bei einem großen Teil der Burgen bis heute Spuren hinterlassen. Die Anlagen dieser Zeit bestanden oft aus einem zwei- bis dreistöckigen Gebäude als einfaches Haus oder aus Mehrflügelbauten, meistens ausgestattet mit einem oder mehreren Ecktürmen, z. B. in Opherdicke, Borbeck, Bladenhorst, Kalkum, Hugenpoet usw. Die ältere Bausubstanz wurde in der Regel in den Neubau mit einbezogen. Nach Außen hin bemühte man sich um einen einheitlichen Anblick, beispielsweise durch regelmäßige Fensterachsen. Die Gliederung in Vor- und Hauptburg bestand weiter, wobei die Vorburgen meist auch Ecktürme erhielten, z. B. in Hugenpoet, Heltorf, Kemnade, Langendreer, Herbede oder Rodenberg. In manchen Fällen wurde die kleine Hauptburg zu Gunsten der geräumigeren Vorburg aufgegeben, z. B. in Vogelsang, Rodenberg oder Horneburg. Obwohl die Burgen ihre ursprünglichen Funktionen mit der Zeit immer mehr einbüßten, wurden sie nicht völlig aufgegeben, weil die Anlagen mit wichtigen Rechten in Verbindung standen, wie z. B. mit einem Sitz im Landtag. So blieben sie oft bis ins 19. Jahrhundert der Sitz von Adelsgeschlechtern und wurden nur den modernen Bauformen angepasst, z. B. in Gartrop, oder umfangreich ausgebaut, z. B. in Kalkum und Oberhausen.

Mit der Industrialisierung des Ruhrgebiets gerieten immer mehr Anlagen in Bedrängnis. Auch wenn man sich für romantische Burgruinen begeistern ließ, wurden sie dort, wo sie Fabriken, Zechen, Straßen oder Schienen im Wege standen, beseitigt. Burgherren, welche die Industrieanlagen mit Lärm, Schmutz und Gestank an ihrem Sitz nicht mehr länger ertragen konnten, zogen sich auf weiter abgelegene Landgüter zurück und verkauften oft ihre alten Anwesen an die Unternehmen. Manche Industrielle fanden, dem Geschmack der Zeit entsprechend, auch Gefallen am historischen Baumonument. Burg Linn wurde Teil eines Landschaftsparks und so vor der weiteren Zerstörung bewahrt. Manche Adelsburgen wurden bis zur Unkenntlichkeit verformt, z. B. in Mallinckrodt

Abb. 9: Arbeitsplatz des Luftbildarchäologen im Flugzeug.

und Hörde. Schloss Landsberg ist beispielhaft für eine Mischung aus pseudomittelalterlicher und ausgesprochen moderner Ausstattung durch August Thyssen (Abb. 7).

Nachdem mit erheblichem Spendenaufwand ein vermeintlich mittelalterlicher Zustand von Burg Altena und Schloss Burg an der Wupper wiederhergestellt wurde, kamen sofort Menschen in großer Menge zu Besuch. Kaum waren jedoch die durch den Zweiten Weltkrieg entstandenen Schäden an der historischen Bausubstanz behoben, kam es in der Nachkriegszeit vor allem durch Desinteresse zu weiterem Verlust.

Hoffnung besteht darin, dass die meisten erhaltenen Burgen im Ruhrgebiet mittlerweile als schützenswert angesehen werden.

Luftbildarchäologische Untersuchung der Burgenlandschaft

Denkmalschutz beginnt immer mit der Erkundung und Erforschung der Denkmäler. Man muss schließlich wissen, wo und in welchem Zustand sich schützenswürdige Monumente befinden, ehe man angemessene Maßnahmen ergreifen kann. Auch die Burgen bilden hier keine Ausnahmen.

Die Flugprospektion, eine der Methoden der Luftbildarchäologie, bietet hier vielfältige Möglichkeiten, unterschiedlich erhalten gebliebene Burgenanlagen zu beobachten und zu dokumentieren. Sie liefert Bildmaterial aus der ungewöhnlichen Vogelperspektive zur Veranschaulichung der Baumonumente. Mit Flugprospektion konnten in manchen Fällen sogar Spuren aufgespürt werden, die heute oberirdisch nicht mehr erhalten sind.

Die im Flug gutmütigen zwei- bzw. viersitzigen Sportflugzeuge wie die Cessna 150 oder 172 (Schulterdecker), bei denen die Tragflächen über der Kabine angeordnet sind und die somit bei geöffnetem Kabinenfenster freie Sicht zum Boden gewähren, werden bevorzugt als Arbeitsplattform benutzt. Die Flughöhe beträgt hier zwischen 600 und 1000 m. Zur fotografischen Dokumentation werden Schrägbilder mit einer in der Hand gehaltenen Mittelformat- bzw. Kleinbildkamera aufgenommen. Heutzutage kommen immer öfter digitale, hoch auflösende Spiegelreflexkameras zum Einsatz. Diese Kombination gewährt die notwendige Flexibilität der Flugprospektion (Abb. 8 und 9).

Bei der Forschungsarbeit geht es primär um die fotografische Dokumentation der Burgen. Die meisten Anlagen sind heute als Baumonumente noch intakt oder wurden wiederaufgebaut. Nur ein Teil der Objekte existiert als Bauruinen bzw. als weitgehend zerstörte Bodendenkmäler. Ziel des Projekts war es, die Lage und die architektonischen Besonderheiten der Burgen durch Luftbilder hervorzuheben. Auch der Erhaltungszustand der Anlagen soll dokumentiert werden. Dazu eignen sich insbesondere Schrägaufnahmen. Sie zeigen Objekte aus einer uns beinahe gewohnten Perspektive und bieten gleichzeitig eine Übersicht. Maler haben seit dem Spätmittelalter bis in die Neuzeit hinein mit viel Vorstellungskraft versucht, monumentale Burgenanlagen aus einer ähnlichen Perspektive auf die Leinwand zu bannen (s. Abb. 10.1 u. Abb. 10.2).

Schrägaufnahmen können im Gegensatz zu Senkrechtaufnahmen (z. B. Google Earth) Burgen und Schlösser in ihrer topografischen Lage plastisch und aussagekräftig darstellen. Die Flugprospektion bewährt sich vor allem dann, wenn es sich um völlig zerstörte, heute eingeebnete Vorgängerbauten handelt und wenn die Burgenruinen im Laubwald erhalten geblieben sind. Hier muss man flexibel auf Vegetation, landwirtschaftlichen Zyklus und sich ständig ändernde Witterungsbedingungen reagieren, um jede günstige Gelegenheit zur Beobachtung und zum Fotografieren auszunutzen.

Das etwa 4.435 km^2 große Ruhrgebiet stellt mit mehr als einem Drittel bebauter Fläche eine ausgedehnte Städtelandschaft dar. Nur die Übergänge zwischen den Städten sind durch eine lockere Vorortbebauung und durch landwirtschaftlich genutzte bzw. siedlungsfreie Gebiete geprägt. Das erschwert die Flugprospektion, da in der Regel nur freistehende Flächen luftbildarchäologisch untersucht werden können. Dennoch lieferte diese Methode im Projekt interessante Ergebnisse und ermöglichte es, erstmals die meisten Burgen, Schlösser und Festungen im Ruhrgebiet in einem wirtschaftlich vertretbaren Rahmen weitgehend zu erfassen.

Der Luftbildarchäologie dienen zwei Tatsachen als methodische Grundlage:

1. die Vorzüge der Vogelperspektive und
2. die Dauerhaftigkeit anthropogener Bodenveränderungen.

Aus dem Flugzeug sieht man die Erdoberfläche aus einem größeren Abstand und steileren Blickwinkel, als dies einem Fußgänger am Boden jemals möglich wäre. Die Vogelperspektive ermöglicht Einblicke in die Kulturlandschaften, die auch dem aufmerksamsten Archäologen am Boden entgehen. Der englische Pionier der Luftbildarchäologie, O. G. S. Crawford, vergleicht dies mit dem Blickwinkel einer Katze,

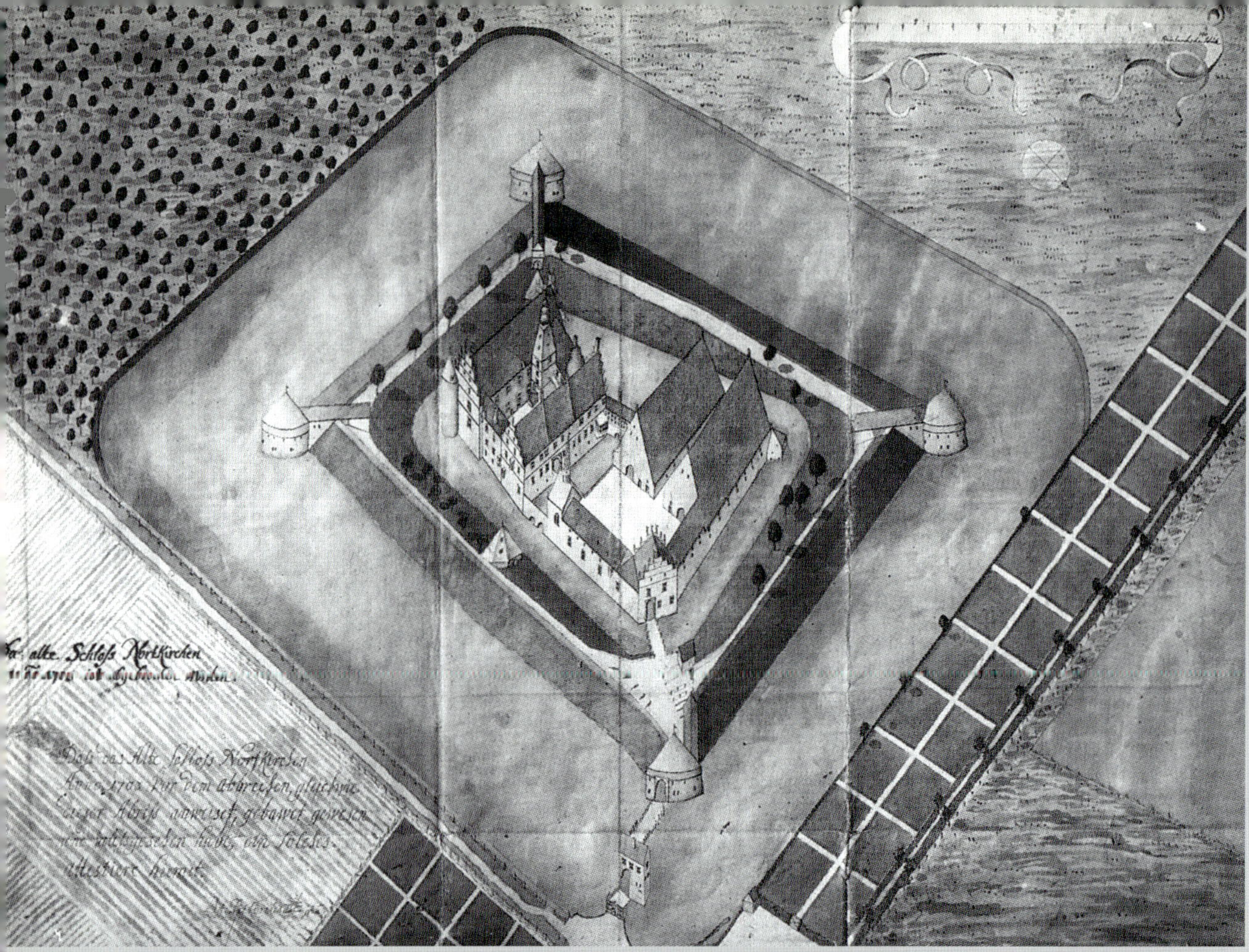

Abb. 10.1: Schloss Nordkirchen, Zeichnung von Peter Pictorius d. J. vor 1703.

Abb. 10.2: Schloss Nordkirchen, aktuelles Luftbild.

Abb. 11: Ein römisches Marschlager und Spuren von Pfeilergruben eines römischen Aquäduktes in Furth bei Xanten im Luftbild (links) und Bodenbild (rechts) zum Vergleich.

die aus ihrer geringen Standhöhe einen Perserteppich betrachtet. Erst für den Menschen aus einer größeren Blickhöhe fügen sich die für die Katze unverständlichen Linien und Flecken zum Teppichmuster zusammen. Die Luftbeobachtung gewährt die notwendige Übersicht, um „Chaos in Ordnung" zu verwandeln. Während viele archäologische Spuren dem Forscher am Boden wegen seines eingeschränkten Blickwinkels verschlossen bleiben, fügen sie sich dem geübten Luftbildarchäologen zu einer Ganzheit zusammen. Dadurch werden archäologische Spuren leichter erkennbar und interpretierbar.

Ein Beispiel zeigt Abb. 11: Die abgebildete Fundstelle wurde am 27.04.2007 durch Flugprospektion entdeckt und fotografiert, das Bodenfoto am folgenden Tag von einer ca. 3 m hohen Leiter herab aufgenommen. Auf der Bodenaufnahme sieht man deutlich die Wachstumsunterschiede im Getreide in einer Höhe von ca. 20 cm und die dadurch wahrnehmbaren rechteckigen Spuren der Brückenpfeilergruben. Das ebenfalls durch positive Bewuchsmerkmale auf dem Luftbild sichtbare Marschlager kann am Boden nicht als solches erkannt werden.

Eine unabdingbare Voraussetzung für die Luftbildarchäologie wie für die Archäologie überhaupt ist weiterhin die Tatsache, dass praktisch jede durch menschliche Aktivitäten verursachte Veränderung der natürlichen Bodenschichten so gut wie unvergänglich ist. Wurde ein Pfostenloch oder ein Grabenwerk ausgehoben und später wieder aufgefüllt und planiert, so werden die betroffenen Bodenschichten an der Stelle niemals mehr die gleichen sein. Die durch menschliche Einwirkung herbeigeführten Bodenstörungen unterscheiden sich meistens physikalisch und chemisch von ihrer Umgebung und können Tausende von Jahren überdauern. Zu Recht sagte der deutsche Archäologe Carl Schuchhardt: *„Nichts ist eben dauerhafter als ein ordentliches Loch."* Auch wenn solche Bodeneingriffe nicht immer durch das menschliche Auge wahrgenommen werden können, so sind sie den-

Abb. 12: Schematische Darstellung oberirdischer und unterirdischer Bodendenkmäler.

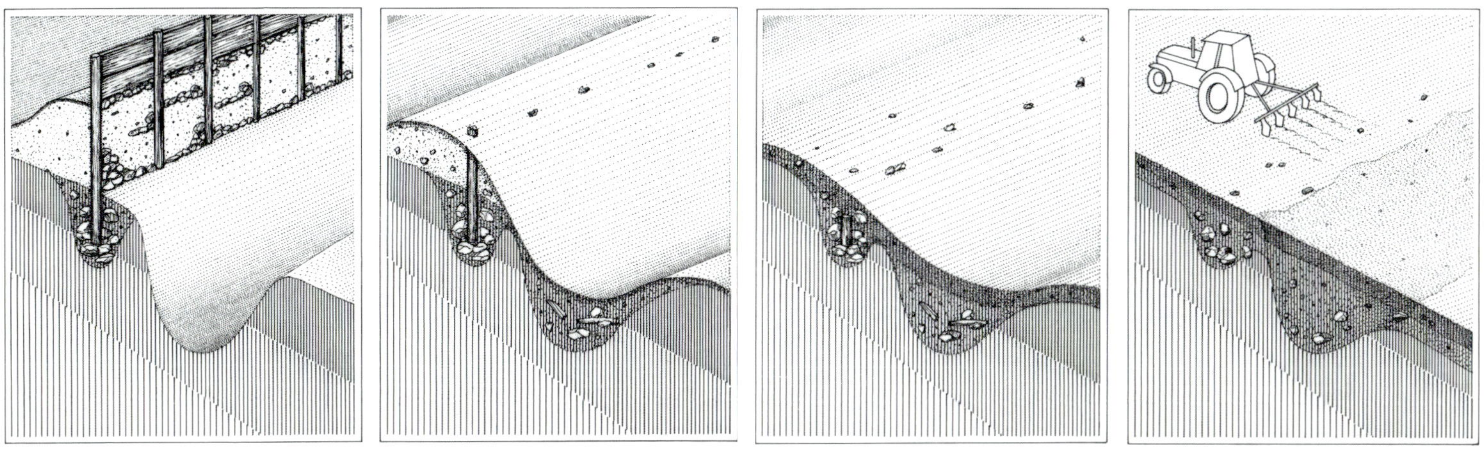

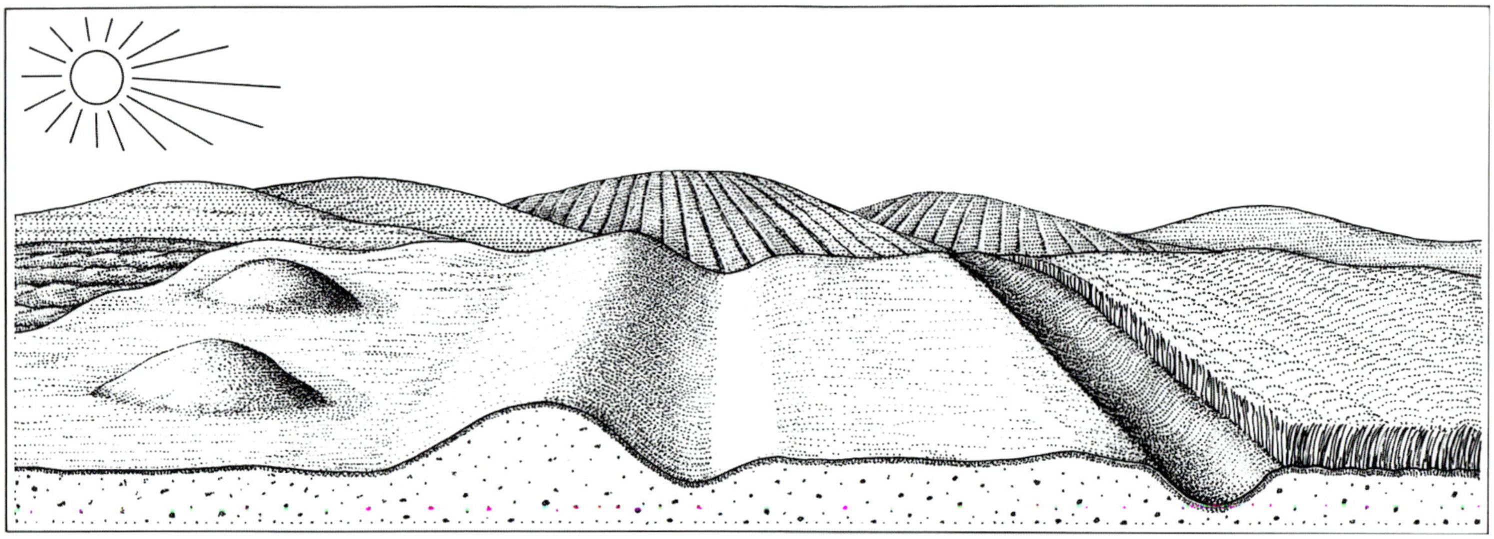

Abb. 13: Schematische Darstellung der Schattenmerkmale von oberirdisch erhaltenen Grabhügeln, Wällen und Gräben bei tief stehender Sonne.

noch vorhanden und üben einen gewissen Einfluss auf ihre Umwelt aus. Die daraus resultierenden direkten oder indirekten Spuren an der Erdoberfläche ergeben die Erkennungsmerkmale für Luftbildarchäologen.

Vogelperspektive und Merkmale sind zwei voneinander abhängige Faktoren und bilden gemeinsam die methodische Grundlage der Luftbildarchäologie. Ohne den einen kommt der andere nicht zur Geltung. Die Kombination der beiden Faktoren macht die Luftbildarchäologie zu der Methode, die in vielerlei Hinsicht den feldarchäologischen Methoden am Boden überlegen ist.

Archäologische Fundstätten werden in der Luftbildarchäologie in zwei Kategorien, nämlich in ober- und unterirdische Bodendenkmäler, eingeteilt (Abb. 12). Als oberirdische Bodendenkmäler gelten Bauwerke und Einrichtungen der Infrastruktur ur- und frühgeschichtlicher Zeiten, die das natürliche Bodenrelief verändert haben und bis heute noch wahrnehmbar sind. Dazu gehören z. B. Städte- und Siedlungsruinen, Ackerflur, Gräber, Gräben und Wälle von Befestigungsanlagen, Straßen mit Dämmen und Gräben, Burghügel usw. Diese Kategorie ist heute überwiegend dort anzutreffen, wo kein Ackerbau betrieben wird, wie z. B. in Wald- oder Weidegebieten. In heute landwirtschaftlich genutzten Regionen kommen oberirdische Bodendenkmäler nur noch in verschwindend geringer Anzahl vor. Außerdem sind sie in der Regel weitgehend abgetragen und vom Boden aus nur noch unvollständig oder gar nicht mehr zu erkennen. Sind sie schließlich ganz verschüttet oder von der Erdoberfläche völlig abgetragen, dann spricht man von unterirdischen Bodendenkmälern. Dazu zählt man verfüllte Gruben bzw. Gräben, Gräber, Pfostenlöcher sowie Fundamentmauerwerke und ähnliches.

Solange ein oberirdisches Denkmal noch ein geringfügiges Bodenrelief aufweist, können Sonnenstrahlen mit ihrer Licht- und Schattenverteilung (*Schattenmerkmale*), Verlagerung von Schnee durch Windwirkung (*Schneemerkmale*) oder eine teilweise Überschwemmung (*Flutmerkmale*) die Unebenheit der Erdoberfläche hervorheben. Handelt es sich um unterirdische Bodendenkmäler, so können die in das Erdreich eingetieften Spuren durch herausgepflügte Anteile der andersfarbigen Einfüllung als Bodenverfärbung (*Bodenmerkmale*) sichtbar werden. Auch durch Veränderungen in der Vegetation (*Bewuchsmerkmale*) und extreme Bodenfeuchtigkeit (*Feuchtigkeitsmerkmale*) oder durch Unterschiede der Bodentemperatur (*Schnee- und Reifmerkmale*) geben Bodendenkmäler unter günstigen Bedingungen ihre Lage, Größe und Gestalt preis.

Bei unserer Burgenforschung kamen vor allem die Schatten- und Bewuchsmerkmale zur Anwendung und werden daher im Folgenden mit Beispielen erläutert.

Schattenmerkmale spielen bei der Erkennung oberirdischer Bodendenkmäler die wichtigste Rolle. Selbst geringstes Bodenrelief an der Erdoberfläche, das auf Überreste eines Bodendenkmals hinweist, wird im klaren Schräglicht bei tiefem Sonnenstand dort sichtbar, wo die Sonnenstrahlen noch Schatten werfen können und wo sie von leicht ansteigenden Flächen reflektiert werden (vgl. Abb. 13).

Im Ruhrgebiet haben wir einige Burgenruinen untersucht, deren Reste meistens im Wald oberirdisch erhalten sind. Eine Gemeinsamkeit dieser Anlagen besteht darin, dass sie in der Regel durch den Schutz der Bäume erhalten sind. Wenn sich solche Anlagen im Laubwald befinden, kann man sie in Wintermonaten aus der Luft sehen, nachdem die Bäume

Abb. 14: Wall und Gräben der Burg Berge als Schattenmerkmale in der vom Schnee bedeckten Winterlandschaft.

Abb. 15: Ruine der „Alten Burg" als Schattenmerkmale im schneebedeckten Wald.

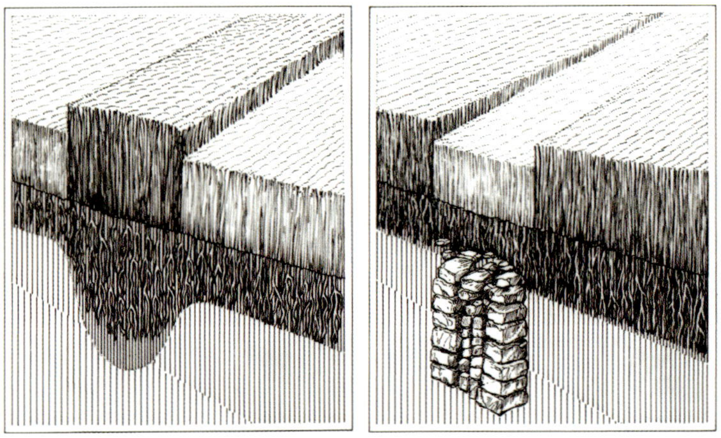

Abb. 16: Schematische Darstellung der positiven und negativen Bewuchsmerkmale.

Abb. 17: Haus Hagenbeck, sein verfüllter Wassergraben zeigt sich als dunklere rechteckige Verfärbung auf der Wiese, der Doppelgräben einer Motte als Vorgängerbau (?) im Getreidefeld (positive Bewuchsmerkmale).

das Laub verloren haben. Die Sichtbarkeit solcher Anlagen ist allerdings auch im Winter sehr beschränkt, da das ohnehin schwache Sonnenlicht, meistens durch dicht einander stehende Baumstämme gehindert, den Waldboden kaum erreichen kann. Der Schnee kann die Sichtbarkeit der Schattenmerkmale im dichten Wald verbessern, weil das Licht durch Schnee am Waldboden besser reflektiert wird, wie z. B. die Luftaufnahmen der Burg Berge bei Hünxe (Abb. 14), der Ruine der „Alten Burg" bei Schloss Hardenberg in Velbert-Neviges (Abb. 15) oder der Wallanlage der Vryburg (S. 77) in Essen verdeutlichen. Schattenmerkmale erscheinen zusätzlich auf der vom Schnee bedeckten glatten Oberfläche verstärkter als auf einem rauen Waldboden.

Abb. 18.1: Fundstelle bei Waltrop.

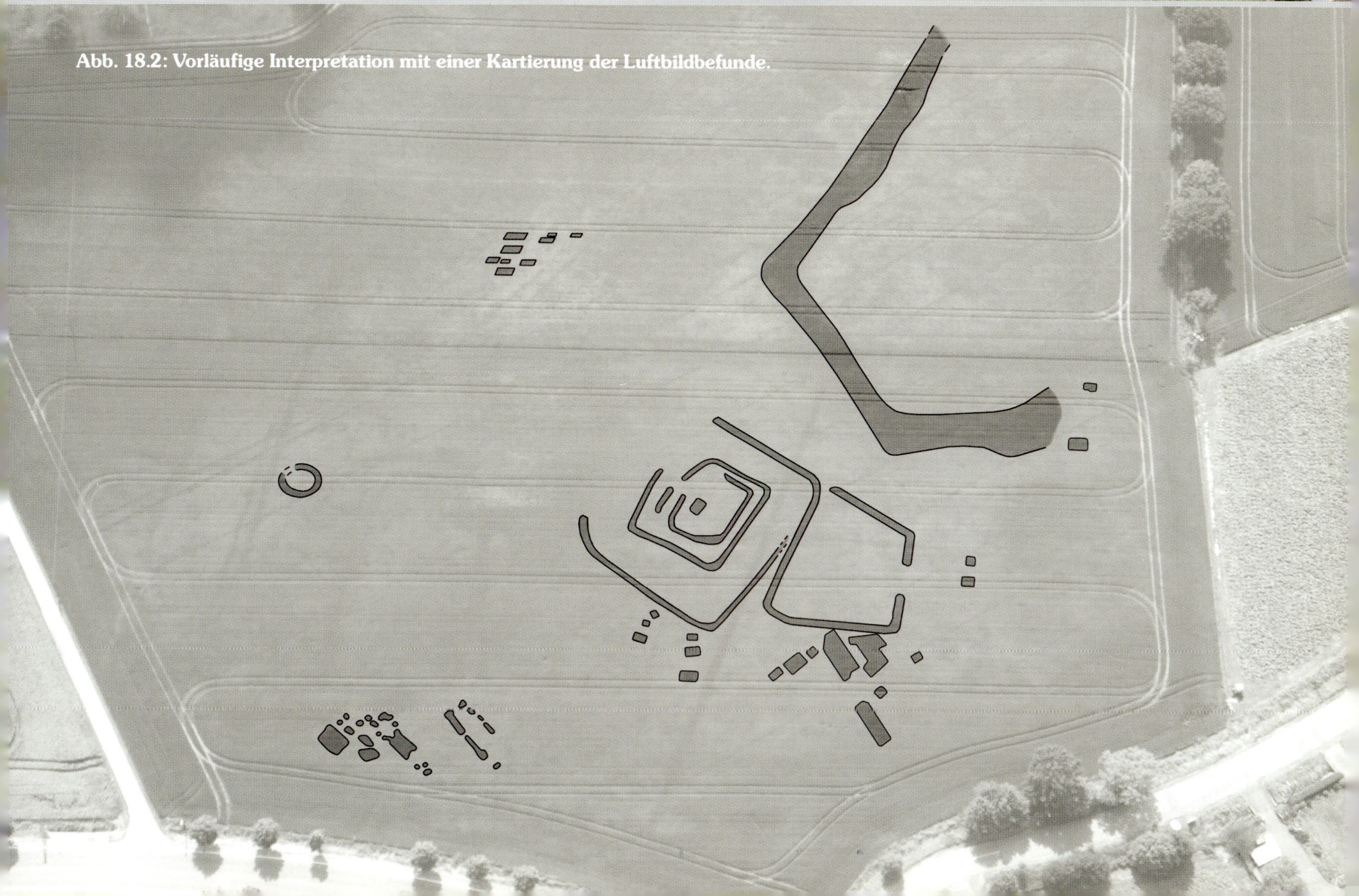
Abb. 18.2: Vorläufige Interpretation mit einer Kartierung der Luftbildbefunde.

In Regionen wie dem Ruhrgebiet, wo der Ackerbau intensiv betrieben wird, kommen die sog. *Bewuchsmerkmale* im Vergleich zu anderen Merkmalen zahlenmäßig am häufigsten vor. Sie sind alle auf einen menschlichen Bodeneingriff zurückzuführen. Wurde eine Burg beispielsweise aufgegeben, so wurden bald darauf ihre Baugruben oder Wassergräben mit Oberflächenmaterial verfüllt. Auch wenn später solche Fundstätten an der Erdoberfläche nicht mehr auszumachen sind, unterscheiden sich die Verfüllungen physikalisch und chemisch von ihrer natürlichen Umgebung. Diese Veränderung, die für das menschliche Auge oft kaum sichtbar ist, genügt in der Regel, um das Wachstum empfindlicher Pflanzen wie Getreide zu beeinflussen. Die Ursache dafür besteht in der humusreichen und feinkörnigen Gruben- oder Grabenverfüllung, die nicht nur mehr Nährstoffe enthält, sondern vor allem mehr Feuchtigkeit speichert. Im umgekehrten Fall, wenn die Wurzeln schon in geringer Tiefe auf ein massives, undurchdringbares Mauerfundament stoßen, bleibt auch die Pflanze rasch im Wachstum zurück. Es gibt also zwei Typen von Bewuchsmerkmalen: negative Merkmale über Mauerwerken, durch welche die Pflanzen im Wachstum gehemmt werden, und positive über Gräben, durch welche sie gefördert werden (Abb. 16).

Bei der Befliegung wurde die unmittelbare Umgebung aller Burgenanlagen erkundet, um mögliche Vorgängerbauten zu entdecken. Dabei sind wir bei einigen Anlagen fündig geworden, wie z. B. beim Haus Hagenbeck südwestlich von Dorsten-Holsterhausen. Das Anwesen besteht heute nur aus einem Hof mit Wirtschaftsgebäuden, und das Schloss existiert nicht mehr. Dank der Bewuchsmerkmale sind der verfüllte, rechteckige Wassergraben des Herrenhauses und ein Vorgängerbau östlich vom heutigen Hof im Sommer 2008 für nur ca. zwei Wochen sichtbar gewesen (Abb. 17).

Bei dem Vorgängerbau handelt es sich wahrscheinlich um eine Motte, wobei nur ein Doppelgrabenwerk unterirdisch noch erhalten und der Turmhügel wohl seit längerem abgetragen worden ist. Wie die Doppelgräben erscheinen auch zwei Straßengräben als positive Bewuchsmerkmale im ausgereiften Getreidefeld. Zukünftige Ausgrabungen sollen hier Klarheit darüber schaffen, wann dem Haus Hagenbeck eine Motte vorausging.

Auf dem Flug von einer Burg zu der nächsten wurden immer die freistehenden Flächen – vor allem Ackerfelder – nach archäologischen Fundstellen abgesucht. So wurden einige nur noch unterirdisch erhaltene Anlagen entdeckt. Ein interessantes Beispiel ist die Fundstelle bei Waltrop (Abb. 18.1). In einem Getreidefeld konnte anhand positiver Bewuchsmerkmale eine mittelalterliche Siedlung mit einer Burg und Gräberfeldern ausfindig gemacht werden. Von den Traktorspuren und Spuren von Drainagegräben der modernen Landwirtschaft abgesehen, fällt uns beim Betrachten des Bildes eine Anlage mit nur teilweise erhaltenen, dreifachen Gräben und einer Vorburg als positive Bewuchsmerkmale auf. Unterhalb dieser Anlage liegen zahlreiche Gruben, die wahrscheinlich auf eine Siedlung hinweisen. Oben links geben uns die rechteckigen, in Reihen stehenden Gruben wahrscheinlich den Hinweis auf ein Gräberfeld. Wohl ein ehemaliger Bach zeigt sich als dunklerer Streifen mit zwei Biegungen. Eine vorläufige Interpretation mit einer Kartierung der Luftbildbefunde zeigt Abb. 18.2.

Bedingt durch das Getreidewachstum ist die Mehrzahl der Bewuchsmerkmale in Mitteleuropa von Mai bis August anzutreffen. Aber sie sind auch in den Wintersaaten und in der Zwischenfrucht von Ende März bis in den Dezember hinein vereinzelt zu finden.

Bochum: Haus Laer

Eingebettet in einer Verengung des Schattbachtals liegt der älteste Profanbau der Stadt Bochum – Haus Laer.

Als Rittersitz war diese Wasserburg viele Jahrhunderte Mittelpunkt der seit etwa 890 bekannten Ortschaft *Lahari → Lore → Lare → Laer*, was soviel bedeutet wie „flaches Wiesengelände", „Weideplatz", „waldleere Gegend" oder „Moor-/Sumpfgelände".

Im Gegensatz zu anderen Rittersitzen handelt es sich bei Haus Laer nicht um eine Höhenburg, sondern um eine Niederungsburg des niederen Adels. Hier wurden Wasser, Sumpf und die versteckte Lage als natürliche Unterstützung der kleinen Wehranlage genutzt.

Moor und Sumpfgelände ließen die Erbauer des Anwesens auf eine besondere Bauweise zurückgreifen: der gesamte Komplex wurde auf einem so genannten Pfahlrost errichtet. In das Sumpfgelände wurden Eichenpfähle so tief getrieben, dass sie auf festen Grund stießen, hierauf wurden dann Längsschwellen verlegt, auf denen nun das Fundament ruht. Um Austrocknung und Fäulnis zu verhindern, liegt dieses mittlerweile steinhart gewordene Eichenrost unter dem niedrigsten Grundwasserstand. Eine Untersuchung von 1952 bestätigte diese Bauweise.

Das Aussehen des Rittersitzes wurde geprägt durch die Um- und Anbauaktivitäten der vielen Lehnsherren und Eigentümer; bis in die Gegenwart allerdings erhalten sind Nord- und Ostfassade der Hauptburg, das massive Keller- und Erdgeschoß mit dem aufstehenden Fachwerk.

14. November 1226:

GRAF FRIEDRICH VON ISENBERG IN KÖLN AUFS RAD GEFLOCHTEN

Cousin Adolph von der Mark profitiert von Hinrichtung

So oder so ähnlich hätte eine Zeitungsschlagzeile ausgesehen, wenn es denn im Jahre 1226 eine Tageszeitung gegeben hätte.

Doch lassen Sie uns die Geschichte von Beginn an erzählen:

Seit der Karolingerzeit bildeten sich außerhalb der späteren Städte nachweisbare Bauernschaften, die anfangs als Lehn vergeben wurden und später in das Eigentum des abhängigen Dienstadels übergingen.

Auch im Schattbachtal schlossen sich Bauern zu der so genannten „Baut Laer" zusammen. Die mächtige Familie von Isenberg aus dem Geschlecht der Altena war zum damaligen Zeitpunkt im Besitz des Hofes, dieser war jedoch an einen uns heute unbekannten Lehnsherrn vergeben. Haus Laer ging vermutlich aus dem Hof Schulte in der Grafschaft Bochum hervor und war etwa seit dem Jahr 1200 ein Rittersitz.

Und nun beginnt die Geschichte unserer Schlagzeile: Friedrich von Isenberg soll im Jahre 1225 in Folge von Streitigkeiten um den Essener Damenstift den Reichsverweser und Erzbischof von Köln, Engelbert I. von Berg, in Gevelsberg ermordet haben und wurde für diese Tat schon im Jahre 1226 in Köln hingerichtet – gerädert.

Nach diesem Vorfall stellte sich die gesamte öffentliche Meinung gegen die Familie Isenberg, sämtlicher Besitz wurde ihnen abgesprochen. Von allen Seiten griffen die Nachbarn nach den herrenlosen Besitztümern und auch der Vetter und Gegenspieler Friedrichs, Adolph von der Mark (ehemals Altena), machte sich diesen machtpolitischen Vorteil zu Nutzen. Am 1.5.1243 brachte er den Sohn Friedrichs in einem lateinisch beurkundeten Vergleich dazu, Haus Laer endgültig an die Grafen der Mark abzutreten. Als Landesherr bewohnte er das Gut allerdings nicht selbst, sondern übertrug es Ritter Heinrich von Vittinghoff als Lehn, diesem folgten weitere Lehnsherren.

Mit dem letzten dieser Lehnsherren, Gustav Frielinghaus, endete die 21. Generation der Rittersitzepoche. Nach seinem Tod wurde der Rittersitz von einer Erbengemeinschaft verwaltet und befindet sich gegenwärtig noch im Besitz der Familie Frielinghaus bzw. deren Nachfahren. Die Räumlichkeiten des Anwesens können heute für Hochzeiten und andere Festlichkeiten gemietet werden; auch Übernachtungen sind dort möglich.

Übrigens begann die Besiedlung des heutigen Laer schon sehr viel früher: 1969 wurde bei Erdarbeiten in Laer eine jungsteinzeitliche Siedlung der Rössener Kultur mit Tongefäßen und Feuersteinwerkzeugen entdeckt. Auch Handelsbeziehungen zu Rom wurden durch Funde bestätigt.

C. V.

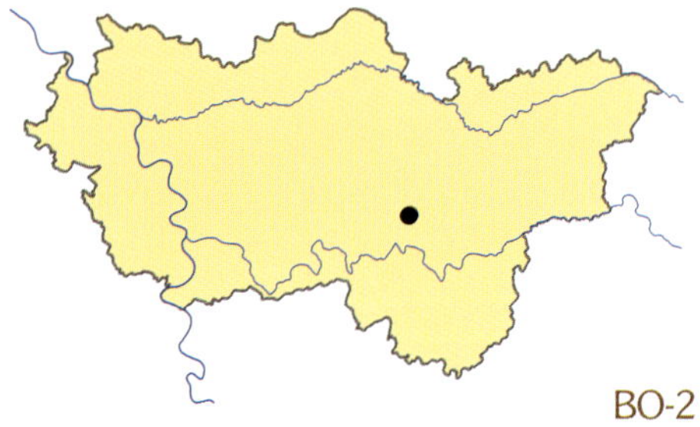

BO-2

Bochum: Haus Langendreer

Gestern war der 31. Oktober. Ich mag diesen Tag nicht: Halloween. Überall verkleidete Menschen. Selbst hier, im Bochumer Stadtteil Langendreer, war man vor ihnen nicht sicher. Ich bog von der Hauptstraße ab, um ihnen zu entkommen. Hier war es viel ruhiger und ich konnte ungestört meiner Wege gehen. Plötzlich überkam mich ein befremdliches Gefühl. Ich schaute nach vorn und erblickte mir gegenüber, direkt unter einer alten Birke, einen dieser verkleideten Halloween-Narren. Doch dieser strahlte im Gegensatz zu den anderen, die mir zuvor begegnet waren und in lustigen Grüppchen zusammen lachten, eine unheimliche Aura aus; er war ganz allein. Vielleicht lag es auch an seiner Verkleidung, dass ich mich so unwohl fühlte. Er sah aus wie ein Knochengerippe in weißem Gewand. Wirklich abscheulich realistisch! Ich machte, dass ich wegkam, und hörte den Unheimlichen noch rufen: „Warte, du Hund, jetzt sollst du büßen!" Meine Knie schlotterten gewaltig, als ich endlich zu Hause ankam. Später erfuhr ich, dass ich nicht der erste war, dem an der alten Birke ein Geist erschienen war. Angeblich soll ein nicht zur Ruhe kommender Geist allnächtlich zur Mitternachtsstunde erscheinen und durch Geheul und Stöhnen unbescholtene Besucher in die Flucht schlagen. Genau unter dieser alten Birke, bei der ich der Erscheinung begegnet bin, soll auch ein Geheimgang enden, der bei dem noch vorhandenen ehemaligen Gefängnisturm von Haus Langendreer beginnt.

Haus Langendreer, lange Zeit „Leithenburg" genannt, findet 1266, in der Zeit der Kreuzzüge, erstmals urkundlich Erwähnung. Die Schulten von Dreere bewohnten das Anwesen und Heinrich von Dreere nahm angeblich an einem Kreuzzug nach Lettland teil, um dort den Heiden das Christentum zu bringen. 1331 begleitete Johannes von Dreere seinen Lehnsherrn Adolf von der Mark auf einer Pilgerreise ins Heilige Land.

Aber die Ritter kämpften nicht nur für das Christentum, zahlreiche Fehden wurden auch in der Heimat ausgefochten – so z.B. die Große Dortmunder Fehde von 1388–89, an der u. a. Dietrich von Dreere teilnahm. Bei einer Auseinandersetzung zwischen den Grafen Adolf und Gerhard von der Mark im Jahre 1423 wurden Kornvorräte in Brand gesetzt. Weitere Brandschatzungen folgten.

Nach dem Tode Dietrichs von Dreere, der kinderlos starb, erbte seine Schwester Bate 1447 Haus Langendreer. Ein Jahr später heiratete sie Arnd von der Borch aus Detmold, der sich verpflichten musste, in der Grafschaft Mark in Langendreer zu leben. Seitdem tragen die Hausherren den Namen von der Borch.

Im Jahre 1599 wurde Haus Langendreer von spanischen Truppen sehr stark beschädigt und die umliegenden Dörfer in Schutt und Asche gelegt. Trotz allem wuchs die Macht auf dem Rittergut. Dem Herrn von der Borch wurde 1611 das Richteramt über Langendreer und die Bauernschaften Düren, Somborn, Stockum und Werne übertragen. Das heute noch vorhandene Langhaus diente damals als Gerichtsgebäude und der ehemalige Wehrturm wurde als Gefängnis genutzt. Für gut 200 Jahre wurde seitdem auf Haus Langendreer Recht gesprochen.

Mitte des 17. Jahrhunderts hielt sich der neue Erbe, Alhardt von der Borch, in Italien und Frankreich auf und besuchte viele prächtige Schlösser, die er sehr bewunderte. Im Jahr 1643 kehrte er als 42 Jähriger in seine Heimat zurück er hatte den größten Teil seiner Familie verloren und Haus Langen-

dreer war völlig zerstört. Als Neubau des Hauses wünschte sich Alhardt ein solches Schloss, wie er es auf seinen Reisen vielmals erblickt hatte. Der Bau entpuppte sich als schwierig und mühselig, denn der Untergrund war sehr sumpfig. So wurden auf der einen Seite des Hauses 14 Baumstämme als Stützen in den Boden gerammt, auf der anderen Seite waren es aus Mangel an Baumaterial nur acht. Zwei gleich große Gebäudeflügel stießen rechtwinkelig aneinander, der Innenecke wurde ein Turm mit Freitreppe und einer „welschen Haube" vorgesetzt. Um das neue Haus vor zukünftigen Angriffen zu schützen, bekam das Mauerwerk eine Dicke von zwei Metern, rund um das Gebäude wurde eine große Gräfte angelegt. Nach drei Jahren Bauzeit wurde das barocke Wasserschloss fertiggestellt.

Mit Einzug der Industrialisierung fanden weitreichende Veränderungen im Umfeld der Anlage statt. Eine Zechenlandschaft entstand und die neuen Arbeitsplätze zogen viele Menschen von außerhalb an. Die von Borchs verließen Haus Langendreer. Mit den Jahren verfiel das unbewohnte Haus und wurde schließlich an die Stinnes AG verkauft, Eigentümer der nahe gelegenen Zeche Bruchstraße. Sie ließ das völlig verfallene, marode und unbewohnbare Herrenhaus 1908 abreißen. Heute ist dessen ehemaliger Standort durch eine rote Pflasterung und eine Buchenhecke kenntlich gemacht.

Das als „Westbau" bezeichnete, noch aus der Renaissance stammende Langhaus mit Treppengiebel und Dachreiter, das aus Bruchsteinen errichtet war und als Gerichtsgebäude diente, ist heute noch vorhanden und beherbergt nach einer aufwändigen Renovierung das Verwaltungsgebäude der vom Landschaftsverband Westfalen-Lippe getragenen Förderschulen. Ebenfalls sind heute noch Teile der einstigen Umfassungsmauer mit den Torpfeilern und Reste der inzwischen trockenen Hauptgräfte sowie der Eckturm zu erkennen, der als Gefängnisturm gedient hat und in dem der Geheimgang begonnen haben soll. Dort befanden sich der Legende nach auch Sensen, Beile und sogar eine Köpfmaschine. Ebenfalls im Turm verborgen liegt wohl auch das Grab jenes Unbekannten, der jede Nacht auf dem Anwesen umher spuken soll. Im Gang selbst sollen sich seinerzeit so viele Geister und Gespenster herumgetrieben haben, dass selbst die Bergleute in den nahen Stollen und Schächten das Geschrei und Gestöhne der Ruhelosen hören konnten. Auch im Burggraben soll ein Geist hausen, der allnächtlich aus dem Schilf heraus seine Einsamkeit bejammert.

All diese Spukgeschichten, die ich über Haus Langendreer herausfinden konnte, bewirkten ein Anwachsen meines Unwohlseins: War das, was ich getroffen hatte, nun wirklich der Geist von Haus Langendreer? Auf welche Art und Weise wurde hier nur Recht gesprochen!

B.S.-G.

Bochum: Haus Weitmar

Sind Sie schon einmal durch den Schlosspark in Weitmar, einem Stadtteil von Bochum, spaziert? Sicher sind Ihnen dabei die Überreste des einstigen Herrenhauses Haus Weitmar aufgefallen. Manch einer mag an dieser Stelle kurz innegehalten haben, um sich auszumalen, wie es an diesem Ort wohl einmal ausgesehen hat. Vielleicht hat er dabei über die Ereignisse nachgedacht, durch die das Herrenhaus und die zugehörige Kapelle zu Ruinen wurden.

Wer die Gründe hierfür aber in weit zurückliegenden Jahrhunderten und längst vergessenen Kriegen wähnt, der irrt gewaltig. Denn die Ruinen des Haus Weitmar sind keine Überreste längst vergessener Schlachten, sondern Zeugen des letzten großen Weltkrieges.

Obwohl einem der Ort Weitmar in mittelalterlichen Quellen bereits im 10. Jahrhundert begegnet, beginnt die Geschichte des Rittersitzes erst im 15. Jahrhundert. 1481 wurde der Bochumer Amtmann Wennemar von der Brüggeney (genannt Hasenkamp) vom Abt in Werden mit dem Hof Weitmar belehnt. Wennemar hatte bereits zuvor den Bau eines Herrenhauses beginnen lassen. Bis ins 18. Jahrhundert blieb die Familie Hasenkamp im Besitz des Hauses. Im Jahre 1592 ließ die Familie ein neues, zweistöckiges Haus aus Ruhrsandstein erbauen, da der Rittersitz zuvor Opfer von brandschatzenden spanischen Truppen geworden war. Das neue Haus Weitmar lag mit Speicher- und Stallgebäuden zusammen auf zwei von Wassergräben umgebenen Inseln, die durch Brücken miteinander verbunden waren.

Als im Jahre 1764 die Erbfolge mit dem Tod des letzen Familienmitglieds derer von Hasenkamp endete, ging das Haus Weitmar zehn Jahre später in den Besitz von Friedrich Goswin von Vaerst über. Dieser hatte die Anlage zuvor aus dem Lehnsverhältnis gelöst und wurde somit Eigentümer des Rittersitzes. Hierbei sollte es aber nicht lange bleiben, da bereits im Jahre 1780 Friedrich Wilhelm von Berswordt-Wallrabe neuer Eigentümer des Anwesens wurde. Im Besitz dieser Familie befindet sich das Haus Weitmar noch heute. Seit dieser Zeit wurde das Umfeld des Hauses von der Familie mehrfach umgestaltet. So verschwanden die Wassergräben und das Anwesen wurde mit Gartenanlagen umgeben. Auch das Hauptgebäude selbst wurde verschiedenen Veränderungen unterzogen. Diese lassen sich noch heute an den erhaltenen zweistöckigen Außenmauern der Süd- und Ostseite gut erkennen. Den Haupteingang an der Ostseite des Hauses erreichte man über eine Bruchsteinbrücke, welche die ehemaligen Wassergräben überspannte, sowie über eine doppelläu-

fige Treppe. Beide sind noch heute gut erhalten.

Die dem Anwesen zugehörige Kapelle ist zum Ende des 14. Jahrhunderts erstmals in Urkunden erfasst worden. Sie ist zum größten Teil im gotischen Stil erbaut, jedoch lassen romanische Bauelemente an Teilen des Westturms darauf schließen, dass das Gebäude durchaus älter ist. Die Kapelle war dem heiligen Sylvester geweiht und ursprünglich eine Hauskapelle. Seit 1543 wurde sie für evangelische Gottesdienste genutzt.

Am Ende des 19. Jahrhunderts wurde das Anwesen zu einem Landschaftspark umgestaltet. Zu Beginn des 20. Jahrhunderts wurde an der Hauptachse des Parks ein Torhaus mit Mansardendach und Ecktürmchen, sowie ein schmiedeeisernes Tor mit Sandsteinpfeilern errichtet; beides ist bis heute erhalten. Die beiden Pfeiler tragen jeweils ein Wappen als Zeichen der Familie Berswordt-Wallrabe – auf der einen Seite mit einem Eber (Berswordt), auf der anderen Seite mit einer Lilie (Wallrabe).

Durch einen Luftangriff während des Zweiten Weltkriegs wurde Haus Weitmar am 13. Mai 1943 weitgehend zerstört. Zwar verleihen die Ruinen des einstigen Herrensitzes dem Park so einen durchaus charmanten Charakter, aber vielleicht dienen sie gerade durch die Umstände ihrer Zerstörung auch einem höheren Zweck. Dann nämlich, wenn wir sie nicht nur als Überreste längst vergangener Zeiten betrachten, sondern in ihnen auch ein Mahnmal für die Zukunft erkennen können.

A.P.

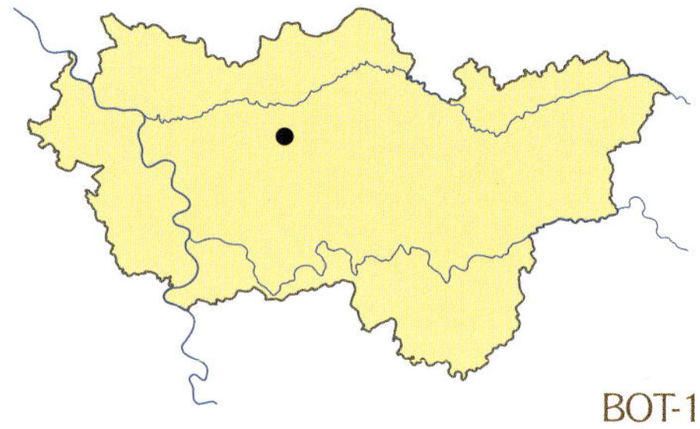

BOT-1

Bottrop: Schloss Beck

Das kleine Barockschlösschen Beck liegt in der Nähe des Dorfes Feldhausen, welches zu Bottrop gehört. Das Gebäude ist von Wiesen und Wäldern umgeben, die zugleich einen idyllischen Kontrast zum Schloss bilden. Weit bekannt ist das Anwesen dadurch, dass es vielen Familien ein Ausflugsziel in einer industriell geprägten Zeit bietet, um sich dort zu entspannen und sich von dem hektischen Berufsalltag zu distanzieren.

In diesem Märchenschloss konnten schon viele Kinder ihrer Phantasie freien Lauf lassen. Manch ein Mädchen hat sich bestimmt schon als kleine Prinzessin gesehen und manch ein Junge als Ritter, der tollkühne Abenteuer bestreitet und in der Gruselkammer seinen Mut beweist. Oder vielleicht wurde der eine oder andere von der großen Steifftier-Sammlung, die über 1000 Stofftiere beherbergt, verzaubert und in seine Kindheit zurück versetzt. Nicht nur solche Dinge begeistern die Kinder, etliche Fahrgeschäfte, wie etwa die bekannte Marienkäferachterbahn, lassen Kinderherzen höher schlagen. Der barocke Schlossgarten lädt zum Verweilen und Spazieren ein, so wie vielleicht auch einst den Herrn von Wenge, der dieses wunderschöne Herrenhaus bauen ließ. Das Lustschloss kann auf eine lange Geschichte zurückblicken. Zunächst war Schloss Beck eine kleine Burg, die durch den bekannten westfälischen Architekten Johann Konrad Schlauen umgebaut wurde. Dieser Umbau erstreckte sich über 20 Jahre und wurde im Jahre 1777 abgeschlossen. Das Herrenhaus wurde im Volksmund auch „das weiße Schloss" genannt, bis es, wie jeder es heute kennt, gelb verputzt wurde. Das Gebäude wurde im Stil eines maison de plaisance errichtet und bot dem Herrn von Wenge bestimmt einige illustre Stunden mit seiner Familie oder sogar mit seinen Mätressen. Das Herrenhaus ging nach der Familie von Wenge durch viele Hände.

Zum Ende des 18. Jahrhunderts wurde auf dem Grundstück eine Schnapsfabrik eröffnet. Ab 1850 wechselte das Anwesen seinen Besitzer erneut und ging in das Eigentum der Familie Metternich über. Die Familie Metternich musste das Anwesen allerdings bereits 1958 schweren Herzens abgeben. Das Bergbauunternehmen Hibernia nahm sich des Grundstücks an, zeigte aber kein Interesse für das Haus: auf dem Grundstück wurde Kohle abgebaut und das Schloss zerfiel zusehends. Nicht einmal die Stadt Bottrop interessierte sich für das Herrenhaus; 1966 erwarb die Familie Kuchenbäcker das stark verfallenen Gebäude und gründete, um die anfallenden Renovierungskosten zu decken, den allseits bekannten Freizeitpark. Von der ersten Stunde an wurde das Schlösschen liebevoll renoviert.

Schloss Beck steht seit einiger Zeit unter Denkmalschutz.

I. L.

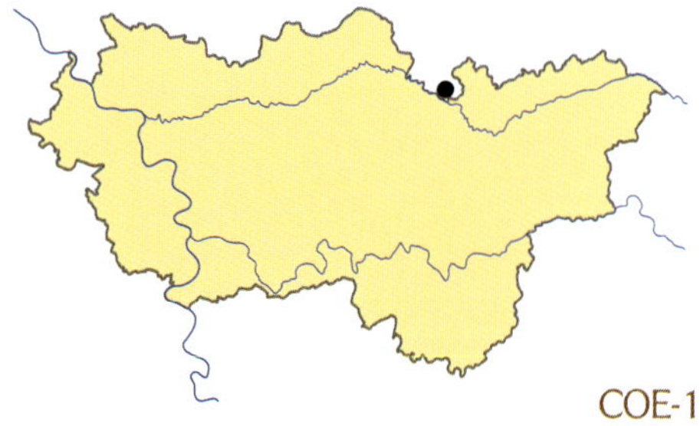

COE-1

Olfen: Schloss Sandfort

Haus Sandfort sowie einige andere imposante Wasserschlösser und Burgen liegen wie zufällig verstreut in der „Hohen Mark" beziehungsweise an deren Grenze.

Die Hohe Mark ist ein Naturpark, der sich nördlich des größten europäischen Wirtschaftsraumes, dem Ruhrgebiet, vom Niederrheinischen Tiefland bis in die Westfälische Bucht hineinzieht. Bäuerliche Kulturlandschaft mit Wiesen, Weiden und vereinzelten Höfen wechselt sich ab mit dichten, geschlossenen Wäldern und den Parklandschaften des Münsterlandes. Wandern, Radfahren oder romantische Burgen und Schlösser besichtigen die Hohe Mark hat, nicht weit entfernt von den großen Städten des Ruhrgebietes, einiges zu bieten.

Das landtagsfähige Rittergut Sandfort, im heutigen Olfen gelegen, wurde erstmalig im 13. Jahrhundert erwähnt. Es handelt sich bei diesem Anwesen um eine ursprünglich umwallte Wasserburg mit einem Herrenhaus und einer Vorburginsel. Das mehrfach baulich veränderte Herrenhaus samt rechteckigem Turm mit Barockhaube stammt aus dem 17. oder frühen 18. Jahrhundert; allein das Haus auf der Vorburginsel mit seinen runden Türmen stammt aus früheren Zeiten. Es wurde wahrscheinlich um 1450 errichtet und diente sicher noch der Verteidigung, denn das Gebäude ist im Erdgeschoß mit Schießscharten ausgestattet. Neben diesem Gebäude befindet sich auf der Insel noch ein Brauhaus aus dem 16. Jahrhundert.

Aus der Vorburg über die Brücke kommend, schließt sich jenseits der Sandforter Straße eine Allee an, die in einen kleinen, landschaftlich gestalteten Garten führt.

Das im ehemaligen Hochstift Münster in Westfalen gelegene Anwesen war von 1300 bis etwa 1550 im Besitz der Familie von Mecheln. Nachdem die Erbtochter Jodoca von Mecheln im Jahre 1603 ohne Nachkommen verstorben war, erbten die Kinder ihrer Schwester Friedag zu Lönneghoven den gesamten Besitz.

Durch Heirat gelangte dieser dann um 1719 an die Familie von Bodelschwingh-Plettenberg. Die Grafen von Wedel folgten im Jahre 1869 als Eigentümer.

Heute befindet sich das Schloss im Besitz des Grafen Hagen-Plettenberg; die Anlage ist Wohnsitz der gräflichen Familie und kann daher nur von außen besichtigt werden.

C. V.

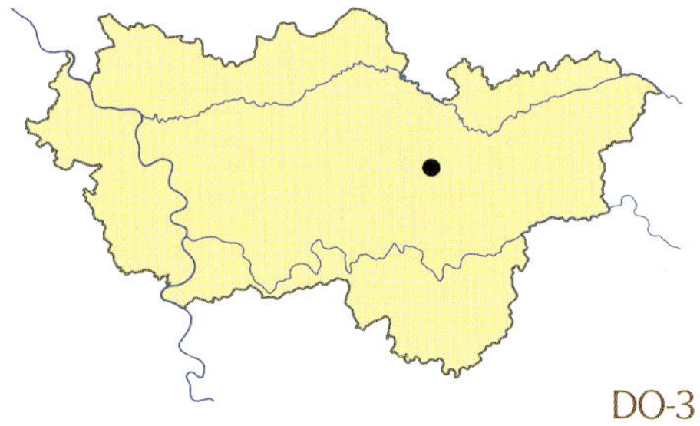

DO-3

Dortmund: Haus Bodelschwingh

Wer kennt sie nicht, die Märchen der Gebrüder Grimm? Die Brüder begannen im Jahre 1812 ihre gesammelten Kinder– und Hausmärchen zu veröffentlichen – in der Sprache vielleicht abgeändert und angepasst aber inhaltlich und bildlich doch die Imagination der damaligen Bevölkerung widerspiegelnd. Beim Anblick des Hauses Bodelschwingh, das im Dortmunder Nordwesten liegt, erwacht diese Imagination zu neuem Leben. Denken wir an »Dornröschen«, das in einem verwunschenen Schloss einen hundertjährigen Schlaf schläft, in Erwartung eines Prinzen, der sie retten wird; in den Märchen »Schneewittchen« und »Aschenputtel« spielt das Motiv des Schlosses ebenfalls eine bedeutende Rolle. So wird Schneewittchen von ihrer bösen Stiefmutter aus dem väterlichen Schloss vertrieben, um später triumphierend das Schloss des in sie verliebten Prinzen zu beziehen. Genauso ergeht es auch Aschenputtel, das aus ihrem trostlosen Dasein – ebenfalls von einem Prinzen – befreit wird. In den Märchen werden auf den Schlössern rauschende Feste gefeiert, sie erscheinen verzaubert und romantisch.

Das Hauptgebäude des Herrensitzes Bodelschwingh – ein verwunschen anmutendes Wasserschloss – liegt auf Eichenholzpfählen errichtet in einem Gräftenteich, der von einem kleinen Bach gespeist wird. Die Pfähle aus Eichenholz, vom Wasser konserviert, stammen größtenteils noch aus dem Jahr des Erbauens um 1300. Erstmals erwähnt wurde ein Hof Bodelschwingh um das Jahr 1220, aber erst ca. 80 Jahre später entstand das Schlösschen, das von einer Familie namens Speke erbaut wurde. Die erste urkundliche Erwähnung des Herrensitzes fand 1302 im Zuge einer Übertragung des Besitzes an Graf Eberhard von der Mark statt; Ritter Giselbert I. erhielt ihn jedoch als märkisches Lehen zurück. Der Erbe Giselbert Spekes, Ernst I., benannte sich und seine Familie bereits nach dem Haus „de Bodelswinge", erwarb 1336 die örtliche Gerichtsbarkeit und legte so den Grundstein für eine ertragreiche und blühende Entwicklung der Familie und ihrer Ländereien. Erst im Jahre 1808 wurde die Eigengerichtsbarkeit des Hauses Bodelschwingh durch die Franzosen aufgehoben, so dass wichtige Einnahmequellen wie Zoll und Steuern wegfielen. Durch findige Vermählungen und wirtschaftliches Können erwarb sich die Familie hohes Ansehen, Reichtum und achtbare Ämter und wurde so zu einem der einflussreichsten westfälischen Adelsgeschlechter.

Heutzutage besteht Haus Bodelschwingh aus dem im Gräftenteich liegenden Herrenhaus, das durch eine steinerne Bogenbrücke mit den vorburgartigen Wohnanlagen ver-

bunden ist, und einem Turm, ein ehemaliger Bergfried, welcher der Familie als Wohnturm gedient haben soll, bevor sie in das mehrgeschossige Zweikammerhaus umziehen konnte. Die Frage, ob die Familie den Bergfried wirklich als Wohnturm genutzt hat, wird in der Forschung gegenwärtig diskutiert. In der zweiten Hälfte des 16. Jahrhunderts erweiterte man das Zweikammerhaus zu einem Zweiflügelbau, dessen Flügel mit je einem Pavillonturm barocker Art abschließen. Der nördliche dieser Türme stürzte im Jahre 1871 ein und wurde als genaue Kopie des Südturmes wieder aufgebaut.

Seit dem 14. Jahrhundert gehören zum Herrensitz auch eine Mühle, eine Windmühle und einige Wirtschaftsgebäude, die sich um einen Innenhof gruppierten. Eine barockzeitliche Gartenanlage, auf die im Gelände nordwestlich der Vorburg Anzeichen zu finden sind, kann über eine Steintreppe erreicht werden. Um das Jahr 1800 wurde der Garten in großem Maße umgestaltet; so findet sich an seinem nordwestlichen Ende gegenwärtig ein 1802 erbauter Tempel, der als Begräbnisstätte diente.

Der Herrensitz Bodelschwingh befindet sich seit 1867 im Besitz der Familie zu Inn- und Knyphausen und wird von ihr als Wohnsitz genutzt. Einige Gebäude werden an Unternehmen oder Privatpersonen vermietet. Der Zugang ist der Öffentlichkeit somit leider verwehrt; sicherlich würde man sonst beim Anblick des Anwesens im Geiste das Gemurmel und Lachen unzähliger Festbesucher hören oder sich träumend vorstellen, wie im obersten Kämmerchen des Turmes eine wunderschöne Prinzessin schlafend darauf wartet, von ihrem geliebten Prinzen wachgeküsst zu werden.

L. W.

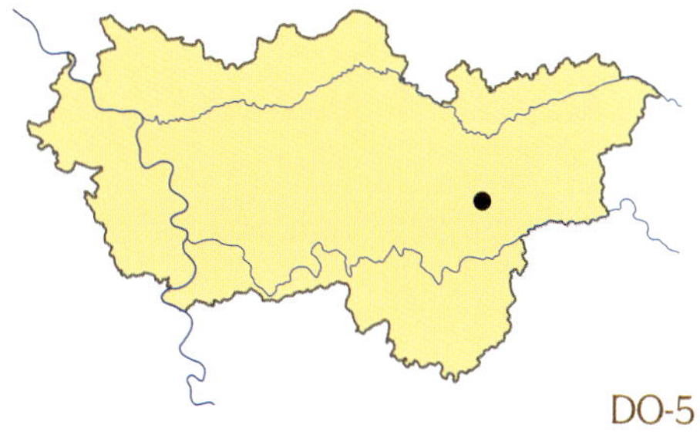

Dortmund: Haus Brünninghausen

„Sieh Johann, alle sind sie meiner Einladung gefolgt, obwohl sie mich verachten und am liebsten entmündigen würden! Hinter meinem Rücken reden sie schlecht, aber zu meinen Festen kommen sie, genießen das herrliche Essen, trinken meinen Wein und tummeln sich in diesem herrlichen Park vor meinem Schlösschen ..."

So oder so ähnlich mag Gisbert von Romberg zu seinem Diener gesprochen haben. Vielleicht stand er zu diesem Zeitpunkt grinsend in einem der Säle auf Schloss Brünninghausen, bei einem seiner weithin bekannten Feste.

„So nun wollen wir dem adeligen Haufen einen Streich spielen, an den er sich noch lange erinnern wird! In diesen Schächtelchen befinden sich Flöhe, wollen doch mal schauen, ob wir diesen armen Geschöpfen nicht zu einem neuen Heim verhelfen können."

Und genau das soll Gisbert von Romberg, auch als Schelmenbaron und durch das Werk von Josef Winkler unter dem Namen der „tolle Bomberg" bekannt, getan haben. Während eines Festes, zu dem nur adlige Gäste geladen waren, soll er dafür gesorgt haben, dass sich die Flöhe den Damen unter die Mieder setzten. Gepeinigt durch das Jucken haben sich diese zu den Herren gesellt, um sich nah an sie zu drücken und so dem Jucken ein Ende zu bereiten. Zuerst dachten die Herren, ihre Gespräche und ihre Anwesenheit seien den Damen willkommen, bis das seltsame Jucken auch sie befiel.

Dieser Streich rief noch größeres Entsetzen hervor als die meisten anderen Streiche Gisberts von Romberg. Der Dortmunder Chronist Karl Prümer äußerte sich folgendermaßen zu Gisbert von Romberg: *„Fast sein halbes Leben hatte er, mangels nützlicher Tätigkeit, mit tollen Streichen verbracht."* Seine Streiche konnte sich Gisbert von Romberg nur durch seinen Reichtum und seinen enormen Besitz leisten. Zu diesem Besitz zählte auch das Herrenhaus Brünnighausen, welches sich schon lange in Familienbesitz befand. Früher war das Haus als *Nortkerkenhaus* bekannt, dies waren die Nachfahren des Ministerialgeschlechts von Brünnighausen, durch die es seinen heutigen Namen hat. Die Familien Nortkerke und Romberg wurden durch Eheschließung miteinander verbunden.

Das Herrenhaus Brünnighausen liegt an der Schondelle bei Dortmund Brünnighausen im Emschertal.

An dem Herrenhaus und den Gebäuden auf dem Grundstück wurden seit seiner Erbauung im Jahre 1350 viele Umbauarbeiten und Wiederherstellungsarbeiten vorgenommen. Am

stärksten wurde das Erscheinungsbild des Anwesens durch einen Vorgänger des Schelmenbarons, ebenfalls mit dem Namen Gisbert von Romberg, verändert. Durch ihn entstand unter anderem ein Großteil der heute als Rombergpark bekannten Parkanlage. Auch heute sind die Hauptbestandteile des Parks noch erhalten. Er wird durch das aus Bruchsteinen erbaute, ehemalige Torhaus betreten. Es ist das einzige noch erhaltene Gebäude auf dem Anwesen, alle anderen Gebäude mussten auf Grund der im zweiten Weltkrieg erfolgten Zerstörung abgerissen werden. Zu Zeiten des Schelmenbarons befanden sich auf dem Anwesen ein dreistöckiges Herrenhaus, mehrere Wirtschaftsgebäude, eine Mühle, eine Brauerei und vieles mehr. Der Rombergpark wurde im Stil eines englischen Gartens gestaltet. Auch heute sind viele Bereiche des Parks noch so erhalten, wie sie wohl auch zu den Festen Gisbert von Rombergs angelegt waren: Lange verschlungene Wege mit kleinen Ausbuchtungen zum Rasten. Verweilt man an diesen Orten, kann man vielleicht den Nachhall eines Lachens hören, ausgestoßen von einer jungen Seiltänzerin, die zu den Schaustellern gehörte, die regelmäßig die Gastfreundschaft des Schelmenbarons in Anspruch nahmen. Dieser bot den Schaustellern wochenlange Unterkunft und Verpflegung, wenn sie seinen Festen noch mehr Glanz verliehen. Doch machte ihn dies sehr unbeliebt, da sich dadurch immer mehr lungernde und fragwürdige Gestalten um das Anwesen herumtrieben.

Im Jahre 1927 verkaufte einer seiner Nachfahren das ganze Anwesen an die Stadt Dortmund. Auf dem Gelände des Parks wurden ein Botanischer Garten sowie ein Arboretum angelegt. Außerdem wurde ein Wildgehege aufgebaut, welches inzwischen zu einem Tierpark erweitert wurde.

In dem letzten noch stehenden Gebäude des ehemaligen Herrenhauses befindet sich heute eine Galerie mit wechselnder Ausstellung, außerdem finden in den Räumlichkeiten Konzerte und Trauungen statt.

P.B.

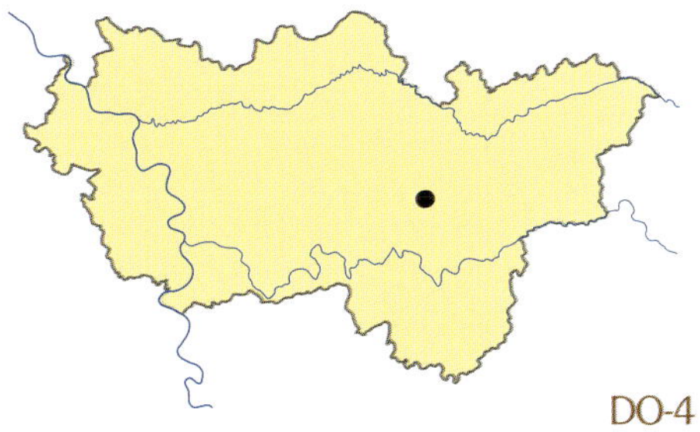

Dortmund: Haus Dellwig

Zwei befreundete Knechte gingen nebeneinander Richtung Heimat; sie hatten ihre Liebsten besucht, die auf Haus Dellwig als Mägde arbeiteten. Beide waren frohen Mutes, denn der Sonntagabend war heiter verlaufen. Auf einem Baum, an dem sie auf ihrem Weg vorbeikamen, erblickten sie eine Eule. Der eine der beiden Knechte rief übermütig und vom Weine benebelt: „Dä we'ck äist 'n drieff giebm!" *(Dir werde ich einen draufgeben), und schlug mit einem Stock nach dem armen Vogel. Dieser wurde ob der erfahrenen Dreistigkeit fuchsteufelswild, schlug seine Krallen in den Wams des Knechtes und erhob sich – mit dem frechen Knecht als Last – in die Lüfte. Sein Freund rannte noch eine Weile hinter dem Vogel her, verlor ihn allerdings aus den Augen und musste ohne seinen Begleiter heimkehren.*

Bei Haus Dellwig, auf dem dieser Legende entsprechend die beiden Liebsten der Knechte gearbeitet haben sollen, handelt es sich um ein Wasserschloss im Dortmunder Stadtteil Lütgendortmund. Bereits im Jahre 1179 wird in einer Urkunde des Kölner Erzbischofs ein Hof Dellwig erwähnt. Die Herren des Hauses, Angehörige der Familie von Dellwig, werden jedoch gesichert erst im Jahre 1320 mit dem Hof in Verbindung gebracht. In dieser Zeit wurde der Hof höchstwahrscheinlich zu einer mittelalterlichen Burg mit Zweikammerhaus umgebaut.

Im Laufe der darauf folgenden Jahrzehnte und Jahrhunderte erfuhr die Anlage weitere bauliche Umgestaltungen: Bereits in der ersten Hälfte des 16. Jahrhunderts ersetzten Bauten im Renaissancestil die Burg – diese wurden auch in das zwischen 1658 und 1690 von Melchior von Dellwig errichtete Schloss integriert. Der Sohn Melchiors sorgte für die barocke Innenausstattung des Anwesens. Zwischen 1700 und 1703 wurde der Anlage eine neue Vorburg hinzugefügt.

Interessanterweise erfolgte die Gebäudedisposition des Herrenhauses nach dem Vorbild des nahe gelegenen Wasserschlosses Bodelschwingh, das ebenfalls in diesen Bildband aufgenommen wurde. Die Verbindung vom zweigeschossigen Herrenhaus zur dreiflügeligen Vorburg wird mittels einer rundbogigen Ziegelsteinbrücke geschaffen; eine weitere Brücke führt an der Südseite des Schlosses in einen ehemaligen Englischen Garten, dessen Komposition noch schwach zu erkennen ist.

Bis ins Jahr 1792 blieb Haus Dellwig im Besitz der namensgebenden Familie von Dellwig; danach wechselte es häufig

den Eigentümer, bis es 1904 an die Gelsenkirchener Bergwerks AG veräußert wurde. Seit 1978 gehört das Anwesen der Stadt Dortmund; der Ostflügel der Vorburg wird vom Heimatmuseum Lütgendortmund genutzt, dessen Feste und Veranstaltungen gewöhnlich eine große Menge von Besuchern anlocken; neben dem Herrenhaus werden auch die anderen Flügel der Vorburg privat verpachtet. Ebenfalls zum Verweilen und Spazierengehen verlockt der das Schloss umgebende Dellwiger Wald. Seit 1997 steht Haus Dellwig unter Denkmalschutz.

Doch was wurde aus dem Knecht, der die Eule schlagen wollte und von ihr davongetragen wurde?

Er strampelte und wehrte sich, doch es dauerte eine ganze Weile, bis er sich aus den Fängen der Eule befreien konnte und wieder festen Boden unter den Füßen spürte. Er sah sich um und befand sich auf einem Markt in einer fremden Stadt. Verzweifelt fragte er einen Bäcker, der – Gott sei's gedankt – zu so früher Stunde bereits seinen Ofen anheizte, nach dem Namen des Ortes, an den ihn die verärgerte Eule entführt hatte. Sie hatte ihn bis nach Warendorf gebracht – das war eine Strecke von etwa 80 Kilometern. Erst zwei Tage später kehrte der Knecht verwirrt, hungrig und geläutert nach Hause zurück. Nie wieder soll er einer Fliege etwas zu Leide getan haben.

L. W.

DO-1

Dortmund: Die Hohensyburg

Die Syburg, Sigiburg oder auch Hohensyburg ist auf einem 150 m aufragenden Geländesporn des Ardeygebirges über dem Zufluss der Lenne in die Ruhr gelegen. Sie spielte im Kampf zwischen Franken und Sachsen eine äußerst wichtige Rolle; die Nachricht ihrer Eroberung im Jahre 775 durch die Franken ist die wohl älteste gesicherte Niederschrift im Dortmunder Raum.

Über die Hohensyburg sind viele verschiedene Sagen und Legenden im Umlauf, von denen zum Beispiel eine besagt, dass auf Hohensyburg und Burg Volmarstein zwei befreundete Riesen wohnten, die einander mit einem Schritt besuchen konnten. Da sie sich einen Backtrog teilten, war dies für sie äußerst praktisch. In anderen Legenden und Sagen geht es um die Gabe des zweiten Gesichts, also die Fähigkeit der Voraussicht, oder um die nahe der Burg gelegene Peterskirche mit ihrer angeblich Wunderkräfte besitzenden Quelle, dem Petersbrunnen. In diesem Brunnen, der einstmals nach dem germanischen Gott „Donarbrunnen" genannt wurde, soll Widukind getauft und von Karl dem Großen aus der Taufe gehoben worden sein (wahrscheinlicher ist, dass Widukind 785 in Attigny getauft wurde, nachdem sein letzter Aufstand gegen die Franken zerschlagen worden war). Papst Leo III., der im Jahre 800 Karl den Großen zum Kaiser krönte, soll die Kirche selbst geweiht und ihr als Reliquie das Haupt der heiligen Barbara geschenkt haben, womit die Peterskirche zu einem bedeutenden Wallfahrtsort wurde. Jährlich wanderte zum Pfingstfest eine große Pilgerschar von Dortmund hinauf zur Syburg – so auch im Jahre 1297. In diesem Jahr brannte die Stadt Dortmund zu einem großen Teil nieder, da zu wenige Menschen in der Stadt geblieben waren und dem Feuer nicht Herr werden konnten.

Inmitten der frühmittelalterlichen Wallburg entstand wohl im 12. Jahrhundert die mittelalterliche und aus Stein erbaute Burg Syburg. Sie gehörte den Herren von Sieberg, die im Jahre 1253 erstmals urkundlich erwähnt wurden. Die Konstrukteure der Burg nutzten womöglich die Wallanlagen der frühmittelalterlichen Anlage, umgaben die Burg jedoch zusätzlich mit einer Wehrmauer und einem vorgelagerten Graben – zumindest im Westen, Norden und Osten; im Süden fällt das Gelände steil ab und ergibt so einen natürliche Schutz vor Eindringlingen. In den Jahren 1287/88 zerschlug Graf Eberhard von der Mark die Anlagen; wahrscheinlich wurde sie jedoch kurz darauf wieder aufgebaut und hergerichtet, da im 14. Jahrhundert ein Verwalter belegt werden kann, der vermutlich auf der Burg seine Wohnstatt hatte. Heute existieren von den ehemals stattlichen Mauern der Sy-

burg nur noch etwa 10 m hohe Ruinen, die schon auf Druckgrafiken des 19. Jahrhunderts zu erkennen sind. Somit war die Syburg wahrscheinlich schon lange vor dem Entstehen dieser Graphiken nicht mehr bewohnt.

Im Jahre 1997 wurde bei Ausbesserungsarbeiten in einem der zwei Türme, die in die Nordwest- und Südostecke der Wehrmauer integriert sind, eine byzantinische Münze entdeckt. Diese Münze stammt aus einer Zeit zwischen 931 und 944 und wurde in Konstantinopel geprägt. Höchstwahrscheinlich gelangte sie nach Syburg, da dies ein überregional bekannter Wallfahrtsort war, der zudem noch über Marktrecht verfügte; vielleicht hat also ein gläubiger Pilger aus fernen Ländern die Münze als Opfergabe in der Burg verborgen, oder ein besorgter Händler sie dort versteckt und nach einem arbeitsamen Tag vergessen wieder mitzunehmen.

Schon seit dem 19. Jahrhundert handelt es sich bei Hohensyburg um ein geschätztes Ausflugziel. Zwischen 1903 und 1924 beförderte die einzige Zahnradbahn Westfalens zahlreiche Ausflügler und Besucher über den Steilhang zur Burg hinauf. Einerseits lädt die romantisch anmutende Ruine der Burg zum Spazieren und Träumen ein, andererseits interessiert den Besucher vermutlich der 1857 zu Ehren des Freiherrn von Vincke (1774–1844), damaliger Oberpräsident Westfalens, der sich am Ausbau Westfalens nach dem Ende der französischen Herrschaft verdient machte, errichtete Vincketurm und das 1902 vollendete Kaiser-Wilhelm-Denkmal; Peterskirche und Petersbrunnen sind wohl gleichermaßen eines Besuches wert. Ebenfalls zum Träumen – allerdings wohl kaum romantischer Natur – lädt auch das im Jahre 1985 eröffnete Casino „Spielbank Hohensyburg" ein – eines der umsatzreichsten in ganz Deutschland.

L. W.

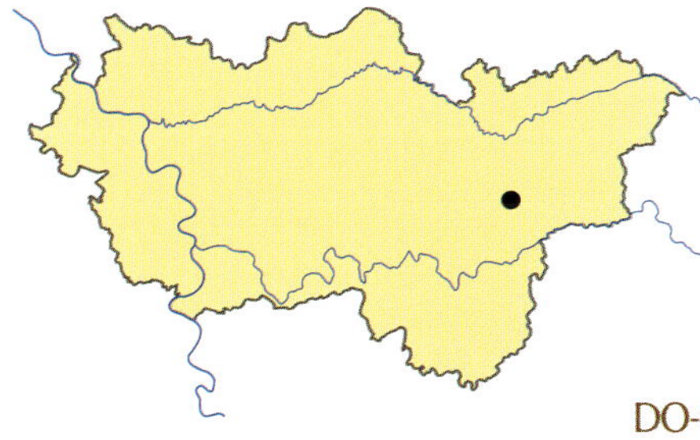

DO-6

Dortmund: Haus Hörde

Feuer! Die Burg brennt!"

Ein panischer Ausruf inmitten eines Flammenmeeres. Aufgeregte Stimmen. Menschen, die hektisch in den Rauchschwaden hin und herlaufen, mit dem Ziel zu retten, was noch zu retten ist. Ringsum der Klang von berstendem Holz.

So könnte man sich die Ereignisse vorstellen, die sich im Jahr 1673 in Hörde zutrugen – als einen filmreifen Flächenbrand, der nicht nur große Teile der Burg Hörde in Schutt und Asche legte, sondern auch weite Teile der Stadt Hörde vernichtete.

Die Burg, von der hier die Rede ist, liegt nur wenige Meter von der Stadt entfernt zwischen der Emscher und dem Hörder Bach. Erster Besitzer dieses „befestigten Hauses" soll im 12. und 13. Jahrhundert die Hörder Familie gewesen sein, die erstmals am 9. August 1198 erwähnt wird.

Hundert Jahre später sollte sie eine wichtige Trumpfkarte des ansässigen Markgrafen im Kampf gegen die Reichsstadt Dortmund werden. Dieses Machtspiel zwischen den Markgrafen und der Stadt Dortmund zog sich fast ein weiteres Jahrhundert hin, bis es in der Dortmunder Fehde gipfelte, bei der die Burg ein beliebtes Angriffsziel feindlicher Truppen darstellte.

Die darauf folgenden Jahre sollten für die Besitzer der Burg, abgesehen von auftretenden Bränden, nicht sonderlich spannend verlaufen. Denn schon ab dem 15. Jahrhundert diente die Burg bis in die Neuzeit hinein ausschließlich Verwaltungszwecken.

Aufgrund der Tatsache, dass die Anlage keine weiteren militärischen Zwecke mehr erfüllte, verfiel die Burg zusehends und Teile der alten Mauern wurden im Laufe der Zeit abgerissen. Dennoch hielt man im 20. Jahrhundert wieder an den alten Idealen fest, so dass bei der Erweiterung eines neu errichteten Verwaltungskomplexes der Baustil der alten Burgen wieder aufgegriffen wurde.

Im Laufe der Jahre, in denen die Anlage sich aus einem einfachen Turm zu einer stattlichen Burg entwickelte, wurden immer wieder Teile in das neue Bauwerk integriert. So kann man, wenn man die Augen offen hält, vielleicht noch den ein oder anderen alten Stein entdecken, der sich nach den Umbauten des 16. bis 20. Jahrhunderts in den neuen Gebäuden erhalten hat.

Besondere Beachtung verdient der noch vorhandene, wenn auch verbaute Burgturm, dessen Alter bis heute nicht sicher bestimmt werden konnte, der aber als ältestes Gebäude Dortmunds gilt.

Aber auch aus moderner Perspektive sollte man der Burg Aufmerksamkeit schenken, da hier das älteste Stahlwerk Dortmunds aus dem Jahr 1840 seinen Sitz hatte und sich später namhafte Unternehmen ansiedelten, wie z. B. die Hoesch AG oder die bekannte Thyssen-Krupp Stahl AG. Thyssen-Krupp hatte in der unschätzbar alten, durch viele Angriffe und Brände mitgenommenen Burg bis ins Jahre 2001 einen Verwaltungssitz.

In Zukunft wird dort ein archäologisches Freilichtmuseum eingerichtet, nicht weit entfernt des Naherholungsgebiets »Phoenix See«. So ist zu hoffen, dass die Burg ihren Alterssitz gefunden hat und nicht mehr als Bollwerk für künftige Generationen dienen muss.

R. K.

Dortmund: Haus Husen

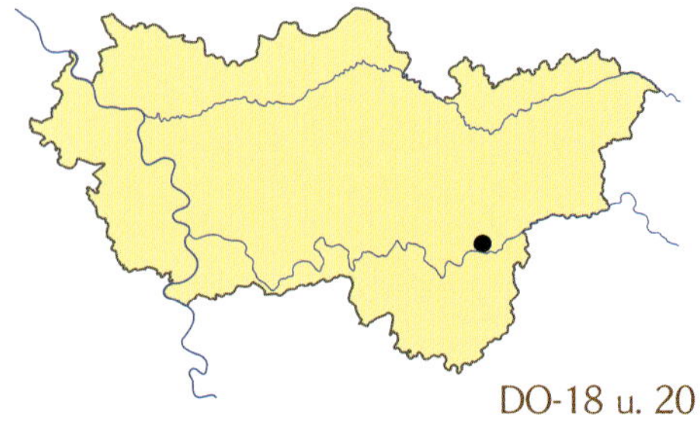

Was haben sich die Burgherren des Mittelalters wohl gedacht, wenn sie durch ihren kalten, zugigen Wohnturm gingen?

Der Wohnturm „Haus Husen" liegt zu Füßen der Hohensyburg, in den nördlichen Ruhrniederungen. Ein dazugehöriges Gutshaus steht 150 Meter weiter den Hang hinauf. Leider geben die Quellen sehr wenig zu der Geschichte des Wohnturms her, so dass uns das Gebäude selbst Auskunft geben muss.

Bekannt ist das Rittergut der Herren von Husen ab 1259. Vielleicht ließ Gottfried von Husen das Gebäude bereits im 13. Jahrhundert errichten, entspricht doch der rechteckige Kernbau mit seinen Flächenmaßen von 9,30 m × 11,30 m und seinen 1 m starken, aus Bruchsteinen in Zweischalentechnik gemauerten Wänden dem Standardtyp eines mittelalterlichen Wohnturmes.

Bis auf einen Anbau im 17. Jahrhundert ist die bauliche Basis des Turms bis heute vollständig erhalten. Wohntürme dieser Art wurden im 11. und 12 Jahrhundert als Hauptbau einfacher Turmburgen errichtet. Sie standen auf künstlich aufgeworfenen Hügeln, zu ebener Erde oder als Höhenburgen auf Bergen. Auch Haus Husen wird wohl einstmals in einem

Erdügel „eingemottet" gewesen sein, der heute zum größten Teil abgetragen ist, so dass der Keller mit seinen Tonnengewölben weit aus der Erde herausragt.

Über die Jahrhunderte wechselte der Wohnturm recht häufig seine Besitzer. Von den Herren von Husen ging das Gebäude in die Hände der Freiherren von Romberg über. Anschließend folgen die von Frydag, von Laer, von der Leithen und von Bassen. *„Jetzt bewohnt Haus Husen der Oberstleutnant von Schell,"* schrieb im November 1927 die »Dortmunder Zeitung«. Und in den 70er Jahren ging das Gebäude als Stiftung in den Besitz der evangelischen Kirche über. Diese übergab es 1984 an die Pfadfinder, die aus „Haus Husen" ein Kinder- und Jugendferienheim machten, nachdem sie den Wohnturm komplett saniert hatten.

Als der Wohnturm trotz Vergrößerung und andere Modernisierungsmaßnahmen den Ansprüchen seiner Besitzer nicht mehr genügte, erbauten sie um 1830 das „Gutshaus Husen" auf der gegenüberliegenden Straßenseite. Von den ursprünglich dazugehörigen Wirtschaftsgebäuden stehen noch das ehemalige Gärtnerhaus und ein Stallgebäude. Beide werden heute als Wohnhäuser genutzt.

Aber schauen wir doch einmal, wie das Leben in einem Wohnturm im Mittelalter ausgesehen haben mag. Es muss recht unbehaglich gewesen sein, denn schließlich war so ein Wohnturm in erster Linie ein Wehrbau – da ging Funktionalität klar vor Behaglichkeit. So waren in den dicken Mauern kleine Fenster ohne Glas eingelassen. Einfache Holzläden schützten ungenügend vor Zugluft. Eventuell dienten Pergament- und Tierhautfüllungen, die an auskragenden Holz- und Steinrahmen angebracht waren, als Wind- und Wetterschutz. Durch die Treppenöffnungen in den Stockwerken untereinander zog es noch zusätzlich. Der ständige Durchzug regelte zwar die Frischluftzufuhr, aber verteilte den Rauch der offenen Feuerstellen trotz Rauchhauben gleichmäßig im ganzen Gebäude. Für Wohnwärme dürfte es aber trotzdem wohl kaum gereicht haben. Dazu bedurfte es der Erfindung des Kamins, also in der Wand angelegter Feuerstellen mit einem gemauerten Schlot, der den Rauch direkt hinaus führen konnte.

Gottfried von Husen, der wahrscheinliche Bauherr des Wohnturms, muss sich wohl mehr vor seinen Feinden als vor einem Schnupfen gefürchtet haben.

A. v. O.

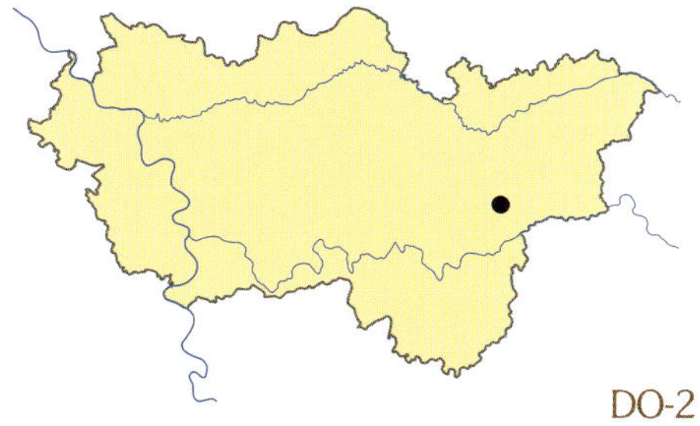

Dortmund: Haus Rodenberg

Haus Rodenberg am Ufer der Emscher liegt am Westrand des Dortmunder Stadtteils Aplerbeck. Heute befindet sich die Gräftenanlage – entgegen der ursprünglich beabsichtigten Randlage – mitten im Ort.

Laut örtlichen Überlieferungen sollen zwei angelsächsische Missionare – genannt der weiße und der schwarze Ewald – in Aplerbeck gegen Ende des 7. Jahrhunderts erschlagen worden sein. Grund dafür war ihr fortwährendes, aber vergebliches Bestreben, die heidnische Bevölkerung Sachsens zum Christentum zu führen. Als sie nach Aplerbeck kamen – so berichtet die Sage – sind sie zuerst am Hofe des Schulzen nach germanischem Gastrecht freundlich empfangen worden. Da sie aber allmorgendlich zum Ärger der Einwohner ihre Messe abhielten, zogen sie bald schon die Wut der Menschen auf sich. So kam es eines Tages dazu, dass sich der Schulze zu der Priesterin auf den Ardeyhöhen begab, um Rat zu holen. An den heiligen Schwur, den er den Göttern geleistet hatte, erinnerte sie ihn und sprach: „Fort mit ihnen, lebend oder tot! Wir haben unseren Glauben und unsere Götter, wir wollen ihren Gott nicht!" Als der Schulze zurückkehrte, befanden sich die Bauern in einem heftigen Streit mit den beiden Missionaren, und als er die Worte der Priesterin verkündete, erschlugen sie jene. Ihre Leiber übergaben sie der Emscher, von wo aus sie bis zum Rhein getrieben sein sollen.

Haus Rodenberg selbst befindet sich in unmittelbarer Umgebung des vermeintlichen Schauplatzes, der an der Märtmannerstraße – wo ehemals der Mordmannhof lag – vermutet wird. Ob die Anlage aber bereits damals existierte, kann heute nur noch gemutmaßt werden.

Die früheste historische Erwähnung der Anlage stammt aus dem Jahre 1290. Dort wird sie als eine Besitzung des Diederich von dem Rodenberg genannt. Das Gut war ein Lehen der Grafen von der Mark. Bis um 1400 blieb die Anlage im Besitz der Familie Rodenberg, fiel dann aber – durch weibliche Erbfolge – an die Familie Voß. Als Haus Rodenberg im Jahre 1422 im Zuge des Klevisch-Märkischen Kriegs zerstört wurde, war es diese Familie, die es an selbiger Stelle wieder aufbaute. Im 17. Jahrhundert wurden zahlreiche Baumaßnahmen an der Anlage durchgeführt. So wurde 1676 unter anderem eine neue Mühle gebaut und zwischen 1680 und 1698 die Vorburg als dreiflügeliges Wohnhaus neu errichtet. Im 18. Jahrhundert ging dann Haus Rodenberg erst an die Familie Voigt van Elspe über und später, ab 1800, an die Familie Bodelschwingh-Plettenberg. Da das vollständig umgräftete Haupthaus viele Jahrzehnte dem Verfall preisgegeben war, stürzte es schließlich im Jahre 1810 ein und wurde abgetragen. Heute ist von Haus Rodenberg nur noch die Vorburg zu sehen, welche zwischen den Jahren 1992 und 1996 von der Stadt Dortmund – dem heutigen Besitzer der Anlage – aufwändig restauriert wurde. Genutzt wird Haus Rodenberg gegenwärtig als Sitz mehrerer kultureller Einrichtungen. Der Innenhof wird von der Bevölkerung als Ruheinsel in der Ortsmitte sehr geschätzt.

S.K.

Dortmund: Haus Steinhausen

„Es war einmal ..." – so oder so ähnlich hat sicher auch die Sage des „Wilden Hauptmanns" vom Rittersitz Steinhausen begonnen, die man sich im heutigen Dortmunder Stadtteil Holzen erzählt.

Im Wannebach, direkt an der A1, liegt die ehemalige Gräfteanlage „Haus Steinhausen". Im Gegensatz zur damals üblichen Bauweise, dem Fachwerk, wurde dieses Gut aus Stein gebaut und hatte daher auch seinen Namen *steinhuiser hove* bzw. „Haus Steinhaus", aus dem dann im 19. Jahrhundert der Name „Haus Steinhausen" wurde. Die Gräfte, mittlerweile ausgetrocknet und teilweise zugeschüttet, ist auch heute noch zu erkennen. Völlig untypisch ist allerdings die Konzentration der Gebäude auf einer Gräfteinsel; üblicherweise gibt es zwei Inseln, eine für das eigentliche Burghaus und eine weitere für die Vorburg, die Wirtschaftsgebäude.

Aus dem *steinhuiser hove* im Kirchspiel Syburg ging der Rittersitz Haus Steinhaus hervor.

Durch Vererbung, Heirat und später auch Verkauf wurden die Geschicke des Gutes Steinhaus in der Zeit von 1506–1808 von den verschiedensten adligen Familien gelenkt. Hier sei nur eine kleine Auswahl der erlauchten Besitzer genannt: 1574 wird die Familie von Nagel als Besitzer verzeichnet, durch Heirat fiel das Gut dann an die Familie von Mengede zu Westgönnen. Christina von Mengede errichtete im Jahre 1628 ihren Witwensitz auf Steinhaus, den noch heute ältesten erhaltenen Teil der Anlage, den Wohnturm. Der zweigeschossige Bruchsteinbau mit seinem steilen, von Treppengiebeln flankierten Dach befindet sich an der Südwestecke der ehemaligen Gräfteinsel. Die noch erhaltene, mit Eisen beschlagene Eingangstür stammt aus der Erbauungszeit, über ihr das Wappen und der Name seiner Erbauerin. Im Treppengeländer sind die Allianzwappen der Familien von Nagel und von Mengede eingelassen.

Im Niederländisch-Französischen Krieg wurden 1672 die Wirtschaftsgebäude des Gutes durch Brand zerstört, aber es hielt auch ein neuer Besitzer Einzug: Christoph Albert von Rump zu Crange und Rittershofe. Dieser musste allerdings bereits 1712 das Gut wieder veräußern, um seine Güter Crange und Rittershofe finanziell und baulich zu sanieren.

In den gut 40 Jahren entstanden jedoch neue Wirtschaftsgebäude, das Torhaus, ein Brauhaus, eine Schmiede und letztendlich wurde 1712 von den neuen Besitzern Zacharias Kaspar von Pöppinghausen und seiner Frau Anna Katherina von Droste zum Strombergshofen ein neues Herrenhaus errichtet; die Allianzwappen über dem Eingang des Herrenhauses

belegen dies.

Bis zum Jahre 1909 wechselte das Rittergut noch dreimal den Besitzer; seit 1809 wurde das Gut nur noch verpachtet und gelangte 100 Jahre später in bürgerlichen Besitz.

Oh, verzeiht mir! Vor lauter Fakten vergaß ich die Sage des wilden Hauptmanns:

Besagter Hauptmann lagerte mit seinen Soldaten während der langen Kriege im 17. Jahrhundert auf Gut Steinhaus; vor einem Knecht prahlte er beim Ritt durch das Wannebachtal mit der Erschießung eines Mannes aus der Umgebung. „Hat er Euch bedroht?", soll der Knecht gefragt haben. „Bedroht?", soll der Hauptmann nur gelacht haben: „Nein, ich wollte nur meine neue Pistole ausprobieren." Kaum hatte er dies ausgesprochen, tauchte aus dem Nichts ein in Lumpen gekleideter Mann auf; in seiner Überheblichkeit warf ihm der Hauptmann eine Münze zu, doch diese fiel durch die Hand des Mannes. „Das ist ein Geist", rief der Knecht. „Quatsch! Du hast wohl gestern zu viel gesoffen", antwortete der kaiserliche Hauptmann und ritt weiter. Doch der Bettler tauchte ein zweites Mal auf; dieses Mal nahm der Hauptmann seine Peitsche und schlug nach ihm, doch der Schlag ging durch die Luft. „Ein Geist!", rief der Knecht erneut entsetzt. „Unsinn!", sprach der Hauptmann und ritt unbeirrt weiter. An einer Waldecke tauchte der Bettler ein drittes Mal auf, diesmal zog der Hauptmann seinen schweren Säbel, aber auch dieser Hieb ging ins Leere und der Bettler verschwand in einer dunklen Wolke. Das Pferd des Hauptmannes ging vor Entsetzen durch und jagte samt Reiter auf und davon in den nahen Wald.

Erst im Morgengrauen fanden die Soldaten ihren Hauptmann; an einem Eichenbaum, den Hals in einer Astgabel steckend, hing der Hauptmann da im Baum, wie vom Henker gerichtet.

C. V.

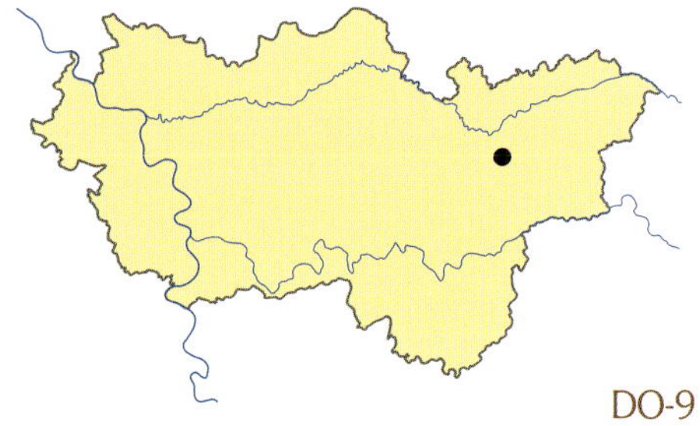

Dortmund: Haus Wenge

Gut versteckt, gerade so wie Hänsel und Gretel das Hexenhaus im Wald fanden, steht das alte Herrenhaus aus rot angestrichenem Backstein. Vor allzu neugierigen Blicken gut geschützt, liegt der ritterliche Adelssitz „Haus Wenge" in einem Park am nordwestlichen Rand des alten Ortskerns von Lanstrop im Dortmunder Norden.

Wem dieses Haus ursprünglich gehörte, lässt sich schon auf den ersten Blick klären, denn über dem Eingangsbereich hängt ein Wappen – ein schwarzer Turm in einem silbernen Feld. Dieses Wappen steht stellvertretend für die Familie von der Wenge. „*Die von der Wenge (...) gehören zu den alten ritterbürtigen Geschlechtern der Grafschaft Mark,*" so schreibt Johann Dietrich von Steinen in seiner „Westphälischen Geschichte" im 18. Jahrhundert.

Ein gewisser Engelbert van der Weynghe wird 1308 erstmals urkundlich genannt; historisch gesichert ist „Haus Wenge" dann im Jahr 1313. Die Familie des Dietrich von Volmarstein vergab das märkische Lehen „die Wenge" an Rutherus von Lamestorpe und dessen Sohn Heinrich. 65 Jahre später verkauften die Brüder Diedrich und Johann von Volmarstein Eigentum und Lehnsherrenrechte des „*Gud tho Lamestorpe, dat geheiten is de Wenge*" an Goswin und Johann von der Wenge. Die Herren von der Wenge besaßen das Haus bis zum Tod Diedrichs von Wenge im Jahre 1648. Dieser war es auch, der Haus Wenge nach einem Brand und der Zerstörung im Jahre 1598 durch spanische Truppen in seiner gotischen Originalform wieder aufbauen ließ. Durch Heirat gelangte das Gut später an verschiedene Familien, unter anderem an die Familie von Neuhoff und die von Beverförde zu Werries.

Die Adelsanlage besaß noch zur Zeit des Urflurkartenwerks von 1826/27 ein großes Gräftesystem, dargestellt als kleine Zweiinselanlage – die Hauptburg mit Herrenhaus und die Vorburg mit Wirtschaftsgebäude und Garten. Wenige Jahre später erscheint sie nur noch als Eininselanlage. Die Gräfte wurde über mehrere Siepen vom Flachsbach gespeist, der weiter nördlich über die Seseke in die Lippe fließt. Erst im 19. Jahrhundert entstand eine aus Backstein erbaute Kapelle direkt am Gebäude neben dem Herrenhaus. Dort befindet sich die Grabplatte Dietrichs von der Wenge und seiner Frau Engel Elisabeth von Boenen.

Nach dem Ersten Weltkrieg gelangte das Anwesen in den Besitz der Harpener Bergwerke AG; 1952 erwarb die Stadt Dortmund die Wasserburg mit allen dazu gehörenden Ländereien. Während die Nebengebäude samt der Kapelle abge-

rissen wurden, bestand die Denkmalbehörde auf den Erhalt des Herrenhauses, nicht zuletzt wegen seines seltenen freitragenden Dachstuhls. Die Restauration erfolgte ab 1960.

Bei dem heute existierenden Herrenhaus handelt es sich um das einzige erhaltene Adelshaus im Dortmunder Raum, das nur gotische Formen aufweist. Burg Wenge ist jetzt ein Juwel im großen umliegenden Park. Während das Haus privat genutzt wird, ist der Park für die Besucher frei zugänglich.

Über den Stadtteil Lanstrop und das Haus Wenge gibt es nicht nur Urkunden, sondern auch kleine Geschichten, die aus dem Aberglauben der damaligen Bevölkerung entstanden. Alles fing damit an, dass man um 1900 einen großen, fast kugelförmigen Stein fand. Er hatte einen Durchmesser von 1,30 m und man war sich sicher, dass der Stein eine Hinterlassenschaft aus der Vorzeit war. Er wurde der Hünenstein genannt, nahm man doch an, dass er den auf dem Hienberg wohnenden Riesen als Spielball diente.

Eine andere Legende besagt, dass der Stein vom Teufel stamme, da dieser so erzürnt über die Erbauung der kleinen Kapelle bei Haus Wenge war und sie mit dem Stein wieder zerstören wollte. Doch gerade als der Teufel den Stein werfen wollte, begannen Glocken zu läuten. Da erschreckte sich der Teufel und verfehlte Haus Wenge mit seinem Wurf nur knapp.

C. K.

Dortmund: Haus Westhusen

Am 23.10.1389 stand der einfache Soldat Wulf auf den Mauern des Hauses Westhusen und bereitete sich darauf vor, das Haus für seinen Herrn vor den herannahenden Dortmunder Truppen zu schützen.

Vieles hat sich seit diesen Tagen verändert, wer heute durch die Seniorenanlage Haus Westhusen spaziert, ahnt nichts von den fortwährenden Um-, Aus- und Neubauten der vergangenen sieben Jahrhunderte. Das Haus liegt im Dortmunder Stadtteil Mengede am Nettebach, mitten im Rahmer Wald, abseits der umgebenden Ortschaften.

Durch eine im Jahre 1311 vorgezogene Erbteilung, die Gyselbert I. Speke von Bodelschwingh vornahm, entstanden die Besitztümer seiner Söhne Ernst und Gyselbert II.

Haus Westhusen wurde 1332 von Gerlach Speke von Westhusen, welcher sich später nur noch Gerlach von Westhusen nannte, errichtet. Als Sohn Gyselbert II. hatte er dessen Ländereien nach seinem Tod geerbt.

> *„All denjenigen, welchen gegenwärtiger Brief zu Gesicht kommen wird, füge ich, Gerlach von Westhusen, Elisabeth meine Ehefrau und Gyselbert III. und Heinrich, unsere Kinder, hiermit zu wissen, dass wir … erbauen eine Kapelle zur Ehre der zehntausend gekreuzigten Märtyrer und der heiligen Jungfrau und Märtyrin Katharina …"*

So beginnt eine Urkunde, mit der Gerlach von Westhusen im Jahre 1361 eine Kapelle spendete, die auf dem Gelände des Hauses Westhusen errichtet wurde. Weiter kann man in dieser Urkunde alle Vereinbarungen nachlesen, die der Hausherr mit der Kirche traf. Dabei ging es um die Rente und Ländereien, die der Rektor der Kapelle bekommen sollte. Diese Vereinbarungen waren nach der Reformation aber hinfällig, da sich die Westhusener den Protestanten zuwendeten.

Aber schauen wir doch noch einmal, was dem Soldaten Wulf wiederfahren ist. Schon Mitte des 14. Jahrhunderts, als die Dortmunder Fehde ihren Anfang nahm, schworen die Lehnsherren ihre Untergebenen auf sich ein. Und so kam es, dass die Familie zu Westhusen auf zwei Seiten stand. Während Gerlach mit seinem jüngeren Sohn Heinrich treu auf der Seite des Grafen von der Mark stand, schlug sich Gyselbert III. auf die Seite der Dortmunder, da er selbst ein Haus in der Reichsstadt besaß. Während der Fehde wurde auch das Kirchspiel Mengede schwer heimgesucht.

Bis an jenem verhängnisvollen Tag, dem 23. Oktober 1389, die Dortmunder Westhusen überfielen. Der Soldat Wulf und

seine Mitstreiter konnten nur machtlos zusehen, wie die Dortmunder Vieh im Wert von 150 Gulden wegführten und das Haus in Brand setzten. Zu guter Letzt wurden Wulf und einer seiner Kumpanen auch noch gefangen genommen.

Noch bis 1469 waren die Mitglieder der Familie Westhusen im Besitz des Hauses. Danach ging das Haus durch Heirat an die Familie Vittinghoff genannt Nordkerke. Diese Familie hat durch eine geschickte Heiratspolitik und Zukäufe das Land des Hauses Westhusen vergrößert. Als es keinen männlichen Erbfolger mehr gab, fiel das Haus an die Familie von Hoete. So ging das Haus bis 1743 durch die Hände vieler großer Dortmunder Familien, bis die von Sydows das Anwesen erstanden. Die Familie von Sydow veränderte das Aussehen des Hauses maßgeblich und ihre Umbauten prägen das heutige Bild des Haupthauses. So wurde nicht nur die Fassade der aktuellsten Mode angepasst, sondern es wurde auch eine Parkanlage angelegt, von der aber heute leider nicht mehr viel zu sehen ist. Im Jahre 1913 wurden die Gebäude von der Gelsenkirchener Bergwerks AG aufgekauft, welche im Späteren auch die Gräften trocken legen ließ.

A. v. O.

Duisburg: Haus Böckum

Wer kennt ihn nicht, den größten Binnenhafen der Welt, gelegen in einer Stadt, die nicht unbedingt durch ihre Schönheit besticht, die den Titel „Ruhrpottstadt" zu Recht und sicher mit einem gewissen Stolz trägt.

Duisburg – eine Stadt im Ruhrgebiet, bekannt durch ihre Montanindustrie und den TV-Kommissar Schimansky. Doch wer hätte gedacht, dass uns dieser Ort nicht nur unauffällige graue „Zechenhäuser" bieten kann, sondern auch noch eine andere, schöne und historische Seite besitzt.

Um dieses „andere" Duisburg kennen zu lernen, müssen wir nur durch den Stadtteil Huckingen schlendern, der im Duisburger Süden liegt. Dort finden wir eine Reihe von Burgen, die entlang der Anger errichtet wurden

Das Einzugsgebiet der Anger, die vielleicht besser unter dem Namen Angerbach bekannt ist, bietet dem Betrachter eine Landschaft, die ihn ins Mittelalter zurückzuversetzen vermag.

Wir stehen nun vor Haus Böckum. Es gehört zu einem Burgentypus, der in der Burgenlandschaft der Anger öfter vertreten ist – es handelt sich um eine ehemalige Wasserburg. Das erste Mal wurde Böckum, damals noch *Boichem*, 1387 in einer Urkunde erwähnt. Der heutige Name wird (ähnlich wie übrigens auch der Name der Stadt Bochum) mit dem Begriff "Buchheim" in Verbindung gebracht, da um das Anwesen herum dichte Buchenwälder standen. Heute ist das Gebiet um die Burganlage eine sumpfige Aue.

Haus Böckum war wohl eine der Burgen, die im frühen Mittelalter errichtet wurden, wie auch das an der Anger gelegene Haus Angerort. Das ganze Gebiet um Haus Böckum fiel immer wieder unter wechselnde Herrschaft, wie zum Beispiel 1290, als der Graf von Kleve sich der Landschaft bemächtigte. Im Hochmittelalter stand die Anger unter dem Einfluss des Erzbischofs von Köln. Zu Beginn des Spätmittelalters erhielt der Graf von Berg das Gebiet und ließ Haus Angerort gegen die benachbarte Grafschaft Kleve zur Festung ausbauen.

Vor dem geistigen Auge entstehen romantische Bilder davon, wie die mutigen Ritter die hübschen Burgfräuleins in Duisburg vor Gefahren retteten. Der Gedanke lässt sich noch weiter spinnen, denn um in die Burgen zu kommen, mussten die Ritter auf das Anwesen gelangen. Das war gar nicht so einfach, denn wenn es sich wie bei Haus Böckum um eine Wasserburg handelt, musste der Ritter den breiten Wassergraben überwinden. Hatte der Ritter diese Aufgabe bewältigt, musste er zur Motte gelangen, die das Hauptgebäude der Burg Böckum bildete. Die Motte, die wohl hier als Wohngebäude diente, war eine Konstruktion aus aufgeschütteter Erde und einem Gebäude, das auf dem errichteten Hügel stand. Im Fal-

le Böckums war das Gebäude auf der Erdaufschüttung wohl ein Fachwerk- oder Massivgebäude und das ganze Konstrukt besaß einen Durchmesser von etwa 14 m. Eine Motte hatte aber auch eine schützende Aufgabe und diente daher als Wehranlage. An der südlichen Seite der Burg hatte eine fast quadratische, 35 × 35 m große Vorburgsiedlung Anschluss gefunden, die ebenfalls durch einen Burggraben geschützt war.

Das heutige Gebäude stammt aus dem 16./17. Jahrhundert, als die Burg schon als Gutshof genutzt wurde. Neben der Tordurchfahrt ist ein dreigeschossiger Vierkantturm in das Gebäude integriert worden. Ein Zeichen der Vergangenheit des Anwesens sind die Spuren der Zugbrücke an der Toranlage, die uns wieder an das Mittelalter erinnern und uns uns vorstellen lassen, wie hier der mutige Ritter einst auf die Burg gelangte, das Burgfräulein auf sein Pferd setzte und mit sich nahm.

Genaue Angaben über den Besitzer, den Vater des Burgfräuleins, sind nicht bekannt. Bis 1681 war Haus Böckum im Besitz eines Herrn von Buir. Danach wechselten die Eigentümer, bis es 1856 der Familie des Grafen von Spee übergeben wurde. Noch heute verwaltet der Graf das Anwesen.

C. K.

DU-1

Duisburg: Die Befestigungen auf dem Kaiserberg

Der Kaiserberg in Duisburg, ein beliebtes Naherholungsgebiet, liegt in 2,5 km Entfernung östlich der Duisburger Altstadt. Er ist kein richtiger Berg, sondern vielmehr ein Hügel von knapp 40 m Höhe, welcher noch zum Schiefergebirge gehört.

Die Hangbereiche dieser natürlichen Erhebung waren für den Menschen seit jeher von Interesse. So kann man menschliche Aktivitäten bruchlos bis ins Neolithikum zurückverfolgen. Neben der zivilen Nutzung der Vergangenheit ist auch die militärische heute noch spürbar. Einige Überreste von Wällen und Gräben, deren Schaffungsdatum zum Teil wahrscheinlich in der Bronzezeit liegt, sowie die Überreste einer mittelalterlichen Motte sind heute durch Umgestaltungen der Oberfläche leider nur noch schwer zu erkennen. Solche Veränderungen des Erdreliefs des Kaiserbergs kamen in der jüngeren Vergangenheit, seit der zweiten Hälfte des 19. Jahrhunderts bis auch noch nach dem Zweiten Weltkrieg, immer wieder vor. Die Industrialisierung des 19. Jahrhunderts bewirkte zwar einen enormen Boom der Stadt, war aber für den Erhalt der Bodendenkmäler des Kaiserberges nicht gerade von Nutzen. In dieser Zeit veränderte sich das Landschaftsbild der Stadt gewaltig und der für den industriellen Aufschwung erforderliche Ausbau der Infrastruktur zerstörte unter anderem auch Teile des Kaiserberges. So wurde ein Teil des nördlichen Berges während des Bahnbaus im Jahre 1846 beseitigt und weitere Teile während des Autobahnbaus in den 30er Jahren. Dafür gilt Duisburg heute als eines der wichtigsten Verkehrskreuze sowohl des Eisenbahn- als auch des Autobahnnetzes.

Der stark wachsenden Bevölkerung des Duisburgs des 19. Jahrhunderts fehlte es wohl nicht nur an Schienen, sondern schließlich auch an Grünflächen und so wurde dieses Gebiet in den 80er Jahren des Deutschen Kaiserreiches zu einem Naherholungsgebiet umgestaltet. Zu Ehren des „deutschen" Sieges in der Schlacht von Sedan (September 1870) des Deutsch-Französichen Kriegs wurde auf dem Kaiserberg die „Sedanwiese" eingeweiht und auf ihr ein Kaiser-Wilhelm-Denkmal errichtet, welches heute allerdings nicht mehr existiert. Aus dieser Zeit stammt selbstverständlich auch der heutige Name. Bevor der Duisburger Rat am 22. Februar 1881 beschloss, dieses neu entstandene Naherholungsgebiet dem Deutschen Kaiserreich zu widmen und ihm seinen heutigen Namen verlieh, hieß diese Erhebung schlicht *Duissemscher Berg*.

Im Mittelalter war der nördliche Teil des Berges Bestandteil der königlichen Pfalz, welche seit dem 10. Jahrhundert in Duisburg verzeichnet ist. Da der Kaiserberg eine gute Übersicht bot, wurde wahrscheinlich bis ins 12. Jahrhundert das östlich der Pfalz vorgelagerte Gebiet von hier aus kontrolliert, bis diese Aufgabe schließlich eine künstlich geschaffene Motte in Duissern übernahm. Schon im frühen Mittelalter markierte der Berg einen der Grenzpunkte zwischen dem Reich der Merowinger und dem der Sachsen.

Man sieht, dass der Kaiserberg schon immer ein attraktiver, wichtiger und interessanter Platz für die Menschen gewesen ist. Das Interesse an diesem historisch so beeindruckenden Ort, der einst einer der wichtigsten strategischen Punkte zwischen Duisburg und Mühlheim-Broich war, wird heute durch den Duisburger Zoo und durch die verbliebene Eigenschaft als Naherholungsgebiet erhalten.

T.D.

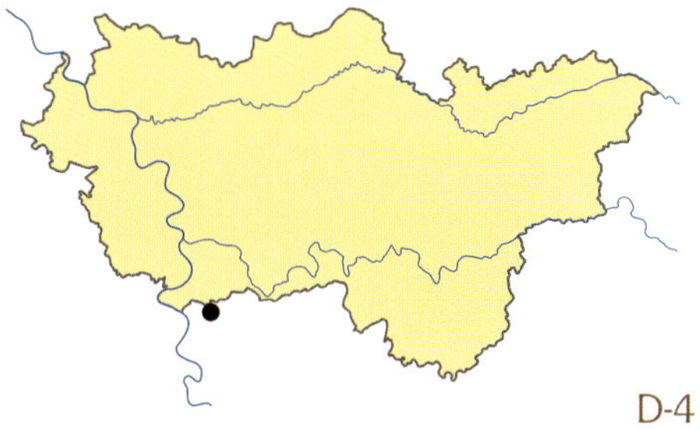

Düsseldorf: Burg Angermund

Wohnungssuche in einer Großstadt kann ein Abenteuer sein, manchmal aber auch zum Träumen einladen. So fand man vor einiger Zeit im Internet die Anzeige einer Wohnung im Neubau des "Schlosses Angermund" oder auch der „Burg Angermund". Diese liegt in Düsseldorf und zwar im Stadtteil Angermund. Der Beiname dieses Bezirks lautet „Rosenstadt", er bezieht sich auf die Rosenfelder am Rande der Gegend, bei denen der geneigte Besucher Rosen und andere schöne Pflanzen direkt beim Erzeuger erwerben kann.

Der Stadtteil Angermund, welcher bis 1975 noch nicht zu Düsseldorf gehörte, wird historisch 1188 unter dem Namen „*castrum Angermund et curiam*" erstmalig urkundlich erwähnt. In dieser Zeit wurde auch die Burg Angermund gegründet. Sie ist eine Wasserburg und war im Besitz des kölnischen Erzbischofs. Im Laufe des 13. Jahrhunderts ging sie als kölnisches Lehen in gräflich bergischen Besitz über, in welchem sie auch – mit kurzen Unterbrechungen – bis zum 19. Jahrhundert verblieb. Ab Mitte des 15. Jahrhunderts verwaltete ein herzöglicher Rentmeister, auch Kellner genannt, die Burg und die umliegenden Güter. Dieser Posten blieb bis 1806 erhalten; daher stammt auch der Beiname Kellnerei Angermund, welcher heute noch häufig genutzt wird.

In ihrer langen Geschichte wurde die Burganlage mehrere Male erweitert und umgebaut. Auch ist sie öfter Schauplatz kriegerischer Handlungen und Plünderungen geworden, durch welche die Burg massive Schäden davon getragen hat.

Ab dem 19. Jahrhundert wurde die Anlage nicht mehr für militärische Zwecke genutzt, sondern verblieb nur noch als Verwaltungsgebäude für die landwirtschaftlichen Betriebe der Umgebung. Trotzdem blieb sie vor Schäden nicht bewahrt. Um 1980 war der Bestand des Gebäudes durch einen Brand dermaßen bedroht, dass es aufwendig restauriert werden musste. Die Restaurierung endete 1985, seitdem befindet sich das Schloss Angermund in Privatbesitz.

Der Stadtteil Angermund hat aber außer dieser Burg noch mehr zu bieten. Zusätzlich zur Wasserburg befindet sich hier auch noch das Schloss Heltorf, welches inmitten eines sehr schönen Landschaftsparks gelegen ist. Auch die historische Kirche der heiligen Agnes ist ein eindrucksvolles Gebäude innerhalb Angermunds.

Zu guter Letzt sei noch erwähnt, dass der Schutzpatron der Rosenstadt Engelbert I., Erzbischof von Köln und gleichzeitig Reichsverweser des Kaisers Friedrich II., durch seinen Neffen Friedrich von Isenburg ermordet wurde. Diese Tat wurde von Annette von Droste-Hülshoff in einer Ballade aufgegriffen.

Die zu Beginn erwähnte Eigentumswohnung – in der Burg Angermund – ist wundervoll restauriert worden und besitzt eine sehr gute Lage innerhalb des Stadtteils. Auch die Aussicht aus den Fenstern auf weite, malerische Felder lädt zum Verweilen ein. Und natürlich ist das Gefühl, in einer geschichtsträchtigen Burganlage zu wohnen, etwas Besonderes. Leider ist eine solche Wohnung für viele Menschen nur ein Traum. Aber träumen dürfen wir doch alle mal …

D. S.

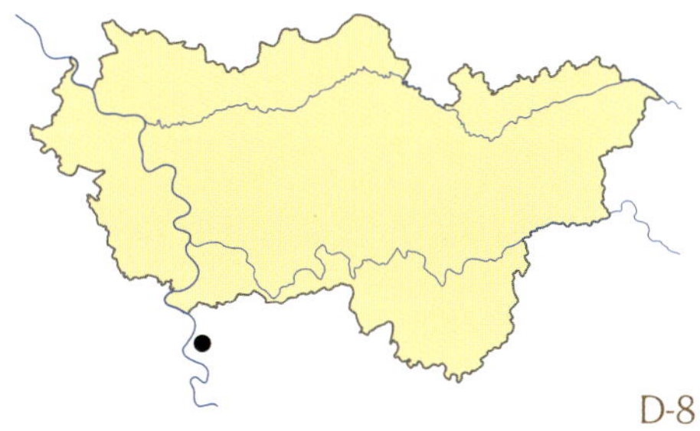

Düsseldorf: Die „große" Burg

D-8

Vor einiger Zeit unternahm ich eine Reise nach Berlin, um einen alten Bekannten zu besuchen. Die Reise sollte am Düsseldorfer Flughafen beginnen. Hier angekommen ging auch alles ohne größere Probleme voran und ohne Verspätungen saß ich auf meinem Platz im Flugzeug. Dort bereitete ich mich auf den Flug vor, kramte meinen MP3-Player aus meiner Tasche, wollte gerade die Musik anmachen und mich entspannen, als mein Sitznachbar – ein älterer Mann – zu seinem Platz gebracht wurde. Aus Höflichkeit wartete ich mit dem Einschalten meines technischen Spielzeuges noch einen Moment, um meinen Nachbarn wenigstens zu begrüßen. Doch kam es ein wenig anders, als ich erwartet hatte.

Mein Sitznachbar erzählte mir wehmütig davon, dass unter dem heutigen Flughafen und in seiner unmittelbaren Nähe noch Überreste von Burgen existieren würden. Was mich aber wirklich faszinierte, war seine Äußerung darüber, dass man unter günstigen Umständen sogar einen Blick auf die heutige Situation einer dieser Ruinen erhaschen könne. Gleichzeitig erwähnte er auch, dass mein Fensterplatz ideal für so einen glücklichen Blick sei.

Ganz gespannt sah ich beim Starten aus dem Fenster und erhoffte, einen Blick auf die Überreste werfen zu könne. Leider sah ich nichts. Leicht enttäuscht unterhielt ich mich trotzdem weiter mit meinem Sitznachbarn, welcher mich mit seinem Fachwissen rund um die Geschichte und die Archäologie beeindruckte. Gleichzeitig schien sein Interesse auf mich abzufärben. Daher ist es nicht verwunderlich, dass ich nach meiner kurzen Berlinreise anfing, über die Ruinen in der Nähe des Flughafen Düsseldorfs zu recherchieren.

Schnell fand ich heraus, dass heute noch eine sichtbare Ruine, welche „Motte Broichhausen", „Neue Burg" oder „Große Burg" genannt wird, existiert. Sie liegt zwischen dem Tower des Flughafens und der Autobahn-Anschlussstelle Düsseldorf-Flughafen und wird vom Kittelbach umflossen.

Leider gibt es keine schriftlichen Überlieferungen über sie und archäologische Untersuchungen wurden noch nicht durchgeführt.

Heute erkennt man von der Ruine nur noch einen Hügel, auch ein Graben ist zu erkennen. Leider ist der Verlauf des Grabens heute durch den Kittelbach und den dazugehörigen Damm gestört und teils auch zerstört worden. Im 19. Jahrhundert konnten noch an der Anlage Überreste eines Außenwalls erkannt werden. Diese spärlichen Informationen waren aber nicht das Einzige, was ich finden konnte.

Die anderen Ruinen, welche von meinem Nachbarn erwähnt wurden, werden „Motte Ickt" und „Adelssitz Haus Hain" genannt. Beide sind heute vom Flughafen überbaut. Nördlich von der „Großen Burg" lag der Adelsitz, der 1869 zu einem Kloster der Karthäuser Mönche wurde, bis er 1964 verlassen wurde.

Die einige hundert Meter westlich zur „Großen Burg" liegende „Motte Ickt" ist die einzige untersuchte Motte auf Düsseldorfer Stadtgebiet. Diese Burg hatte einen zentralen Turmhügel und einen doppelten, umlaufenden Graben und wurde erstmals 1259 als Besitz des Grafen Germand von Kaiserswerth erwähnt. Sie wurde im Verlauf ihrer Geschichte mehrere Male umgebaut. Eine Verbindung der beiden Gebäude kann wegen fehlender schriftlicher Überlieferung nicht geklärt werden.

Dies waren die Ergebnisse meiner Recherchen, welche mich endlich die Wehmut meines Sitznachbarn verstehen ließen. Auch mir schien es unerklärlich, warum man ein so gefährdetes Baudenkmal wie die „Motte Broichhausen" nicht eingehender schützen und untersuchen lässt, auch da es heute eines der wenigen obertägig sichtbaren Baudenkmäler Düsseldorfs ist. Aber trotzdem oder gerade deswegen schaue ich nun bei Flugreisen von Düsseldorf immer aus dem Fenster des Flugzeugs, um vielleicht einmal einen Blick auf den Hügel der „Großen Burg" werfen zu können.

D.B.

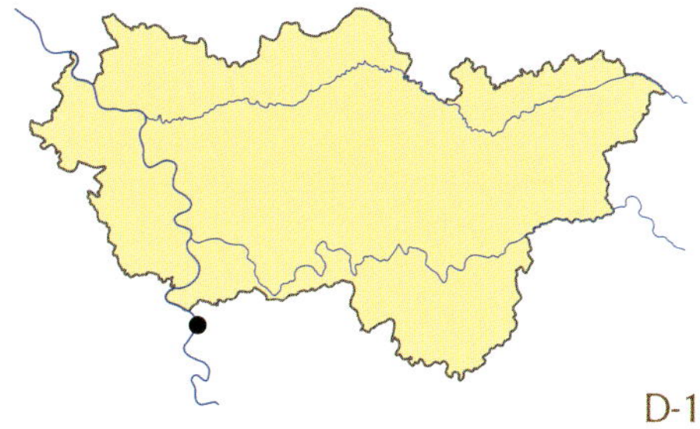

D-1

Düsseldorf: Pfalz Kaiserswerth

Die Kaiserpfalz und das vom bekannten Mönch Suitbertus um das Jahr 700 gegründete Kloster liegen am idyllischen Rheinufer des Düsseldorfer Stadtteils Kaiserswerth. Der Name „Kaiserswerth", der offensichtlich durch die Existenz der Pfalz begründet ist, leitet sich vom mittelhochdeutschen Wort „Werth" für Insel ab. Die „Insel des Kaisers" war aber zunächst nur mit einem fränkischen Fronhof bebaut, den der fränkische Hausmeier Pippin der Mittlere Suitbertus übertrug. Dieser Hof war damals schon mit einem Wall und Palisaden befestigt worden, was wohl an der strategisch wichtigen Position der Insel lag. Man hatte nicht nur eine gute Sicht auf den Rhein, einen wichtigen Transport- und Handelsweg, hier liefen auch die beiden wichtigsten Handelsstraßen der Region zusammen. Erstmals urkundlich erwähnt wurde die „Werth" 1016. Das Interesse am „Knotenpunkt" hatte zur Erbauung einer Burg geführt, die dann im Zuge einer Aussöhnung von Kaiser Heinrich II. auf den Pfalzgrafen Ezzo übertragen wurde. Die Salier erhielten die Burg aber im Jahr 1047 zurück, als Ezzos Sohn Otto ohne Erben verstarb. Unter Heinrich III. wurde die Burg dann zur Pfalz erweitert.

Einige Zeit später, im Jahre 1062, ereignete sich der bekannte „Königsraub von Kaiserswerth": Heinrich IV., der als nur Sechsjähriger die Erbfolge seines Vaters Heinrich III. antrat, wurde von einer Gruppe Verschwörern unter Führung des Kölner Erzbischofs Anno II. bei einer Besichtigung der prächtigen Schiffe des Kirchenfürsten entführt, um von seiner Mutter, Kaiserin Agnes, welche die Reichsgeschäfte bis zu Heinrichs Volljährigkeit übernehmen sollte, die Reichsinsignien und somit die Herrschaft zu erpressen. Der Chronist Lampert von Hersfeld berichtete: *„Kaum aber hatte er das Schiff betreten, da umringten ihn die vom Erzbischof angestellten Helfershelfer, rasch stemmen sich die Ruderer hoch, werfen sich mit aller Kraft in die Riemen und treiben das Schiff blitzschnell in die Mitte des Stroms. Der König, fassungslos über diese unerwarteten Vorgänge und unentschlossen, dachte nichts anderes, als dass man ihm Gewalt antun und ihn ermorden wolle, und stürzte sich kopfüber in den Fluss, und er wäre in den reißenden Fluten ertrunken, wäre dem Gefährdeten nicht Graf Ekbert trotz der großen Gefahr, in die er sich begab, nachgesprungen und hätte er ihn nicht mit Mühe und Not vor dem Untergang gerettet und aufs Schiff zurückgebracht."*

Die heutzutage noch sichtbaren Überreste der Pfalz stammen vom Ausbau zu einer Festungsanlage durch Kaiser Friedrich Barbarossa, der 1174 den Rheinzoll von Tiel nach Kaiserswerth verlegte. Die Anlage wurde wohl unter Heinrich IV. fertiggestellt und bestand aus einem dreigeschossigen Palas, einem beeindruckenden Bergfried und dem „Klever Turm", der den Eingang zur Anlage markierte und die Vorburg durch ei-

ne Brücke mit dem Inneren verband. Die außergewöhnlichen Maße des Bergfrieds mit seinen 5 m starken Mauern, einer Fläche von 289 m^2 und einer Höhe von vermutlich 55 m zeigen, welche Bedeutung die Pfalz für Kaiser Barbarossa und die Staufer hatte. Die Kontrolle und Erhebung des Rheinzolls war nicht nur eine lukrative Einnahmequelle, durch die Beherrschung des Rheins als Handelsweg hatte der Kaiser auch politische Macht inne, da er mittels der Regulierung der Transportzölle ganze Wirtschaftszweige steuern konnte.

Diese große Bedeutung, die die Pfalz innehatte, machte sie zum Ziel zahlreicher Angriffe und Belagerungen, die der Anlage nach und nach ihr imposantes Erscheinungsbild nahmen. Unter Erzbischof Maximilian Heinrich von Bayern, der die Pfalz erweitern und ausbauen ließ, ereignete sich 1656 eine Pulverexplosion, welche die Anlage schwer beschädigte. Nach dem Wiederaufbau belagerten französische Truppen die Stadt im Jahre 1688. Brandenburgische und Münstersche Soldaten vertrieben diese wiederum ein Jahr später. Die französische Armee kehrte bald mit Verstärkung zurück und eroberte die Stadt ein weiteres Mal. Das Ende der Pfalz folgte dann in den Jahren ab 1702, als kaiserliche Truppen die Stadt zurückeroberten und die Pfalz mit Artillerie beschossen. Der Bergfried wurde gesprengt und die Überreste der Anlage in den darauf folgenden Jahren abgetragen, um Baumaterial für den Wiederaufbau der Stadt zu gewinnen. Übrig blieb nur die zum Rhein hin ausgerichtete Palasmauer, die wir heute noch sehen und sogar begehen können und die zusammen mit dem historischen Stadtkern Kaiserswerth zu einem der beliebtesten Ausflugsziele Düsseldorfs geworden ist. Hin und wieder finden Konzerte und andere Kulturereignisse auf dem Gelände statt, die von der imposanten Kulisse der Ruine profitieren.

R. L.

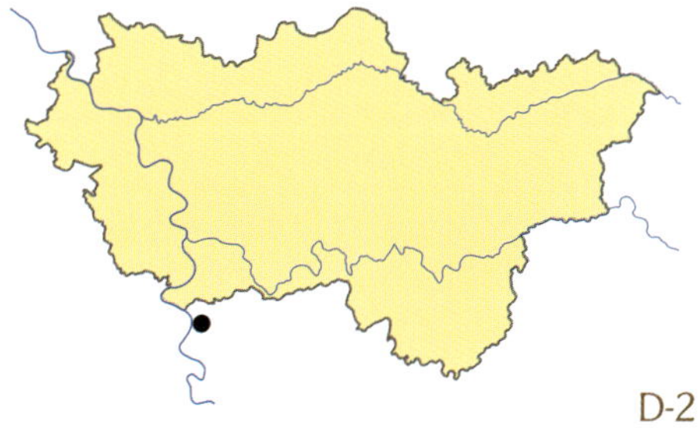

D-2

Düsseldorf: Schloss Kalkum

Das heute noch zum Großteil im klassizistischen Stil erscheinende Schloss Kalkum liegt in Düsseldorf im gleichnamigen Stadtteil.

Bekannt wurde das Schloss im 19. Jahrhundert durch einen langjährigen und durch Intrigen gespickten Scheidungskampf zwischen Gräfin Sophie von Hatzfeld, welche in dieser Zeit juristisch von Ferdinand Lassalle unterstützt wurde, und ihrem Ehemann, dem Grafen Edmund von Hatzfeld-Wildenburg. Aufgrund des Kontakts zu Ferdinand Lassalle, Jurist sowie Wortführer der deutschen Arbeiterorganisation und Mitbegründer der deutschen Arbeiterpartei, wurde Sophie von Hatzfeld auch die „rote Gräfin" genannt.

Doch zunächst einige Informationen zur Entstehung des Schlosses:

Der Name des Schlosses leitet sich nicht, wie sonst häufig, von dem Namen eines Adelsgeschlechts ab, sondern vom Namen des Ortes, in dem es steht. Die erste Erwähnung des Ortes als *„Calicheim"* stammt aus dem 9. Jahrhundert. Dieser Name, später Kalkum, soll auf das im Umland liegende Kalksteinvorkommen zurückgehen und unter Umständen bereits von den Römern geprägt worden sein.

Die erste tatsächliche Burg soll im 12. Jahrhundert durch Ministerialen der Hildegundis von Meer errichtet worden sein. Nach dem Ortsnamen benannt, ist 1176 der erste Angehörige des Adelsgeschlechts Calicheim urkundlich erwähnt, *Willelmus de Calicheim*.

Weder das Erbauungsdatum der ersten Burg noch ihr Standort sind genau auszumachen. Allerdings ist bekannt, dass sie in einer Fehde mit der Stadt Köln und den Herren zu Kalkum zerstört wurde. Im 15. Jahrhundert gehen sowohl die Anlage als auch die dazugehörenden Ländereien in den Besitz der Herren von Winkelhausen über.

Durch Umbau- und Aufbauarbeiten unter Ludger von Winkelhausen entstand ein Wasserschloss im barocken Stil. Dieses Wasserschloss gab der heutigen Anlage ihre Grundformen. Der einzige noch erhaltene Teil des barocken Schlosses ist das Nordportal. Hier kann man noch die Jahreszahl und das Wappen der Familie erkennen.

Durch eine Heirat kam das Anwesen in den Besitz der Familie Hatzfeld-Wildenburg-Weisweiler. Am 10. August 1822 wurde zur Vermählung des Grafen Edmund von Hatzfeld-Wildenburg und der Gräfin Sophie von Hatzfeld auf Schloss Kalkum geladen. Durch diese Heirat sollte das freundschaftliche Verhältnis der beiden Familien bestärkt und die beiden miteinander verwandten Adelsgeschlechter zusammengeführt werden. Doch was sich schon bald nach der Hochzeit,

welche groß auf Schloss Kalkum gefeiert wurde, ereignete, brachte der Familie eher Schaden.

Die Ehe war von Beginn an sehr unglücklich. Im späteren Rechtsstreit wurden Anschuldigungen und Verbrechen erwähnt, die das Schlimmste enthielten, was sich Eheleute antun können. Doch geht aus den Unterlagen auch hervor, dass das Gewicht der Schuld auf Seiten des Grafen schwerer wog. Seit dem Jahre 1833 lebten die Eheleute getrennt voneinander. Gräfin Sophie lebte zu dieser Zeit auf Schloss Kalkum und wurde von ihrem Mann regelrecht gefangen gehalten. Er untersagte ihr jegliche gesellschaftliche Aktivität und verbot ihr auch, Besuch auf Kalkum zu empfangen, egal welchen Rang er inne hatte. So wurde z.B. Prinz Friedrich von Preußen auf Schloss Kalkum nicht empfangen. Sogar ein katholischer Pastor riet ihr, diese Ehe zu beenden. Gräfin Sophie von Hatzfeld wurde durch Ferdinand Lassalle in ihrem Scheidungskampf unterstützt und vertreten. Im Laufe des Rechtsstreites wurden Mittel wie Diebstahl angewandt, um den jeweils anderen Ehepartner bloßzustellen. Ferdinand Lassalle wird zwar ein Verhältnis mit der Gräfin nachgesagt, doch gilt dies nicht als Hauptbeweggrund für seine enorme Unterstützung. Es ist außerdem nicht sicher, ob es dieses Verhältnis jemals gab. Lassalle sah in dem Ehestreit seine Chance, den Macht- und Gewaltenmissbrauch in der Gesellschaft und die Ungerechtigkeit gegen die Schwachen nachzuweisen. Er wollte Fehler der Aristokratie aufzeigen, denn durch die missglückte Ehe war die Gräfin aus ihrer Welt verstoßen. Selbst ihre Familie zog sich von ihr zurück und versagte ihr jegliche Unterstützung.

Diese Geschichte brachte Schloss Kalkum zwar Bekanntheit, allerdings mit dem bitteren Beigeschmack des Unglücks, aber sie schürte auch die Hoffnung der Menschen.

Heute beherbergt Schloss Kalkum einen Teil des Archivs der Stadt Düsseldorf und ist ein repräsentatives Ambiente für Tagungen. Für diese Zwecke wurden eigens Teile der Innenräume umgebaut. Außerdem werden kunsthistorische Führungen angeboten.

P.B.

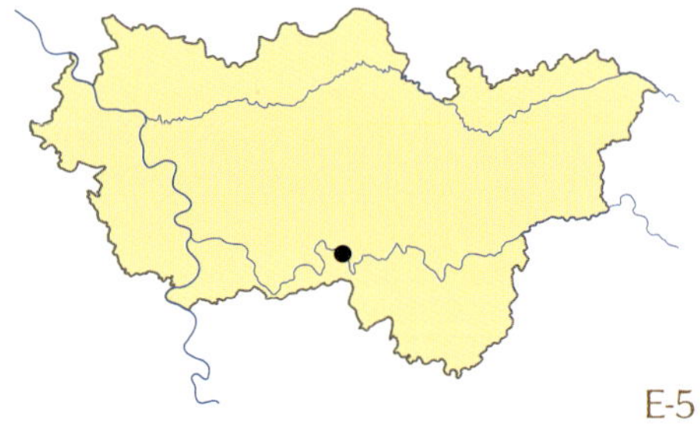

E-5

Essen: Burg Altendorf

Rapunzel, Rapunzel, lass dein Haar herunter!" Alsbald fielen die Haare herab und der Königssohn stieg hinauf – so könnte einst der Prinz vor dem 18 m hohen Wohnturm der Burg Altendorf gestanden und nach seiner Prinzessin gerufen haben.

Die Burg, die ursprünglich eine Höhenwasserburg war, liegt südlich der Ruhr im gleichnamigen Stadtteil Essens. Entstanden ist die Burganlage, die 100 Meter über NN liegt, in der zweiten Hälfte des 12. Jahrhunderts; sie besteht aus einer Vor- und einer Kernburg

In späteren Jahren wurde die Anlage nicht mehr als Wohnsitz genutzt sondern als Kötterei verpachtet und verkam zusehends zu einer Ruine. Im 19. Jahrhundert wurde die Burg als Steinbruch genutzt, aus dem Abbruch entstanden Lehrerwohnungen und ein Schulgebäude. Ab dem Jahr 1900 bemühte man sich, die Burg zu erhalten, allerdings wurde sie bis 1960 nicht genutzt.

Über die Besitzer, die diese Burg bewohnten, gibt es eine kleine Sage, „Die Eiserne Jungfrau":

> *Einst lebten Raubritter auf Burg Altendorf. Gerne nahmen sie Gefangene. Es reichte ihnen nicht,*

sich deren Schätze anzueignen, sie wurden zudem auch noch gequält. Die Ritter führten die Gefangenen zu einem Bild, auf dem eine wunderschöne Frau zu sehen war. Diese sollte geküsst werden. Wenn der Mann dies tat, öffnete sich eine Falltür unter dem Bild, die in eine Grube führte, die an den Seiten mit Schwertern gespickt war. Zu dieser Zeit lebte auch ein wohlhabender Bauer in der Nähe der Burg, auf dessen Besitz die Ritter eifersüchtig waren. Darum schickten die Ritter den Förster ihn zu holen. Aber dieser hatte Mitleid mit dem Bauer und rief: „Schlüter, Schlüter!" Mit diesem Ruf wurde der Bauer gewarnt und konnte sich vor dem bösen Gesindel verstecken. Als späte Rache für die Untaten der Ritter wurden die letzten zwei Gräfinnen, die Burg Altendorf bewohnten, durch das Gebälk erschlagen, da sie nicht das Geld für ein neues Dach aufbringen konnten. So starb das Geschlecht der Altendorfer aus und nur die Ruine erzählt noch von seinen schrecklichen Vergehen.

Ganz so wie die Geschichte über die Altendorfer berichtet, hat sich das alles jedoch nicht zugetragen.

Die ersten Bewohner der Burg waren die Angehörigen der Ministerialenfamilie von Altendorf, Lehnsmänner der Grafen von der Mark. Das ganze Anwesen blieb natürlich im Besitz der Familie. Durch die Heirat mit Nelles von Altendorf, die auch mit der Familie Vietinghoff-Shell verwandt war, der die Schellenburg in Essen gehörte, übernahmen sie die alleinige Herrschaft über die Burg. Nach der Eingemeindung Altendorf besitzt nun die Stadt Essen Burg Altendorf; sie ist mittlerweile zu einem beliebten Ausflugsziel geworden.

I. L.

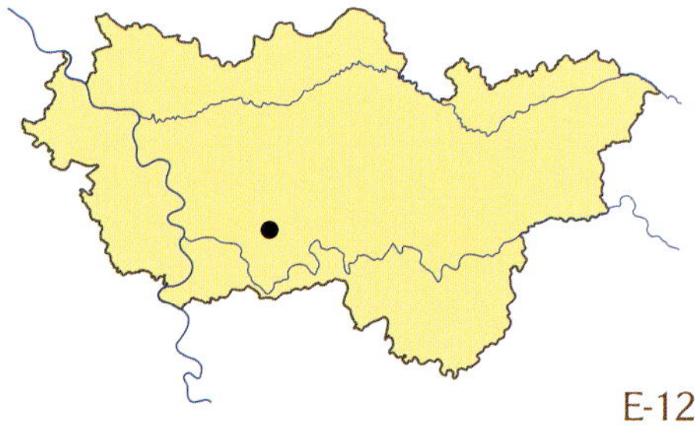

E-12

Essen: Schloss Borbeck

Verträumt liegt das Wasserschloss Borbeck, umgeben von einem hübschen Schlosspark, im Norden von Essen im gleichnamigen Stadtteil. Wenn man das kleine barocke Schloss betrachtet, müsste man annehmen, dass in einem der Türme vielleicht Dornröschen liegt und davon träumt, endlich wachgeküsst zu werden. Doch das Herrenhaus diente über viele Jahrhunderte hinweg den mächtigsten Frauen Essens, den Äbtissinnen, als Residenz.

Geschichtlich tritt Borbeck erst im 13. Jahrhundert in Erscheinung als Residenz der Essener Fürstäbtissin. Das Schloss wurde aber nicht nur als Residenz genutzt, sondern auch als Handelsort, in dem die Äbtissinnen Gold- und Silbermünzen prägen ließen. Die heutige Gaststätte »Zur Münze« und eine alte Sage über den untreuen Münzmeister in Borbeck erinnern noch in diesen Tagen daran.

Einst, so erzählt man, als Sophia von Gleichen Fürstäbtissin war, gab es einen Münzmeister, der immer treu und gut die Münzen herstellte und sich nie eine Münze einverleibte. Die Münzen, die er prägte, zeigten auf der Rückseite ein Kreuz mit der Inschrift: Grossus Borbec Benedictu sit nomen DNINRI – *Borbecker Groschen, gepriesen sei der Name unseres Herrn. Als der Teufel die Inschrift sah, zürnte er und ging in verkleideter Gestalt zum Münzmeister, einzig seine rot glühenden Augen verrieten ihn. Er fragte, warum der Münzmeister immer noch nicht reich sei, obwohl er silberne und goldene Münzen herstelle. Darauf antwortete der Münzmeister, dass er immer den vorgeschriebenen Anteil an Gold und Silber in die Münzen tue, und der Einkauf dieser Edelmetalle einfach zu teuer sei. Darauf erwiderte der Teufel, dass er einen Klumpen Blei bei ihm lassen wolle, damit dieser sich das Gold und Silber einstecken könne. Doch der Münzmeister benutzte das Blei nie, bis er durch einen schweren Winter, in dem seine Familie Hunger litt, in Versuchung geriet. So nahm er den Klumpen Blei, goss ihn zusammen mit dem Silber und fing an, die Münzen zu prägen, bis eine laute Stimme sagte: „Münzmeister, Münzmeister; es ist genug! Die Münzen mit dem Namen des Herrn entehre nicht durch bösen Betrug!" Drauf erschrak er ganz fürchterlich und meinte, da er niemanden sah, einer Sinnestäuschung zu unterliegen,*

also schwang er seinen Hammer und wollte den Schrötling prägen, doch es gelang ihm nicht, die Münzen herzustellen. Der Münzstempel brach und der Münzmeister erkannte, dass er die Münzen nie mehr werde prägen können. Ein böser Fluch wollte über seine Lippen kommen, als er merkte, wer ihn davon abhielt, schwere Sünde zu begehen. Er warf sein Werkzeug in den Graben des Schlosses und zog mit seiner Familie fort. Mehr als 150 Jahre sollten vergehen bis ein neuer Münzmeister bei den Fürstäbtissinnen Münzen prägen würde. Und mehr als 200 Jahre, bis aus der Burg ein Wasserschloss wurde.

Im Mittelalter entwickelte sich Haus Borbeck von einem Gräftenhof zur Burganlage. In den Jahren 1584 und 1590 erlitt das Schloss Kriegsschäden. Danach folgten Reparaturen und Umbauten. Die Äbtissin Anna Salome von Salm-Reifferscheidt ließ in den frühen 50er Jahren des 17. Jahrhunderts das Herrenhaus neu errichten. Auf sie geht auch der daran angrenzende Schlosspark zurück, der heute noch viele Bewohner Essens zum Verweilen und Spazierengehen einlädt.

Das Wappen, das heute den Eingang des Wasserschlosses ziert, gehörte der Äbtissin Franziska Christine von Pfalz-Sulzbach, die das Schloss 1744 noch einmal umbauen ließ.

Im Zuge der Säkularisierung 1803 fiel Schloss Borbeck an Preußen, im Jahre 1827 erwarb Reichsherr Clemens von Fürstenberg die Anlage und ließ Gesinde- und Wirtschaftsgebäude zu einem neuen klassizistischen Bau nebst Marstall errichten. Schloss Hugenpoet wurde jedoch 1879 zu ihrem Wohnsitz und die Räumlichkeiten in Borbeck wurden nicht mehr genutzt. Die Stadt Essen erwarb 1941 das Grundstück von der Familie von Fürstenberg, und ließ es in den 1950er und 1960er Jahren restaurieren. Das Schloss wur-

de 1999 in die Denkmalliste der Stadt Essen aufgenommen. Der Schlosspark ist zu einem beliebten Ausflugsziel vieler Essener geworden. Im Winter bietet er den Kindern viel Platz zum Rodeln, und wenn der Teich wieder einmal zugefroren ist, auch eine Schlittschuhbahn. Und wenn abends die Sonne auf das Wasserschloss scheint oder im Winter der Raureif Schloss und Park erstarren lässt, ist es fast so, als würde man irgendwo eine der Grimm'schen Märchengestalten entdecken können.

I. L.

Essen: Haus Horst und Vryburg

Nahe dem Essener Stadtteil Steele, auf einer Anhöhe nördlich der Ruhr liegend, steht ein altes Ritteranwesen namens Haus Horst. Einst war es das stolze Anwesen der Herren von Horst, die nicht nur als gesetzestreue Ritter, Richter oder Ministeriale in die Geschichte eingingen, sondern auch als Raubritter ihr Unwesen trieben.

Über die Entstehung der Anlage ist nicht viel bekannt. Man geht davon aus, dass sie als Nachfolgebauwerk der einstigen Vryburg gedacht war, welche dementsprechend auch in unmittelbarer Nähe liegt. Von dieser sind aber nur noch Wall und Grabenreste zu erkennen. Haus Horst als Rittersitz entstand wahrscheinlich aus einem zunächst bäuerlichen Anwesen, welches das erste Mal um 1050 urkundlich erwähnt wurde. Obwohl die Herren von Horst schon seit dem 12. Jahrhundert urkundlich belegt sind, trifft dies für Haus Horst als Adelssitz erst im 14. Jahrhundert zu. Über den Entstehungszeitpunkt des Adelssitzes kann somit nur spekuliert werden.

Das namensgebende Geschlecht der Ritter von Horst starb gegen 1400 aus; von da an wechselte das Anwesen oft den Besitzer. Im Jahre 1457 ging es zunächst in den Besitz Bernds von Voerst über, 1663 übernahm dann Johann von Reerde die Eigentümerschaft und kurze Zeit später wurde Diedrich Freiherr zu Wendt stolzer Besitzer des Hauses Horst.

Im Laufe der Jahre verfielen einige Teile der Burg oder wurden für weitere Bauten abgetragen. So soll zum Beispiel die um 1680 erbaute Meierei aus den Steinen der alten Hauptburg errichtet worden sein. Neben der Meierei im Stile der Renaissance stehen heute noch die Kapelle von 1359, welche in der Vergangenheit ein Aussätzigenfenster besaß, dessen ehemalige Existenz heute noch durch Spuren im Mauerwerk zu erkennen ist, die runden Ecktürme aus dem 17. Jahrhundert sowie einige wenige Überreste der ehemals schützenden Mauern. Weitere Mauer- und Gewölbereste sind uns im Boden erhalten, wurden aber noch nicht ausreichend erforscht, um darüber sichere Angaben machen zu können. Wahrscheinlich hatte das Anwesen einst noch einen Eingang im Südwesten des damaligen Turnierplatzes und mehrere kleinere Türme im Bereich der Vor- sowie der Hauptburg. Eine Umwallung bzw. ein Grabensystem zum Schutze des ehemaligen Wohnsitzes der Herren von Horst ist nicht bekannt.

Heute werden nur noch wenige Teile der teilweise erhaltenen Anlage bewohnt. Die Kapelle und die Meierei wurden zu Wohnzwecken umgebaut und so bis heute genutzt.

T.D.

Essen: Schloss Hugenpoet

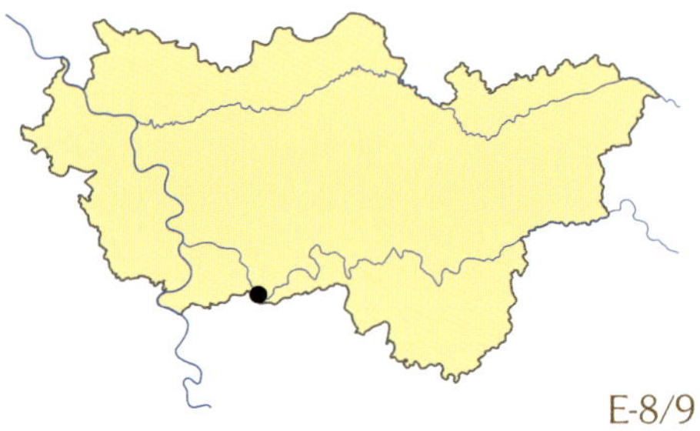

E-8/9

Ein „Krötenpfuhl" – schlammig, feucht, dreckig und aller Orten Krötengequake – so soll es ausgesehen haben, wenn man der Übersetzung des Namens Hugenpoet, *hugen* = Kröte und *poet* = Pfuhl, Glauben schenken darf.

Ob es wirklich so war? Kaum vorstellbar, wenn der Besucher vor dem heutigen Wasserschloss Hugenpoet, einem Hotel der Spitzenklasse, in Essen Kettwig steht.

Auch wenn das erste Anwesen zu Zeiten Karl des Großen, erstmals erwähnt als Königshof im Jahre 778, etwa „einen Büchsenschuss" – also ca. 200 Meter weit – entfernt ruhraufwärts gelegen haben soll, fällt es dem Besucher schwer, sich beim Anblick des heutigen Hauses eine solche Umgebung vorzustellen.

Düstere Geschichten von Brandschatzung, Zerstörung und Krieg gäbe es aus dem ersten Leben des Ritterhauses zu erzählen; die damaligen Besitzer, die Herren von Nesselrode zu Hugenpoet, im 13. Jahrhundert von der Abtei Werden mit dem Gut belehnt, waren streitbare Herren. Sie begnügten sich nicht damit, ihre Felder zu bestellen; sie zwangen die vorbeiziehenden Kaufleute, so genanntes Mannsgeld zu zahlen, und an die Tore der Städte Duisburg und Köln schlug *Rynkin vamme Hugenpoit* seine Fehdebriefe und zwang die Kaufleute, zu ihrem Schutze Verträge abzuschließen und freiwillig gezwungen Wegegeld zu entrichten. Kein Wunder also, dass die Burg immer wieder berannt wurde.

Die Fehde des Herzogs von Kleve gegen Geldern beendete das erste Leben des Hauses Hugenpoet: auch hier war natürlich ein von Hugenpoet mit dabei, doch dieser Kampf sollte kein gutes Ende nehmen.

Das Haus wurde 1478 gestürmt, der rote Hahn flammte auf und zerstörte das Schloss; bis zum Jahre 1756 sollen die Ruinen noch sichtbar gewesen sein. Die Herren Nesselrode zu Hugenpoet begannen schon im Jahre 1500 an der gegenwärtigen Stelle mit der Errichtung des Grundstockes zum heutigen Schloss.

Der 30jährigen Krieg ging auch an Schloss Hugenpoet nicht spurlos vorbei, von 1647 bis 1697 wurde das Haus von den Nesselrodes neu errichtet.

Leider hatten seine Nachkommen nicht die finanziellen Mittel, das Schloss zu halten, es verfiel zusehends, und es sah so aus, als sollte auch das zweite Leben des Hauses wenig rühmlich enden.

Freiherr Leopold von Fürstenberg, der das verfallene Schloss 1831 ersteigert hatte, ließ es in seiner jetzigen Schönheit,

mit seinen die Landschaft weithin beherrschenden barocken Türmen, gekrönt von Helmen und Laternen, neu erbauen. In seiner Familie entstand auch die zukunftsweisende Idee, das Schloss in ein Hotel umzuwandeln.

Über einen Wassergraben mit Zugbrücke betritt der Besucher die Vorburg. Den Schlosshof beherrscht das Herrenhaus mit seinen flankierenden Türmen, dem in der Mitte liegenden einladenden Portal und dem darüber befindlichen Wappen der Fürstenbergs.

Eine Brücke führt über einen weiteren Wassergraben in die Eingangshalle des Herrenhauses, in dieser befindet sich ein imposanter, aus schwarzem Marmor bestehender Treppenaufgang aus dem Jahre 1696.

Dem gegenüber ist der erste von drei künstlerisch und historisch besonders wertvollen Renaissancekaminen zu sehen, der durch eine Inschrift auf 1560 datierte „Lot-Kamin". Dieser und der so genannte „Troja-Kamin" von 1578 befanden sich vormals im Schloss Horst (Gelsenkirchen) und wurden vor dessen Abbruch im Jahre 1850 durch Umsetzung in das Schloss Hugenpoet vor der völligen Zerstörung gerettet. In den Räumen des Restaurants befindet sich der dritte, der „Kain-und-Abel-Kamin".

Das 20. Jahrhundert mit seinen Umwälzungen in Besitz und Vermögen griff auch den Herrensitz Hugenpoet an. Baronie und Grundbesitz blieben, während das Schloss, ein ausgesprochener Herrensitz mit Ausdruck und Kultur, zum Schlosshotel wurde. Damit öffnete es seine Pforten den Entspannung und Erholung suchenden Großstädtern, den Männern und Frauen von Großindustrie, Kohle und Eisen, zur gemütvollen Geselligkeit und Beratung.

Mit großem finanziellem Engagement setzte der Hotelier Kurt Neumann die Idee der Fürstenbergs in die Tat um. Das dritte und ganz bestimmt nicht letzte Leben des Schlosses begann.

C. V.

E-3

Essen: Die (neue) Isenburg

Die Burgruine im Essener Stadtteil Bredeney liegt einen Kilometer südlich vom Essener Stadtwald entfernt. Wer die Reste der imposanten Anlage sieht, vermag kaum zu glauben, dass sie nur ganze 48 Jahre lang Bestand hatte.

Graf Friedrich von Isenberg war einst der Vogt der Gebiete der Abteien zu Essen und Werden. Der Kölner Erzbischof Engelbert von Berg aber hatte Interesse daran, diese Territorien in seinen Einfluss- und Machtbereich aufzunehmen. Dieser Anspruch und andere Querelen des Adels mit dem Kölner Erzbischof, sollen dazu geführt haben, dass Graf Friedrich von Isenberg den Erzbischof in einen Hinterhalt lockte und ermordete. Als Mörder geächtet wurde ihm sein gesamter Besitz genommen, und sogar eine Reise zum Papst, den er um Begnadigung bat, half ihm nicht. Ein Jahr nach der Tat wurde der Graf zur Bestrafung in der Heimat seines Feindes, in Köln, gerädert.

Sein Sohn Dietrich forderte später die verloren gegangenen Rechte und Besitztümer zurück und, um dieser Forderung Nachdruck zu verleihen, errichtete er im Jahre 1240 ganz in der Nähe der umstrittenen Territorien die neue Isenburg. Dieser Zeitpunkt war von ihm mit Bedacht gewählt, denn der damalige Erzbischof, Konrad von Hochstaden, konnte nicht sofort auf diese Provokation reagieren, erst nach Fertigstellung der Isenburg wurde er aktiv – und, wie man sich vorstellen kann, nicht zu Gunsten von Dietrich von Isenberg. 1244 ließ er die neue Burg belagern und einnehmen, und der besiegte Dietrich musste ihm das Gut überschreiben. Seine Eroberung diente dem neuen Herrn als Verwaltungssitz und Stützpunkt, wo die Truppen für Feldzüge nach Westfalen zusammengezogen und organisiert wurden. 44 Jahre lang blieb so die Burg im Besitz der Kölner Erzbischöfe, bis Erzbischof Siegfried von Westerburg in der Schlacht von Worringen 1288 besiegt wurde. Nach der Niederlage des nach weltlicher Macht strebenden Bischofs zerstörte Graf Eberhardt II. von der Mark, einer der Sieger, alle kölnischen Stützpunkte in seinem Einflussgebiet, darunter auch die Isenburg, die geschleift und niemals wieder aufgebaut wurde.

Der Zahn der Zeit setzte den Überresten zu und so wurden bei Ausgrabungen von 1927 bis 1932 nur noch die übrig gebliebenen Fundamente und Mauerstümpfe freigelegt. Die Spuren der Kämpfe aus dem 13. Jahrhundert sollen teils auch noch gut erkennbar gewesen sein. Wenn Sie heute diese Anlage besuchen, finden Sie Mauern vor, welche das Werk des 20. Jahrhunderts sind, aber immerhin auf den Originalfundamenten basieren. Bei den Ausgrabungen

erkannte man, dass die Burg aus zwei Teilen bestand: einer Vorburg und einer Hauptburg. Die Hauptburg lag im Osten der Anlage. Sie bestand aus einer Ringmauer, einem Hauptturm – dem so genannten Bergfried – einem repräsentativen Wohnbau und weiteren Wohnräumen. Die Vorburg im Westen konnte leider nur zu einem kleinen Teil erfasst werden, da ein Privatgrundstück einen großen Teil der Anlage überdeckt. Sicher erfasst sind eine Ringmauer mit einem Turm im nördlichen Abschnitt.

Für den Bau der Anlage wurde eine strategisch geschickte Position gewählt: die Burg ist nur von Norden, also ausschließlich von einer Seite, zu erreichen, da die übrigen Seiten steil ins Ruhrtal abfallen. Wie wir oben bereits erfuhren, brachte dies allerdings dem einstigen Besitzer sowie der Burg selbst keinen Vorteil, denn die nahezu vollständige Zerstörung der Burg konnte nicht verhindert werden. Aber umso besser erinnern die übrig gebliebenen Zeugnisse der Vergangenheit uns heute an die damalige Zeit, an Schlachten und Siege – und an die Vergänglichkeit.

T. D.

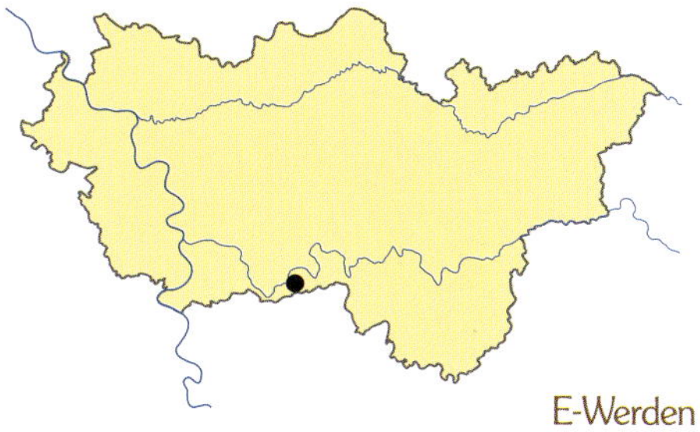

Essen: Abtei Werden

Der Missionar Liudger war sich sicher, die richtige Stelle zur Errichtung eines Klosters gefunden zu haben. So betete er zu Gott, er möge ihm ein Zeichen senden, ob die vorgesehene Stelle tatsächlich die richtige sei. Und Gott schickte einen Sturm, der im Wald eine große Lichtung schuf, lediglich der Baum, unter welchem Liudger zuvor gebetet hatte, blieb stehen. Durch dieses göttliche Zeichen waren sich nun auch Liudgers Begleiter sicher, dass dieser den rechten Platz erwählt hatte. Bereits am folgenden Tag begann dann der Sage nach der Bau des Klosters Werden, welches heute der Stadt Essen angehört. Gemäß der Überlieferung fand dies im Jahre 799 statt.

Die Abtei Werden liegt am linken Ruhrufer in einer Talsohle, im Süden und Osten umgeben vom Niederbergischen Hügelland. Die Anfänge Werdens lassen sich tatsächlich bis in das 8./9. Jahrhundert zurückverfolgen. Seit 800 war Werden ein reichsunmittelbares Fürstentum und wurde dementsprechend als Reichsabtei oder Reichsstift bezeichnet. Die Gründung des Benediktinerklosters fand im Zuge der Unterwerfung der Sachsen durch Karl den Großen statt, welcher Liudger mit der Missionierung des nichtchristlichen Volkes beauftragt hatte. Folglich waren die Klostervorsteher – allesamt aus der Familie Liudgers, den Liudgeriden – auch bis 849 mit dem Bischofssitz Münster verbunden. Die Zeit des Eigenklosters unter der Leitung der Liudgeriden fand jedoch bereits Mitte des 9. Jahrhunderts ein Ende. Als König Ludwig der Jüngere dann ein Privileg erließ, welches die freie Abtwahl vorsah, wählten die Werdener Mönche 886 erstmals ihren Abt, nun begann die Zeit der Werdener Wahläbte.

Vom 10.–12. Jahrhundert entwickelten sich die Dinge für das Kloster äußerst positiv. Die Grundherrschaft im näheren Klosterumfeld nahm bis Mitte des 11. Jahrhunderts stetig zu. Zudem übten die Äbte mehr und mehr Einfluss auf die Reichspolitik aus. Abt Heribert II. wurde vom deutschen König Heinrich VII. gar als Fürst bezeichnet. Spätestens zu Beginn des 13. Jahrhunderts konnte sich die Abtei Werden einen Herrschaftsbereich zwischen Kettwig und Heisingen, Essen-Bredeney und Essen-Heidhausen errichten.

Nach größeren, brandbedingten Schäden wurde 1275 die Abteikirche im romanisch-gotischen Übergangsstil wiedererrichtet und geweiht. In ihrer Krypta liegen bis heute die Gebeine des Heiligen Liudger begraben.

Ab dem 13. Jahrhundert begann der Verfall der Werdener Herrschaft, die Zahl der Mönche nahm ab und auch Ge-

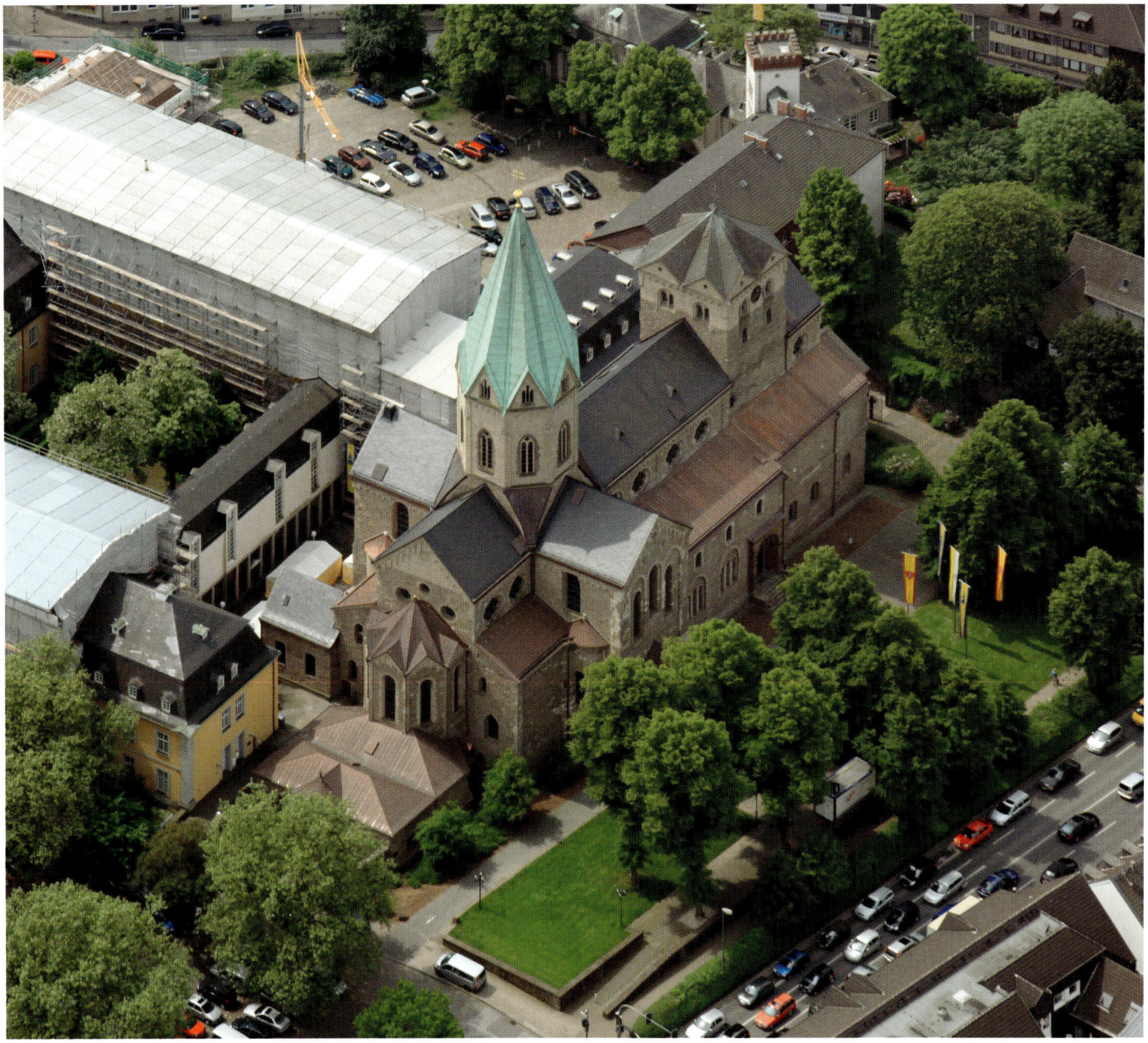

biete gingen verloren. Das klostereigene Territorium konnte jedoch behauptet werden, die Reformation sorgte dann ab 1550 zwar für Unruhen, bedeutete aber keine direkte Gefährdung. Ebenso blieb Werden im Dreißigjährigen Krieg weitestgehend unbehelligt.

In den Jahren 1802/3 wurde die Abtei säkularisiert, bis zu dieser Zeit fungierten die Äbte Werdens auch als Leiter des Helmstedter Klosters St. Ludgeri in Niedersachsen. So konnte Abt Herman von Holte aus Furcht vor den Bilderstürmen im Zuge der Reformation 1547 die Klosterschätze des Helmstedter Klosters nach Werden verlegen.

Im Jahre 1945 wurde das ehemalige Klostergebäude zum Hauptsitz der Folkwang-Hochschule. Die ehemalige Abteikirche kam 1993 zu der Ehre, von Papst Johannes Paul II. zur päpstlichen Basilica minor erhoben zu werden. Im Jahre 2008 wurde schließlich die Schatzkammer der Abtei nach einem Brand der Öffentlichkeit wieder zugänglich gemacht.

J.H.

Hattingen: Burg Blankenstein

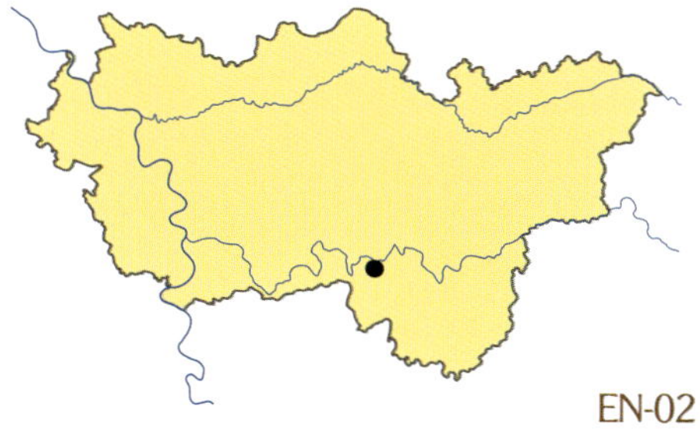

Schwere Steine, aufgestapelt zu massiven Gemäuern und einem weithin sichtbaren, scheinbar uneinnehmbaren Torturm bahnen sich den Weg durch die Äste, die sie seit Jahren umhüllen. Nähert man sich der Burg Blankenstein über die Zufahrt von Südwesten, über die Brücke, welche die Siedlung mit der Burg verbindet, erhebt sich zwischen den dichten Bäumen der imposante Torturm in die Höhe. Die schweren Mauern sind nur durch kleine Fensteröffnungen durchbrochen, als würde der Turm nichts von seinem Inneren preisgeben wollen. Mit einer Höhe von 26 Metern markiert der Turm deutlich massiv den Eingang. Ob er uns Eintritt gewährt?

Die Burg Blankenstein und ihr Turm teilen eine turbulente Vergangenheit, in der nicht nur der Turm, sondern die gesamte Anlage ihren Schaden davon getragen hat. Bereits die Errichtung der Burg hatte einen Todesfall zum Grund, das Leben des Kölner Erzbischofs Engelbert I. fand im November 1225 ein gewaltsames Ende. Graf Adolf I. von der Mark gab am 12. Mai 1226 den Befehl für den Bau einer Burg. Sie sollte wenige Kilometer von der zerstörten Burg Isenberg entfernt sein, um die Möglichkeit zu bieten, die ehemaligen Besitzungen und Rechte seines Verwandten zu kontrollieren. Keine 20 Jahre später, im Jahre 1243, ist das „*castrum Blankenstene*" bereits in einer Urkunde erwähnt, eine ungewöhnlich kurze Zeitspanne zum Bau eines solchen militärischen Stützpunktes. Obwohl bereits 1243 die Burg urkundlich erwähnt wird, ist der Bau noch nicht in Stein gefasst, Holzgebäude dominieren auf der Burg.

Im Jahre 1392 fiel Kleve an die Grafen von der Mark, und Adolf III. übertrug seinem Sohn Dietrich die Grafschaft Mark, auch die Burg Blankenstein ging in seinen Besitz über. Die Burg erlebt zunächst eine blühende Zeit und wurde 1425 zu einem der vier „Hauptschlösser" der Grafschaft Mark, neben Wetter, Altena und Volmarstein. Erst jetzt, unter der Herrschaft von Adolf IV. erreichte die bauliche Ausgestaltung der Burg ihr eigentliches Ende und somit die größte Ausdehnung.

Schon ab 1359 wurden auf der Burg Drosten als Verwalter eingesetzt. Fast 300 Jahre lang lenkten sie die Geschicke in und um Blankenstein, bis dann im Jahre 1637 der amtierende Droste Johann Georg Syberg den Erhalt der Burg aufgab und Blankenstein somit seine Funktion als Verwaltungssitz verlor.

Die Gebäude waren in einem solch schlechten Erhaltungszustand, dass im September 1662 der Kurfürst Friedrich Wilhelm anordnete, die Bebauung bis auf die Grundmauern ab zutragen. Beinahe 100 Jahre ließ nur noch der Torturm die

frühere Burg erahnen, bevor 1860 der Unternehmer Gustav vom Stein den Sporn neu bebauen ließ, um einer Garnfabrik und einem gastronomischen Betrieb Platz zu bieten, die Burg hatte nun ihre ursprüngliche Funktion vollständig verloren.

Im Jahre 1922 kam die Stadt Bochum in den Genuss des Besitzes der „Burg Blankenstein" und bot nun der Gastronomie ein romantisches Ambiente auf dem Bergsporn. Doch auch die Gaststätte wurde 1957 wieder abgerissen und ihr folgten 1959 weitere kleinere moderne Gebäude.

Der Torturm, der dem Besucher gegenübersteht, war zu Blütezeiten auch Empfänger, aber vielmehr Wächter der Burg, eine Brücke erleichtert den Zugang.

Heute gewährt uns der Turm Einlass, seine blanken Steine bergen eine Gaststätte und erzählen die Geschichte der Burg, die geprägt ist von Zerstörung und Wiederaufbau und deren Blüte heute wieder zu erahnen ist.

A.K.-S.

Witten: Burg Hardenstein

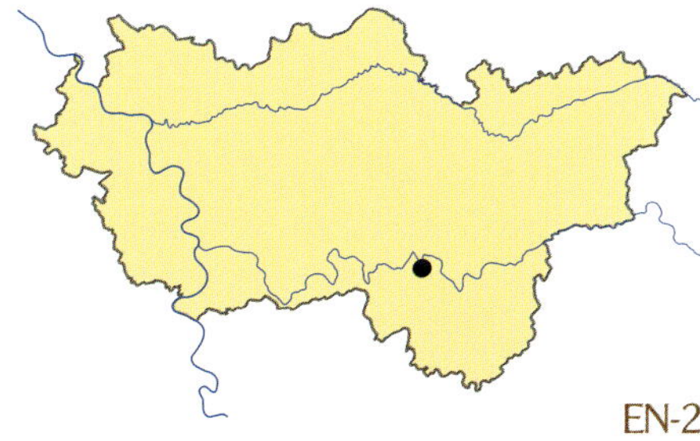

Es war einmal vor langer, langer Zeit eine reiche Familie. Die Familie besaß ein stattliches Anwesen und ihre Angehörigen mussten weder Hunger noch anderes Elend erleiden. Das gute Leben der Familie stand in Zusammenhang mit dem Zwergenkönig Goldemar, der als Gast in der Familie verweilte. Goldemar war unsichtbar - genau wie sein Reitpferd.

Der Schauplatz dieses Märchens über den unsichtbaren Zwergenkönig Goldemar und seine unerbittliche Rache an demjenigen, der ihn zu offenbaren versuchte, das von den Gebrüdern Grimm in ihren Kanon der Kinder- und Hausmärchen aufgenommen wurde, ist kein anderes Anwesen als die heutige Ruine Hardenstein bei Witten Herbede.

Die gesellschaftlich gut situierte bergische Adelsfamilie von Hardenberg musste im 14. Jahrhundert – wohl aus wirtschaftlichen Gründen – ihren angestammten Wohnsitz und Herrschaftsmittelpunkt bei Neviges verlassen – zu dieser Entscheidung könnte auch die sich ausdehnende Macht und der wachsende Zugriff der Grafen von Berg beigetragen haben, dem man zu entkommen versuchen wollte. Der Verkauf der Güter bei Neviges – mitsamt der dort gelegenen Höhen- und Wasserburg – an die Grafen von Berg im Jahre 1354 besiegelte den gesellschaftlichen Abstieg der Familie. Schon zuvor muss jedoch der Plan eines Umzugs bestanden haben und mit dem Bau der südlich an der Ruhr gelegenen Wasserburg begonnen worden sein, denn schon zwischen 1345 und 1347 wurden Fischereirechte erworben. Burg Hardenstein wird jedoch erst im Jahre 1363 erstmalig urkundlich erwähnt. Trotz des gesellschaftlichen Abstiegs der Familie konnte der Neubau der Familie Hardenberg hohen repräsentativen und wohnlichen Ansprüchen genügen – so konnte der Wohnbau zum Beispiel mit sieben Kaminen einen gehobenen Standard aufweisen.

Im Laufe der Zeit fielen Burg und Ländereien in den Besitz anderer Familien – vor allem aufgrund von Heiraten. Die Hauptburg wurde in den kommenden Jahren und Jahrzehnten vergrößert und ausgebaut, bis sie ab 1629 von ihren jeweiligen Eigentümern nur noch verpachtet wurde. Die Pächter wohnten jedoch nicht auf der Hauptburg sondern auf der Vorburg, weswegen das Anwesen zusehends verfiel. Interessant waren für die Pächter neben der Forstwirtschaft vor allem die Kohlevorkommen, die ihnen als Einkommensquelle dienten. Spätestens seit der zweiten Hälfte des 18. Jahrhunderts waren die Dächer der Burg nicht mehr funktionstüchtig und konnten sie somit nicht mehr vor der Witterung schüt-

zen; die Mauern der Burg wurden als Steinbruch genutzt.

Mit dem gesellschaftlichen und wirtschaftlichen Abstieg der Familie hat der Legende nach Zwergenkönig Goldemar nicht unerheblich zu schaffen. Er lebte demnach einige Zeit auf dem Anwesen der Hardenbergs.

> *Beim Essen hörte man ihn schmatzen, wenn er durchs Gebäude ging, hörte man seine Schritte – doch niemals bekam man ihn zu Gesicht. Genauso verhielt es sich mit seinem Reitpferd – man hörte es im Stall stampfen und schnauben, doch es war genau wie sein Herr unsichtbar. Während Goldemar auf Hardenstein lebte, ging es der Familie in jeder Hinsicht sehr gut. Er warnte den Hausherrn vor nahenden Feinden, nannte ihn Schwager und spielte mit ihm Würfelspiele. Doch die guten Zeiten sollten bald ein Ende finden. Ein Küchenjunge, der allzu neugierig war und diese Neugier bald schmerzlich bereuen sollte, stellte dem Zwergenkönig eine bitterböse Falle: Er streute auf der Treppe zur Küche Erbsen und Mehl aus – denn er wusste von der Gewohnheit Goldemars, sich zu später Stunde eine Stärkung aus der Küche zu holen. Auf den Erbsen sollte Goldemar ausrutschen und seine Tarnkappe verlieren; würde ihm diese beim Sturz nicht vom Haupt rutschen, so sollte sich wenigstens seine Gestalt im Mehl abzeichnen. Gesagt, getan! Der Küchenjunge hatte seinen Hinterhalt vorbereitet und wartete nur darauf, dass der Zwergenkönig hineintappte. Kaum hatte die Uhr zwölf mal geschlagen – Mitternacht – da kam Goldemar auch schon zur Küche und stolperte, wie sollte es anders zu erwarten sein, über die Erbsen. Der Küchenjunge erblickte als einziger Mensch den Zwergenkönig. Dieser schäumte vor Wut, nahm den Küchenjungen, riss ihn entzwei, kochte und briet ihn, um ihn dann genüsslich zu verspeisen. Daraufhin verfluchte er das Geschlecht derer von Hardenberg und entsagte ihnen jeglichen Reichtum. In dieser Gegend ward er niemals mehr gesehen und das Anwesen derer von Hardenstein fiel dem Verfall anheim. Heute existieren von der einst prachtvollen Burg nichts weiter als Ruinen, die jeden Vorübergehenden mahnen, nicht allzu neugierig zu sein.*

L. W.

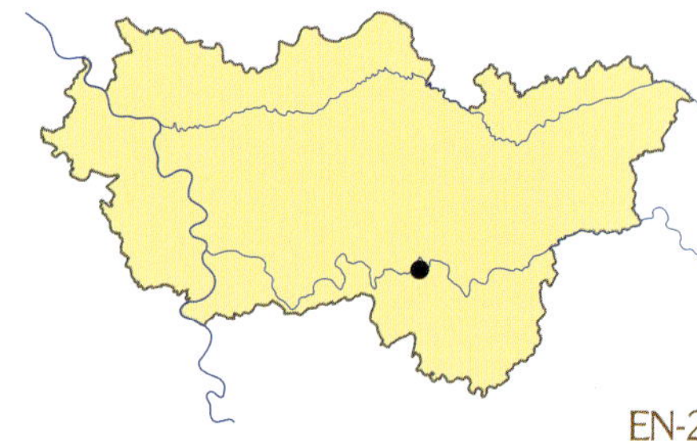

Witten: Haus Herbede

Nicht weit vom Kemnader See an der Ruhr bei Witten liegt Haus Herbede. Es handelt sich um eine vierflügelige Anlage, die wahrscheinlich im 17. Jahrhundert entstanden ist. Die Entwicklung des Hauses ist schwer nachzuvollziehen, da die Datierung der einzelnen Gebäudeteile und ihrer Bauphasen nur bedingt möglich ist. Sicher ist allerdings, dass es mehrere Bauphasen gab, in welche die alten Gebäudestrukturen mit einbezogen wurden. Marode Gebäudeteile wurden ausgebessert oder verschwanden einfach hinter einer neuen Wand. Außerdem gibt es fast keine Bauzier, die eine Datierung erleichtern würde.

Als Vorgänger der Steinbauten ist ein Holzbau nachgewiesen, dieses älteste, noch teilweise erhaltene Gebäude des Hauses muss nach 1500 abgebrannt sein – bei einer archäologischen Grabung wurde dies bestätigt; außerdem wurden Rüstungsgegenstände gefunden.

Durch einige, hauptsächlich im Ostflügel befindliche Jahresdaten an Fenstern, Türen und Kaminen lassen sich Bauaktivitäten im 16. Jahrhundert nachweisen. Die Zeit zwischen 1563 und 1576 war wohl auch die glanzvollste des Anwesens, zu diesem Zeitpunkt war es im Besitz von Schotte von Elverfeldt, auf welchen sein Sohn Konrad folgte. Beide haben Jahresdaten, ihre eigenen Namen und die Namen ihrer Gemahlinnen für die Nachwelt in Stein meißeln lassen.

Frühere Baustrukturen sind durch die Unterkellerung einiger Gebäudeteile im 16. Jahrhundert zerstört worden. In einer Urkunde aus dem Jahre 1019 wird das Gut Herbede, in einer Schenkung Heinrichs II. an das Benediktinerkloster Kaufungen, das erste Mal genannt. Über das damalige Ausmaß des Gutes ist nichts bekannt, erst durch Schriften aus dem Jahre 1220, welche die Vogtei Herbede betreffen, wird klar, welche Größe das Gut hatte. Zur Vogtei gehörten zu dieser Zeit 56 Höfe und drei Pachthöfe.

Graf Friedrich von Isenberg hatte seit 1220 die Vogtei inne, im Jahre 1225 beging er einen Anschlag auf seinen Onkel, den Erzbischof Engelbert I. von Köln; dieser überlebt das Attentat nicht. Aufgrund dieses Verbrechens wurden ihm und seiner Familie durch einen Urteilsspruch der Reichsfürsten alle Güter aberkannt, so auch Haus Herbede. Noch im selben Jahr wurde Haus Herbede durch die Äbtissin von Kaufungen an den Ritter Arnold von Didinchoven verpachtet. Zwei Jahre darauf erhielt er die Vogtei. Später ging der Hof wieder zurück an die Rivalen Friedrichs von Isenberg, die Grafen von

der Mark. Im Jahre 1313 verkaufte Graf Engelbert II. von der Mark das Gut an Burghard von Elverfeldt.

Die Äbtissin des Klosters Kaufungen verhinderte, dass Gut Herbede zu einem erblichen Lehen wurde. Allerdings wurde es immer wieder an Angehörige der Familie von Elverfeldt verlehnt, aber immer nur auf Lebenszeit. Bis ins 18. Jahrhundert blieb das Anwesen im Besitz der Familie von Elverfeldt, nur für einen Zeitraum von 23 Jahren, von 1430–1453, war es im Besitz des Herzogs Adolf von Kleve. Im Jahre 1750 gab die Familie Elverfeldt Haus Herbede als Hauptwohnsitz auf und seit 1778 diente es nur noch als Witwensitz.

1922 wurde das Anwesen an die Federfabrik Dittmann & Neuhaus verkauft, woraufhin dort Wohnungen für Werksangehörige eingerichtet wurden. Seit 1984 befand sich Haus Herbede im Besitz des Freizeitzentrums Kemnade. Nach gründlicher Sanierung bietet die Hauptburg heute Platz für ein Restaurant, während in der Vorburg einige Kunstgewerbeateliers untergebracht sind.

P.B.

Hattingen: Burg Isenberg

Dunkler Rauch steigt zum Himmel empor, während dichte Staubwolken vom Berg hinab über die Ruhr ziehen. Es ist der Winter des Jahres 1225 auf 1226, als kölnische Truppen die prächtige Isenburg schleifen. In mühsamer Arbeit zerstörten sie die Burg, die einst als uneinnehmbar gegolten hatte, mit dem so genannten Brandschlitzverfahren.

Stünde man heute auf dem damaligen Bergfried, so würde man in etwa 100 m Höhe über dem Ruhrtal eine großartige Aussicht genießen können. Stromaufwärts in nordöstlicher Richtung sähe man das mittelalterliche Hattingen, stromabwärts nach Nord und Westen hin den Verlauf der Ruhr Richtung Essen sowie den Süden der heutigen Stadt Bochum.

Dass die Isenburg keine dreißig Jahre nach ihrer Fertigstellung schon vernichtet werden würde, hätte ihr Bauherr Arnold von Altena wohl niemals für möglich gehalten. Als dieser um das Jahr 1194 mit dem Bau der Anlage begann, sollte sie seinem Machtanspruch nordwestlich des Altenaer Stammlandes Nachdruck verleihen. Nach dem Tode Arnolds und seines ältesten Sohns übernahm der Zweitgeborene Friedrich das Erbe. Dieser bezog etwa um das Jahr 1216 die Isenburg und nannte sich fortan nach ihr: Friedrich von Isenberg.

Obwohl er lediglich die Vogtei des Stiftes Essen innehatte, soll sich Friedrich wie ein Landesherr aufgespielt haben. Infolge dessen gingen Beschwerden über sein Verhalten beim Erzbischof Engelbert von Köln ein. Nach erfolglosen Verhandlungen kam Engelbert am 7. November des Jahres 1225 bei einem Überfall in einem Hohlweg bei Gevelsberg ums Leben. Als Schuldiger der Bluttat wurde rasch Graf Friedrich von Isenberg ausgemacht, und noch im Winter desselben Jahres wurden seine Burgen, darunter auch die Isenburg, von kölnischen Truppen erobert und zerstört. Friedrich selbst wurde auf der Rückreise aus Rom, wo er erfolglos versucht hatte, den Papst von seiner Unschuld zu überzeugen, gefangen genommen und vor dem Kölner Severinstor zu Tode gefoltert. Seine Besitzungen gingen über an die Grafen von der Mark, die dadurch zum einflussreichsten Adelsgeschlecht Südwestfalens aufstiegen.

Um sicherzustellen, dass die Isenburg niemals wieder aufgebaut werden würde, errichtete Adolf von der Mark die Burg Blankenstein in Sichtweite der Ruine.

Obwohl von der Isenburg heute kaum mehr als die Grundrisse zu sehen sind und obwohl sie im 19. Jahrhundert durch einen Steinbruch zu einem Drittel zerstört wurde, lässt sich noch immer leicht ihr einst imposantes Ausmaß erahnen. Mit einer Länge von 245 m und einer Breite von heute noch 45 m war sie eine der größten Anlagen ihrer Zeit. Die Isenburg bestand aus einer Vorburg, die zur Ruhr hin gelegen war, und einer Hauptburg, die sich hangaufwärts befand und vom übrigen Berg durch einen tiefen Halsgraben getrennt wurde. Der Haupteingang befand sich im nordöstlichen Teil der Vorburg, der durch den Steinbruch zerstört wurde. Neben Lager und Wohngebäuden im Inneren der Burg gibt es zahlreiche Hinweise auf handwerkliche Einrichtungen, wie beispielsweise Öfen zur Eisenaufbereitung.

Der Sage nach soll Graf Friedrich von Isenberg bei der Belagerung seiner Burg den Feinden entkommen sein, indem er einen Fluchttunnel nutzte. Dieser führte vom Burghof ins Innere des Berges und von dort bis unter das Flussbett der Ruhr auf das jenseitige Ufer. Dort angekommen nahm er sich ein Pferd, dessen Hufeisen er umgekehrt aufnagelte, um seinen Verfolgern zu entrinnen. Während so die Monate ins Land strichen und er sich nun schon beinahe ein Jahr auf der Flucht befand, kehrte er eines Tages, sich als Handelsmann ausgebend in eine Herberge bei Lüttich ein. Doch einer Magd der Herberge, die zuvor auf der Isenburg gearbeitet hatte, kam der Fremdling bekannt vor. Als er sich nun die Hände wusch und selbige daraufhin kräftig zusammenschlug, um sie zu trocknen, erkannte sie ihren alten Herren, der dies stets zu tun pflegte. Schließlich verriet sie Graf Friedrich an seine Häscher, die ihn gefangen nahmen und zu Köln hinrichteten.

S.K.

Hattingen: Haus Kemnade

Lautes Gelächter vermengt mit rauen Trinksprüchen schallt hinab von den Zinnen der Burg und verkündet den Belagerern unmissverständlich die Aussichtslosigkeit ihres Unterfangens. Oben auf der Burg Raubritter Joost mit seinen Mannen und unten vor den kalten Mauern die wütende Bauernschaft, die er so lang hat unters Joch gezwängt. Ob die Geschädigten zu ihrem Recht kommen oder der Joost sein ruchloses Treiben munter fortführen wird, das weiß uns die Sage später wohl zu berichten. Zuerst aber wollen wir uns der Örtlichkeit widmen.

In Hattingen an der Ruhr gelegen befindet sich Haus Kemnade. Die Niederungsburg im heutigen Stadtteil Blankenstein wird vollständig von einer Gräfte umschlossen. Ursprünglich floss die Ruhr südlich an Haus Kemnade vorbei, so dass die Anlage noch über Landweg mit der ihr zugehörigen Ortschaft Stiepel verbunden war. Im Jahre 1486 änderte sich jedoch aufgrund eines Hochwassers der Flusslauf nachhaltig und die Ruhr trennte fortan Haus Kemnade von Stiepel.

Als Erbauer der Anlage gilt die Familie Dücker, die bereits 1266 in Zusammenhang mit der Herrschaft Stiepel und 1377 auch in Verbindung mit Haus Kemnade genannt wird. Die Herrschaft Stiepel war ein Lehen des Hauses Lippe mit einem eigenen Hofgericht. Durch weibliche Erbfolge ging Haus Kemnade im Jahre 1410 zuerst an das westfälische Adelsgeschlecht derer von Romberg und später an die von der Recke über.

Zu Ostern des Jahres 1589 wütete ein großer Brand auf der Burg und zerstörte sie fast vollständig. Lediglich der südöstliche Rundturm und die Kapelle sowie einige Mauerreste blieben erhalten. Als dann im Jahre 1647 der letzte männliche Erbe von Kemnade starb, ging sein Besitz an den Ehemann seiner Tochter – Johann Georg von Syberg – über. Den unter seinen Vorbesitzern bereits begonnenen Wiederaufbau der Anlage führte der neue Besitzer weiter aus. Im Zuge dessen ließ er angeblich die veraltete Burg Blankenstein teilweise abtragen, um so an günstiges Baumaterial zu gelangen.

Erst 1809 wurde Haus Kemnade durch die Aufhebung des Lehnswesen zu einer persönlichen Besitzung derer von Syburg. Im Jahre 1847 verstarb der letzte männliche Erbe der Syburger, wodurch die Anlage an die Familie Bernswordt-Wallrabe überging. Schließlich wurde sie 1921 von der Stadt Bochum gekauft und in den 1950er Jahren aufwändig restauriert.

Die Erscheinung der heutigen Burganlage ist größtenteils von diversen Baumaßnahmen geprägt worden, die vom 16. bis ins 18. Jahrhundert hinein durchgeführt wurden. Gegenwärtig befinden sich Gutshof und Hauptburg auf einer Insel. Allerdings nimmt man an, dass einst der Gutshof durch einen Graben von der Hauptburg getrennt war.

Doch zurück zur Sage und wie alles seinen Anfang nahm:

Vor langer Zeit soll jener Joost zu Blankenstein mit seinen Untergebenen hart und herzlos umgegangen sein. Den Bauern zertrampelte er mit seinem Pferd die Felder, Aufmüpfige peitschte er nieder, die Kaufleute plünderte er bis aufs Hemd aus und sogar manch junge Bauersfrau soll er sich gefügig gemacht haben.

So ging es viele Jahre lang, bis es schließlich den Bauern genug war und sie endlich beschlossen, den Joost zu stürzen. Zu diesem Zwecke versuchten sie ihn eines Abends auf einer Waldlichtung in einen Hinterhalt zu locken, doch gerissen wie er war, entkam er seinen Verfolgern. Er hatte die Hufeisen seines Pferdes verkehrt herum aufgenagelt und so die Bauern getäuscht. Diese jedoch ließen sich nicht entmutigen; wenig später versammelten sie sich und beschlossen seine Burg in Blankenstein zu belagern. Sie versperrten alle Wege, so dass niemand heraus oder herein kommen konnte. Doch wie wir schon gehört haben, störte die Belagerten das wenig.

Als dies nun schon mehr als zwei Wochen andauerte, kam eine alte Frau zu den Bauern und riet den Belagerern, das Wasser abzugraben. Um die Quelle zu finden, ließen sie einen Esel, dem sie drei Tage lang nichts zu trinken gegeben hatten, auf dem Burgberg nach Wasser suchen. Dort wo er scharrte, da gruben sie und tatsächlich fanden sie die Wasserquelle, die den Burgbrunnen speiste.

Darauf wandelte sich das Jubeln und Feiern auf der Burg in ein Fluchen und Keifen, bis schließlich der Joost verlauten ließ, dass er sich unter einer Bedingung ergeben werde. Seine Frau nämlich solle verschont bleiben - und zwar mit allem, was sie auf drei Gängen aus der Burg tragen könne. Nichts Böses ahnend stimmten die Bauern zu, denn schließlich war die Burgfrau alt und gebrechlich. Als diese aber unter Ächzen und Stöhnen zuerst mit ihrem Mann, dann ihrem Sohn und zuletzt dem Burgschatz auf dem Arm aus der Burg schritt, trieb es die Bauern vor Wut in den Wahnsinn. Da half alles Fluchen den Bauern nichts, sie konnten dem Raubritter nicht an den Kragen, denn ihr Ehrenwort war ihnen heilig. Triumphierend ging dieser mit seiner Familie und dem Schatz in Richtung Weitmar, wo er unter den Seinigen einzukehren plante. Doch als sie die alte Holzbrücke über die Ruhr betraten, da krachte diese unter ihrem Gewicht zusammen und der Fluss bescherte ihnen und dem Schatz ein nasses Grab. Noch heute soll man in mondhellen Nächten an dieser Stelle ein Funkeln und Leuchten aus der Tiefe sehen.

Die historische Person des „Raubritters" Joost scheint wohl der schon zuvor erwähnte Johann Georg von Syberg gewesen zu sein. Von ihm ist bekannt, dass er sehr zum Ärger der Blankensteiner die Burg – aufgrund fälschlicher Behauptungen – schleifen ließ, um so an billiges Baumaterial für seinen Wohnsitz Haus Kemnade zu gelangen.

S.K.

EN-08

Herdecke: Haus Mallinckrodt

Das Haus Mallinckrodt liegt über dem Ruhrtal am Westhang des Ardeygebirges in der Stadt Herdecke. Heute befindet es sich in Privatbesitz und wird bewohnt, deshalb ist die Anlage nur eingeschränkt zugänglich.

Im 13. Jahrhundert war die Adelsfamilie von Mallinckrodt unter dem Namen von Mesekenwerke bekannt. Zunächst lebten sie als Burgmannen auf der Burg Volmarstein, und erst nachdem diese kurkölnische Burg durch Engelbert II. von der Mark erobert wurde, verlagerten sie ihren Wohnsitz von dort auf das Lehen Mallinckrodt und übernahmen dessen Namen. Ab 1367 ist der Name Mesekenwerke für diese Linie nicht mehr nachweisbar. Anfangs bestand das Anwesen aus drei Wohngebäuden, die 1445 zerstört wurden, bald darauf wurde die Burganlage neu errichtet. Sie bestand laut einer Beschreibung und einer bildlichen Flurkarte von 1612 aus einer Ansammlung von Fachwerkbauten, die von einer Steinmauer eingefasst waren. Diese Anlage brannte am 28. September 1619 ab. Ein Jahr später entstand unter Bernhard von Mallinckrodt als Ersatz ein kleiner Rittersitz, der wohl lediglich aus dem heute an der Südseite noch vorhandenen Steinbau bestand. Der älteren Linie der Familie Mallinckrodt diente das Gebäude 20 Jahre lang als permanenter Wohnsitz, danach stand es leer, da es zu Erbstreitigkeiten kam.

Damit der Bau nicht völlig zerfiel, wurde Gerhard Wennemar von der Recke zu Berge 1694 mit der Instandsetzung beauf-

tragt. Bis der Rittersitz 1778 in den Besitz der Familie von der Recke überging, wohnten dort nur Pächter und Verwalter. Etwa 50 Jahre später erlebte der Rittersitz eine Zeit des regen Um- und Anbaus. Unter anderem entstanden an der Westseite des Hofes ein eingeschossiges Herrenhaus, zwei Wohntürme, die Toreinfahrt, Ställe und Bedienstetenwohnungen. Durch diese Baumaßnahmen wurde der Eindruck einer Burg verstärkt.

In den Jahren 1903/04 wurde das Herrenhaus unter Hans Jordan weitgehend abgetragen und zweigeschossig wieder errichtet, dazu wurde der Turm passend aufgestockt und äußerlich angepasst. Die Gesamtform der Anlage ist neugotisch orientiert, jedoch zeigt sich in den Detailformen eine Stilmischung aus Neurenaissance, Neubarock und Jugendstil.

Wer das Haus besuchen möchte, wird keine öffentliche Straße zum Haus finden und auch keine Parkplatzmöglichkeit. Für Wanderer jedoch ist der Weg zur Anlage frei zugänglich. Nur wenige Meter vom Schlossgelände entfernt verläuft ein Wanderweg. Von diesem aus gelangt man auch zu dem im Wald gelegenen Friedhof der Familie Jordan.

A.S.

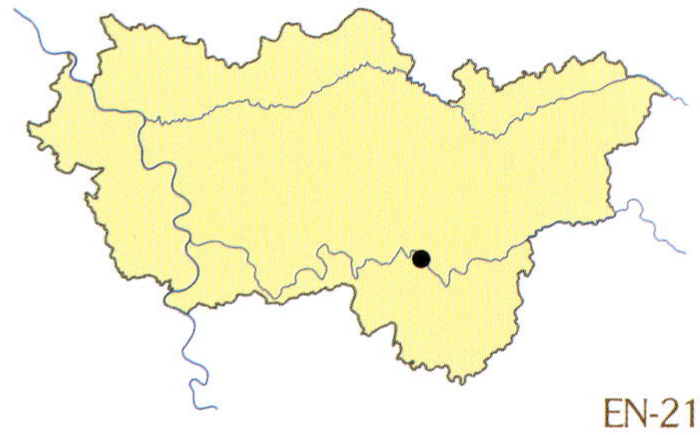

EN-21

Witten: Schloss Steinhausen

Steinhausen ist einer der schönsten Herrensitze an der Ruhr. Die Aussicht ist herrlich. Wald und Wiesen wechseln anmutig miteinander ab. [...] Es ist unverständlich, wenn die Besitzer in früheren Jahrhunderten sich das Leben durch Anfeindungen erschwerten [...]." (G. Haren, *Geschichte der Stadt Witten*, S. 541.). Dieses Zitat spiegelt die Geschichte der in Witten-Bommern südlich der Ruhr gelegenen Höhenburg gut wieder. Das alte Rittergut aus dem späten 13. Jahrhundert war bis ins 15. Jahrhundert der Ort, welchen die Adelsfamilie von Witten ihr Zuhause nannte. Im Laufe der Geschichte wechselten aber nicht nur die Besitzer sondern auch das Aussehen der Anlage immer wieder.

Die erste urkundliche Erwähnung des *Steinhus* als Residenz der Herren von Witten fällt ins Jahr 1297. Dank der Aufteilung des Besitzes unter Hermann und Gerhard von Witten zu Steinhausen im Jahre 1321 ist uns eine frühe Beschreibung des Anwesens überliefert. Es wurde, abhängig durch die jeweilige Lage zur Ruhr, in eine obere und in eine untere Burg aufgeteilt. Die Aufteilung der Anlage hinterließ tiefe Spuren in ihrer Erscheinung, welche bis heute auf diese Zeit hinweisen. So ist z. B. auf einer Skizze, welche einer Prozessakte von 1620 beigeheftet wurde, die Zweiteilung noch deutlich erkennbar. Jeder Teil der Anlage soll demnach zu diesem Zeitpunkt je einen Turm und ein Burghaus besessen haben. Weiterhin waren auch ein Torhaus und eine Mauer mit Zinnen vorhanden. Auf einer Darstellung des Anwesens von Jakob von Stael aus dem Jahre 1650 ist zusätzlich noch ein Gebäude mit Treppengiebeln zu erkennen. Sogar heute lässt sich diese Zweiteilung teilweise an den Bauten bzw. an ihrer Komposition erahnen.

Aber nach dieser frühen Aufteilung erfuhr das Gut noch weitaus schlimmere Zeiten. So wurde es 1434 durch einen Dortmunder Feldzug nahezu komplett zerstört, da der Gutsherr Hermann von Witten in Streitigkeiten zwischen der Reichsstadt Dortmund und dem Grafen von der Mark verwickelt war. Der zerstörte Rittersitz wurde zunächst nur notdürftig wieder in Stand gesetzt. Als schließlich männliche Nachkommen der Wittener Adelsfamilie ausblieben, ging die Anlage Mitte des 15. Jahrhunderts mit der Hochzeit der Erbtochter Jutta mit Lutter Stael von Holstein-Hardenberg in den Besitz der Familie Stael von Holstein über. Die Gerichtsbarkeit, welche die Wittener Adelsfamilie über das gleichnamige Dorf inne hatte, erlangte zwischenzeitlich auch die Familie Stael von Holstein. Leider ging dieses Recht 1505 verloren und an Heinrich von Brempt über, was der Beginn und

Grund für langjährige Streitigkeiten zwischen beiden Familien war. Heinrich von Brempt ließ sich die Wittener Gerichtsherrschaft schließlich durch ein kaiserliches Lehen sichern, wodurch dieses Recht dem Besitzer des Rittergutes endgültig entschwand.

Unter Hardenberg Stael von Holstein wurde dann Anfang des 16. Jahrhunderts das notdürftig wiederhergestellte Rittergut neu errichtet und 1607 wurde das heute noch erhaltene Treppengiebelhaus sowie der Turm der Anlage erbaut. In der Krypta, der etwas später errichteten Kapelle, sind noch heute Grabsteine diverser Familienmitglieder der Familie Stael von Holstein zu finden. Im 17. Jahrhundert fing diese Familie an, Bergwerke im Ruhrtal zu unterhalten, welche dann zusammen mit dem Gut Steinhausen 1732 in den Besitz der Familie Elverfeldt übergingen. Das Gut ging in Form einer Schenkung der beiden Asbecker Stiftsdamen Helena Margaretha und ihrer Nichte Maria Helena Stael von Holstein an ihren Vetter Friedrich Christian von Elverfeldt zu Dalhausen. Aufgrund der Stiftszugehörigkeit der beiden Damen, die als letzte der Blutslinie der Wittener Adelsfamilie von Steinhausen angehörten, ist es kein Wunder, dass diese mit ihnen ausstarb. Der Familie von Elverfeldt ist die Errichtung des klassizistischen Herrenhauses, sowie der Ausbau des Bergbaus im Ruhrtal zu verdanken, dessen Folge nicht nur eine gestärkte wirtschaftliche Potenz des Gutes war, sondern auch der Bau der Muttentalbahn, eine der ersten Schienenbahnen im Ruhrgebiet. Ab 1851 wechselte die Anlage in den Besitz diverser niederländischer Besitzer, unter denen auch der Amsterdamer Bürgermeister Dr. Konrad den Tex war. Der Unternehmer Friedrich Wilhelm Dünkelberg kaufte es 1893 von diesem und begann schon sechs Jahre später das Herrenhaus, die Wirtschaftsgebäude und die Kapelle umzubauen. Diese Veränderungsmaßnahmen sorgten für das noch heute bestehende, mancher Ansicht nach romantische Bild des Schlosses Steinhausen. Das Rittergut ging nach ihm in den Besitz seines Enkels Fritz Oberste-Frielinghaus über und blieb bis heute im Besitz dieser Familie. Als bisher letzte Umbaumaßnahme wurde 1999 die Spitze des Turmes aufgrund von Baufälligkeit entfernt.

T.D.

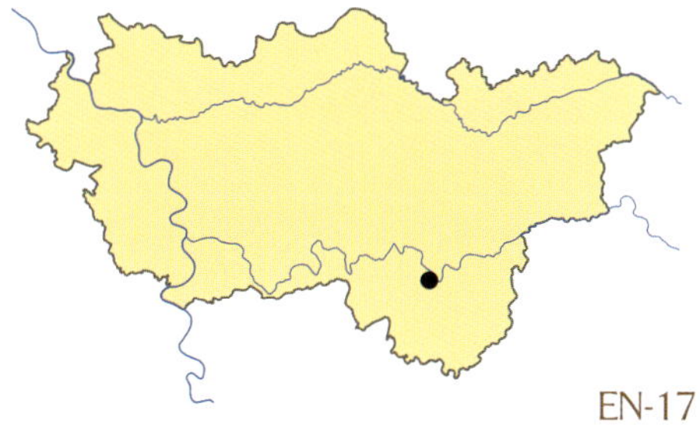

Wetter/Ruhr: Burg Volmarstein

Die Burg Volmarstein ist heute eine Burgruine, über die sich in der Bevölkerung Sagen von Musik und verschütteten Schätzen verbreitet haben. Sie liegt im Stadtteil Volmarstein der Stadt Wetter. Dort steht sie etwa 100 m oberhalb des linken Ruhrufers auf einer Bergkuppe. Die Burgruine ist derzeit begehbar, alle Wege sind ausgebaut und entsprechend gesichert.

Nach der um 1240 entstandenen „Kölner Königschronik" wurde sie unter Erzbischof Friedrich I. von Schwarzenberg um 1100 erbaut. Damit ist sie eine der ältesten steinernen Höhenburgen in Westfalen. Anfangs diente sie den Kölner Erzbischöfen als Vorposten und war eine der wichtigsten Landesburgen in Westfalen. Denn ihre Aufgabe bestand darin, die „Erzbischöfliche Schutzgeleitstraße", auch „Kölner Straße" genannt, die vom Ennepetal nach Soest verlief, zu schützen. Die Burg wurde von der Herrschaft Volmarstein als Verwaltungssitz genutzt. Die Herren von Volmarstein finden sich im 12. und 13. Jahrhundert häufig in Urkunden als Zeugen und Begleiter der Kölner Erzbischöfe.

In den Jahren 1288 und 1324 wurde die Burg von dem Grafen Eberhard I. von der Mark erobert und zerstört. Etwa

vier Jahre nach der ersten Eroberung wurde die von Belagerungsschäden gezeichnete Anlage noch einmal befestigt. Der Anlass zur zweiten militärischen Aktion gegen die Burg waren die seit 1308 ausgetragenen Kämpfe zwischen dem Münsteraner Bischof und dem Kölner Erzbischof gegen den märkischen Grafen um die Herrschaftsrechte im Gebiet nördlich der Lippe. Während der Belagerung der stark befestigten Burganlage wurde Graf Engelbert II. von vielen Seiten unterstützt, unter anderem auch von Einheiten der Stadt Köln. Bei der Einnahme der Burg am 25. Juli 1324 kamen auch schwere Katapultgeschütze, so genannte Bliden, zum Einsatz.

Die Grafen von der Mark und die Kölner Erzbischöfe bauten die zerstörte Burg wieder auf. Sie diente als Verwaltungssitz, verfiel aber seit dem 15. Jahrhunderts zusehends, da die Burg Volmarstein keine größere Bedeutung mehr besaß. 1754 zog ein Großfeuer in der benachbarten Freiheit Volmarstein auch die Anlage stark in Mitleidenschaft. Sie wurde zur Ruine, die von der Bevölkerung vorwiegend als Steinbruch genutzt wurde.

Zu dieser Zeit begab es sich, dass auch in der Bevölkerung einige Geschichten über die Ruine kursierten: zum Einen hörte man oft herrliche Musik, ohne dass Musikanten gesehen werden konnten, und zum Anderen hieß es, dass in dem alten, fast verschütteten Brunnen eine goldene Tafel versenkt sei. Wer diesen Schatz heben wolle, müsse dazu eine schwarze Katze mit sich führen. Ferner könne er allerdings nur nachts zur vollen zwölften Stunde unter strengstem Stillschweigen gehoben werden; beim Missachten der Regel werde der Schatz augenblicklich verschwinden.

Die Ruine der Höhenburg erhielten 1819 die Freiherren bzw. Grafen von der Recke-Volmarstein, die nach 1429 durch Heirat in den Besitz der „Volmarsteiner Lehnskammer" gelangt waren, als erbliches Eigentum vom preußischen Königshaus. Im 19. Jahrhundert erfolgten auf ihre Veranlassung größere Sicherungs- und Renovierungsarbeiten. Die Burgruine Volmarstein befindet sich bis heute im Eigentum der Grafenfamilie.

A. S.

Wetter/Ruhr: Burg Wetter

Blickt man heute vom Turm der Burg Wetter hinab zur Ruhr, so bietet sich dem Betrachter ein herrliches Panorama über den Harkortsee. Ein Anblick wie dieser wäre vor 100 Jahren gar nicht möglich gewesen, weil der See erst in den 1930er Jahren angelegt wurde. Auch die Burg selbst hat ihr Gesicht im Laufe der Jahrhunderte zum Teil stark verändert, doch wollen wir uns erst einmal ihrer Frühgeschichte widmen.

Die erste historische Erwähnung der Anlage findet sich in einer Urkunde des Jahres 1274. Dort ist vermerkt, dass Graf Engelbert I. von der Mark seinem Sohn die Burg zur Hochzeit schenkte. Strategisch günstig bot die Burg eine gute Kontrolle über den wichtigen Handelsweg von Ennepetal nach Soest. Politisch gesehen stellte die Festung das märkische Gegenstück zu der in Sichtweite befindlichen Burg Volmarstein dar. Diese befand sich in kurkölnischem Besitz und sollte in der Region den Machtanspruch der kölnischen Erzbischöfe gegenüber den Grafen von der Mark sichern. Im Verlaufe des Machtkonfliktes gelang den märkischen Grafen sowohl im Jahre 1288 – nach der Schlacht von Worringen – als auch im Jahre 1324 die Eroberung der Burg Volmarstein und letztendlich auch deren Zerstörung. Aufgrund der Machtverschiebung zu Gunsten der Märker wurde Wetter im Jahre 1355 das Privileg der Freiheit verliehen. Auch wurden fortan die märkischen Besitzungen an der Ruhr von Wetter aus ver-

waltet. Graf Engelbert III., einer der bedeutendsten Herren von der Mark, starb im Dezember des Jahres 1391 auf Burg Wetter an der Pest. Von ihm wird erzählt, er sei eine wahre Kämpfernatur gewesen und noch an seinem Totenbett soll er 300 schwer bewaffneten Reitern befohlen haben, seinen Leichenzug nach Fröndenberg zu geleiten.

Zwischen den Jahren 1444 und 1449 kam es im Zuge der Soester Fehde zur Belagerung der Burg Wetter durch ein kölnisch-böhmisches Heer. Die Belagerten um den Amtmann Craft Stecken wagten jedoch einen Ausfall aus der Burg und besiegten so das feindliche Heer.

Wie viele Burgenanlagen, so verlor auch Wetter im Verlaufe des 16. Jahrhunderts an militärisch-strategischer Bedeutung und verfiel in den folgenden zwei Jahrhunderten immer mehr, bis im Jahre 1784 der Leiter des westfälischen Bergamtes und späterer preußischer Finanzminister Freiherr vom und zum Stein dort sein Quartier aufschlug. Im Jahre 1819 gründete Friedrich Harkort, einer der frühen Pioniere der industriellen Revolution in Deutschland, auf dem Gelände der Burg Wetter die „Mechanischen Werkstätten Harkort & Co." zur Herstellung von Dampfmaschinen und Gasbeleuchtungsapparaten. Die damit verbundenen Eingriffe in die mittelalterliche Bausubstanz dürften nicht unerheblich gewesen sein.

Heute sind von Burg Wetter nur noch ein Teil des einst prächtigen Rundturms, Gebäudeüberreste sowie Teile der einstigen Burgmauer erhalten. Unterhalb des Rundturms finden sich zudem noch Kerker, in die von den einstigen Herren wohl unliebsame Zeitgenossen gesperrt wurden.

S.K.

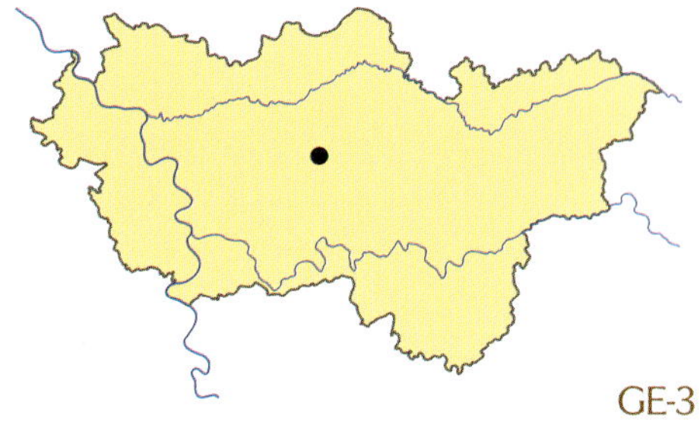

Gelsenkirchen: Schloss Berge

Größer könnte der Kontrast zwischen Alt und Neu nicht sein:

Wo sich südlich der A2 das riesengroße Areal der Veltins-Arena erstreckt, liegt nördlich inmitten einer über 80 Hektar großen Parkanlage das Wasserschloss Berge. Seine über 700jährige Geschichte beginnt das heutige Schloss als Haus Berge, eine Wasserburg, welche von Gräften und kleineren Seen umgeben war.

Bis zum Jahre 1433 gehörte die Burg dem Geschlecht derer zu Berge und diente als Stammsitz der Familie. Nach dem Verkauf ging die Burg in den Besitz derer von Backen, die diese Anfang des 16. Jahrhundert als Mitgift an die Familie von Bönen übergaben. Georg von Bönen ließ in den 30er Jahren des 16. Jahrhunderts, nachdem ihm der Grafentitel verliehen wurde, die Wasserburg zu einem Schloss umbauen.

Die Bauform der Burg war durch Erfindung des Schießpulvers und der damit einhergehenden Gefahr durch Kanonenbeschuss überflüssig geworden, sie wurde durch die repräsentative Form eines Wasserschlosses, jetzt Schloss Berge, ersetzt.

Bis zum Ende des 18. Jahrhundert wurden am Schloss immer wieder Umbaumaßnahmen vorgenommen, der ehemalige Bergfried wurde in das U-förmige Hauptgebäude integriert, ein südlich gelegener Barockgarten und später ein Englischer Garten sind in der weit reichenden Parkanlage errichtet worden.

Auch als Übernachtungsmöglichkeit kann Schloss Berge, welches seit 1924 der Stadt gehört und seit 1988 unter Denkmalschutz steht, auf eine lange Tradition zurückblicken. Nachdem Napoleon im Oktober 1813 die Völkerschlacht von Leipzig verloren hatte und sich vor dem ihm nachsetzenden „Marschall Vorwärts" Blücher zurückziehen musste, haben beide kurz nacheinander in Schloss Berge übernachtet.

Ob der kettenbewehrte Schlossgeist, welcher auch heute noch seinen Weinkeller bewacht, die beiden wegen exzessiver Saufgelage in die Parkanlagen des heutigen Restaurants und Hotelbetriebes jagen musste, ist leider nicht überliefert.

M. v. O.

SCHLOSS BERGE
SCHLOSS BERGE

GE-1

Gelsenkirchen: Schloss Horst

Ein wundervoller und angenehmer Frühlingsmorgen. Die Vögel zwitschern und man spürt eine sanfte, warme Brise. Plötzlich horcht man auf, und mit einem leichten Lächeln erkennt man die Ursache des Geräuschs: Hufgetrappel. Kurze Zeit später sieht man schon die schön geschmückte Kutsche, welche von zwei weißen Pferden gezogen wird. Nun weiß man, dass die Feier, wegen der man sich hier eingefunden hat, bald beginnen wird. Schon fährt die Kutsche vor und da ist sie: die wunderschöne Braut. Sie trägt ein elegantes weißes Kleid und jeder der hier Wartenden schenkt ihr seine volle Aufmerksamkeit, als wäre sie eine Prinzessin aus märchenhafteren Zeiten. Dieser Eindruck verstärkt sich, als sie langsamen Schrittes in Richtung des Schlosses, in dem die Zeremonie veranstaltet wird, fortschreitet.

Junge Mädchen und auch Frauen träumen oft von dem Augenblick ihrer Hochzeit und stellen sich märchenhafte Festlichkeiten vor, womöglich auch in einem Schloss. Aber leider hat man in unserer heutigen Zeit seltener die Möglichkeit, in einem solchen außergewöhnlichen Ambiente den Bund fürs Leben zu schließen. Eine Ausnahme befindet sich in Gelsenkirchen. Dort steht nämlich das Renaissanceschloss Horst im gleichnamigen Stadtteil der Ruhrgebietsstadt. Außer der Stadtverwaltung von Gelsenkirchen-West befindet sich in dem geschichtsträchtigen Bau das Gelsenkirchener Standesamt, in welchem sich die Brautpaare wie Prinzen und Prinzessinnen aus vergangenen Zeiten fühlen können.

Aber die Geschichte des Schlosses reicht noch weiter als in die Renaissance zurück. Durch archäologische Grabungen in den Jahren 1990 bis 2005 wurde herausgefunden, dass die erste Bebauung des Areals schon am Anfang des 12. Jahrhunderts stattgefunden hat. Die dort entstandene Hofstelle wurde durch die Abtei Essen gegründet, wahrscheinlich um die dort lebenden Tiere, vor allem die Pferderasse „Emscherbrücher Dickköppe", zu jagen und auch zu fangen. Die Bedeutung dieses frühen Baus sollte nicht unterschätzt werden, da eine anliegende Kapelle gefunden wurde. Diese deutet schon auf den späteren prächtigeren Bau hin.

Gegen Ende des 12. und Beginn des 13. Jahrhunderts wurde die Anlage weiter ausgebaut und es wurde nach mehreren Bränden eine Steinburg mit einer Ringmauer errichtet. Diese Veränderung des Gebäudes lässt sich auch archäologisch durch verändertes Fundgut belegen, da zum Beispiel das Geschirr, welches in diese Zeit datiert werden kann, edler ist als die älteren Fundstücke. Gleichzeitig geschah ein Machtwechsel in dem Schloss. Es wurde nämlich bis zum Jahre 1225

durch Essener Marschälle und den Klostervogt geführt. Der neue Burgherr war Gerhard von Horst, welcher nicht im Interesse der Essener Abtei und somit auch nicht im Interesse des Kölner Erzbischofs agierte. Trotzdem blieb die Burganlage in den Händen seiner Nachkommen, die sich erst 1410 nach einem Gerichtsverfahren dem Erzbischof von Köln beugen mussten, um von ihm das Schloss und die Ländereien als Lehen zu empfangen.

1554 zog ein weiterer Brand die Anlage sehr stark in Mitleidenschaft. Rutger von Horst, der Schlossherr und gleichzeitig Statthalter des Vestes Recklinghausen im Dienste des Kölner Erzbischofs, baute die Anlage dann zu dem prächtigen Renaissanceschloss aus, welches wir noch heute in Teilen bewundern können.

Nach seinem Tod verfiel die Anlage zusehends, bis sie im Jahre 1988 von der Stadt Gelsenkirchen gekauft wurde. Durch vorsichtige und moderne Rekonstruktion, vorbereitet durch den Förderverein Schloss Horst e. V., konnte das Schloss saniert und der modernen Nutzung zugänglich gemacht werden.

In dieser Rekonstruktion sieht man die Möglichkeiten einer modernen Nutzung von Baudenkmälern lebendig werden, denn im Schloss Horst findet man nicht nur die Chance, märchenhaft zu heiraten, vielmehr befinden sich dort auch die Stadtbibliothek und ein Museum, welches die dort gefundenen Stücke zeigt. Auch werden häufig kulturelle Veranstaltungen in den Räumen des alten Schlosses arrangiert.

D.B.

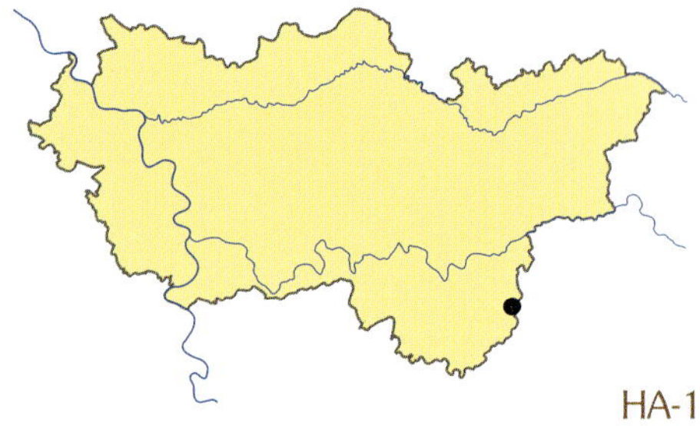

HA-1

Hagen/Westf.: Schloss Hohenlimburg

Der Junge erhob seine Hand und schlug zu. Er hatte tatsächlich seine Mutter geschlagen und sollte diesen Verstoß gegen das vierte Gebot bitter bereuen. Er lebte mit seiner Mutter auf einer Burg. Natürlich waren die Lebensumstände nicht die besten - sicherlich nicht luxuriös und beizeiten äußerst schwer zu ertragen - aber diese frustrierenden Lebensbedingungen sollen seine schändliche Tat nicht rechtfertigen.

Die Limburg beziehungsweise Hohenlimburg, auf der dieses Geschehen seinen Anfang genommen haben soll, liegt auf einem Bergsporn oberhalb der Lenne und des Hagener Stadtteils Hohenlimburg. Sie gilt als eine der wenigen Höhenburgen Westfalens, die in ihrer ursprünglichen Bauweise noch weitestgehend erhalten sind. Im Jahre 1242 wurde das *novum castrum Lymborgh* (die neue Burg Limburg) zum ersten Mal urkundlich erwähnt – Dietrich I. von Isenberg übertrug die Burg seinem Onkel Herzog Heinrich IV. von Limburg (an der Maas) und zugleich Graf von Berg, um sie daraufhin als Lehen zurückzuerhalten. Beide sollen gemeinsam die Burg erbaut haben – in Zusammenhang mit der Isenberger Erbfehde stellte die Belehnung für Dietrich eine immense politische Unterstützung dar und bot dem Herzog von Limburg die Möglichkeit, im Raum der emporstrebenden Grafen von der Mark eine politisch und militärisch nutzbare Basis zu unterhalten.

Bis ins 16. Jahrhundert – natürlich mit kleineren Unterbrechungen – befand sich die Anlage im Besitz der Grafschaft Limburg und musste im Laufe der Geschichte viele Belagerungen und andere militärische Vorkommnisse über sich ergehen lassen. Besonders zur Zeit des Kölnischen Krieges und während des Dreißigjährigen Krieges wurde sie stark in Mitleidenschaft gezogen.

Im Jahre 1589 ging die Burg aufgrund von heiratspolitischen Vorgängen an die Grafen von Bentheim, die sie in den kommenden Jahrzehnten in ein Residenzschloss umbauen ließen. Noch heute gehört das Anwesen zum Eigentum der Fürsten von Bentheim-Tecklenburg. Mittlerweile werden die Räumlichkeiten als Museum genutzt und können für Hochzeiten gemietet werden; im Hof der Burg finden alljährlich Weihnachtsmärkte, Walpurgisnächte und musikalische Veranstaltungen statt.

Obwohl die meisten der heute sichtbaren Gebäude aus dem 16. bis 18. Jh. stammen, ist das frühere Aussehen der Höhenburg noch an einigen Merkmalen gut erkennbar: so gliedert sich die Anlage in eine mit einer Mauer und einem Wallgra-

ben geschützte Vorburg, eine mit Halsgraben, Zugbrücke und Ringmauer befestigte untere Burg und eine ebenfalls mit einer Ringmauer und einem Eckturm gesicherte obere Burg.

Doch wie wurde das verabscheuenswerte Verhalten des Jungen bestraft, der seine Mutter geschlagen hatte? Anfang des 19. Jahrhunderts wurde der Bergfried der Höhenburg durch einen Blitzschlag zerstört. In den Trümmern machten die mit Räumungsarbeiten Beschäftigten einen grausigen Fund: sie entdeckten eine vom Kalkmörtel konservierte abgeschlagene Hand, die bald nach ihrer Entdeckung eine schwärzliche Färbung annahm. Ist dies nun wirklich die Hand eines Jungen, der seine Mutter schlug, und dem die Hand als Strafe für diese abscheuliche Tat abgetrennt wurde? Sollte das abgeschlagene Körperteil tatsächlich konserviert worden sein, um als warnendes Beispiel den Menschen vor Augen zu bleiben?

In der Tat wurde das Erzählen dieser Version der Geschichte von vielen Elterngenerationen als Erziehungsmaßnahme genutzt. Wahrscheinlicher ist es jedoch, dass es sich bei der „schwarzen Hand" um das Leibzeichen eines ungeklärten Mordes handelt, um ein Beweisstück, das anstelle der Leiche aufbewahrt und im Turm der Burg eingemauert wurde.

L. W.

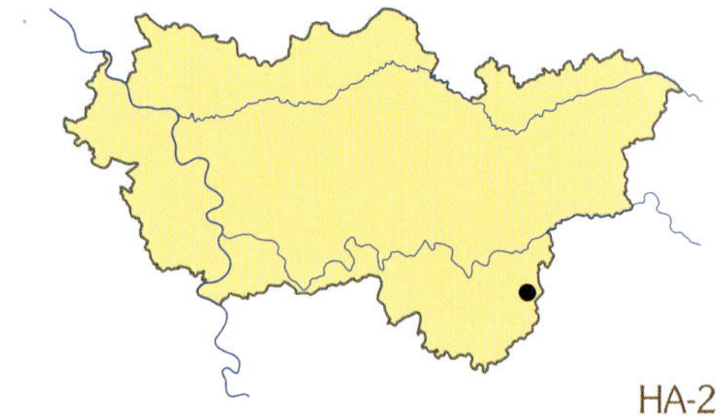

Hagen/Westf.: Die Raffenburg

Die heute als Burgruine erhaltenen Überreste der Raffenburg liegen im unteren Lennetal auf einem über 200 m hohen, aus Massenkalk aufgebauten Bergkegel. Dieser befindet sich an der Grenze der Ortsteile Hohenlimburg und Holthausen von Hagen.

Eine Legende berichtet von einem Raubritter, der einst auf der Burg gehaust haben soll. Als Feinde seine Burg belagerten und ihm klar wurde, dass er die Festung nicht würde halten können, schloss er mit seinen Feinden einen Pakt. Der Raubritter versprach sich zu ergeben, wenn seine Feinde dafür im Ausgleich seine Gemahlin mit dem abziehen lassen würden, was sie in drei Malen tragen könne. So schleppte die tapfere Frau zunächst ihren Ehemann, dann den gemeinsamen Sohn und schließlich so viel Gold und Geschmeide aus der Burg, dass sie am Fuß der Anlage tot zusammenbrach. Die Botschaft dieser Geschichte mag für jeden eine unterschiedliche Bedeutung haben, doch macht diese Erzählung vor allem deutlich, dass es sich bei der Raffenburg um eine umkämpfte Anlage gehandelt haben muss.

Leider ist bisher wenig über die Umstände und die Zeit der Gründung bekannt. Verschiedene Theorien zu den Anfängen der Burg gründen sich lediglich auf Vermutungen und sind historisch nicht gesichert. Auch über die Struktur und das damalige Aussehen der Burg ist wenig bekannt. Vermutlich bildeten die Burg und die umliegenden Gebäude eine Gesamtanlage, in der die Raffenburg das Kernstück war. Eine denkbare Ursache zur Erbauung der Raffenburg könnte die Entstehung der Grafschaft Limburg im Ruhr-Lenne-Raum als Folge der Isenberger Wirren sein. Die neu entstandene Grafschaft stellte so eine Gefährdung der politischen und territorialen Machtverhältnisse des Erzbistums Köln dar. Demnach wäre die Raffenburg eine unter Erzbischof Konrad von Hochstaden gegründete kölnische Landesburg, die den Grenzbereich zur Grafschaft Limburg sicherstellen sollte. Auch wenn diese These zur Entstehung der Burg nicht gesichert ist, so ist doch zumindest schriftlich überliefert, dass die Raffenburg im 13. Jahrhundert als Befestigung für die Kölner Erzbischöfe gedient hat. Im Zuge der Schlacht bei Worringen wurde die Raffenburg im Frühjahr des Jahres 1288 durch Graf Eberhard II. von der Mark belagert und eingenommen. Weitere Überlieferungen sind spärlich, allerdings gibt es aufgrund archäologischer Untersuchungen Hinweise auf eine Nutzung der Burg bis ins 14. Jahrhundert.

Die 60 × 80 m messende Kernburg war mit einem Graben und einer Ringmauer umschlossen. In den 1930er Jahren erfolgten umfangreiche Grabungen in der Kernanlage. Hierbei konnten sechs Gebäudekeller, der Bergfried, eine Zisterne, der Torbereich sowie der Verlauf der Ringmauer freigelegt werden. Neben den Funden aus Eisen und Buntmetall entdeckte man auch Teile der ritterlichen Ausrüstung sowie zahlreiche Überreste mittelalterlicher Geschosse – diese Entdeckungen übertreffen in ihrer Anzahl und Qualität die Funde, die in den meisten anderen westfälischen Burgen gemacht wurden.

Auch wenn die Überreste der Anlage nicht die eindrucksvollsten ihrer Art sind, so ist es der historische Hintergrund der Raffenburg ganz bestimmt. Schließlich verbindet fast jeder mit einer solchen Festungsanlage Belagerungskämpfe und Rittergeschichten und beides scheint sich auf der Raffenburg zugetragen zu haben.

A.P.

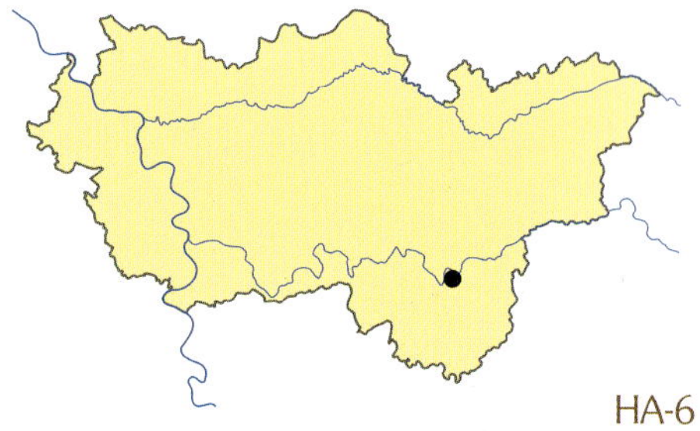

HA-6

Hagen/Westf.: Wasserschloss Werdringen

Inmitten einer bedeutenden Kulturlandschaft in Hagen-Vorhalle befindet sich das idyllisch in einem Naturschutzgebiet gelegene Wasserschloss Werdringen. Es prägt das heutige Gesicht einer Gegend, die für archäologische Funde von der Altsteinzeit bis ins hohe Mittelalter bekannt ist. Die Geschichte des Wasserschlosses lässt sich bis bis ins 13. Jahrhundert zurückverfolgen.

Zu dieser Zeit gehörte Werdringen der Lehnskammer der Herren von Volmerstein an, deren Burg Volmarstein in Sichtweite Werdringen gegenüberliegt. Das Schloss liegt am Ufer des Harkortsees, welcher 1929 künstlich aufgestaut wurde. Die erste Erwähnung einer baulichen Anlage in Werdringen fällt in das Jahr 1350, als ein befestigtes Haus oder eine Turmanlage in den Quellen beschrieben wurde. Das Aussehen der damaligen Anlage ist jedoch in Ermangelung bauhistorischer und archäologischer Untersuchungen unbekannt. Im Zuge der Soester Fehde wurde das Haus Werdringen 1446 gebrandschatzt und teilweise zerstört.

Der Besitz des Schlosses und der vorhergehenden Bauten wechselte im Laufe der Zeit zwischen mehreren niederadligen Familien. Bereits vor 1300 wurde ein Wilhelm Dobbe erwähnt; ein Nachfolger gleichen Namens fand 1350 mit mehreren Höfen im Hagener Raum und als Besitzer Werdringens Erwähnung. Während der Hauptzweig der Ritterfamilie Dobbe aus Kamen am Hellweg und aus Dortmund 1378 in männlicher Erbfolge ausstarb, hielt sich der Werdringer Zweig bis in das 15. Jahrhundert. Im Jahre 1460 kam es zur Hochzeit zwischen Hermann von Grüter und der Erbtochter Engel von Dobbe, was zur Folge hatte, dass eine Hälfte von Werdringen in die Hände derer von Grüter überging. Der andere Teil war seit Beginn des 15. Jahrhunderts im Besitz derer von Düdinck.

In diesem Jahrhundert wurden die Bebauungen des Anwesens erweitert, zwei Steinhäuser finden Erwähnung. Das Herrenhaus, Reste des Brauhauses, das Wirtschaftsgebäude sowie weitere heute noch erhaltene Gebäudeteile stammen hingegen aus der frühen Neuzeit und sind somit nicht mehr mittelalterlich. Dies lässt sich unter anderem durch Zerstörungen aus dem Jahr 1446 erklären, als Dortmunder Truppen Teile des Gebäudes brandschatzten.

Im Zuge des Dreißigjährigen und Siebenjährigen Krieges verfiel die Anlage zusehends. Um 1800 wurde die hölzerne Zugbrücke durch eine Steinbrücke ersetzt, aus dieser Zeit ist auch ein Wassergraben überliefert, der die Burg umgeben hat.

Doch zurück zu den Besitzverhältnissen: 1617 wurden die Herren von der Recke mit dem Adelssitz belehnt. Sie gaben aber einen Teil der Anlage denen von Grüter als Afterlehen zurück, welche diesen dann auch bis 1692 nutzten. Den anderen Teil bewirtschafteten die Herren von Berchem, welche bis zum Ende des 18. Jahrhunderts mit denen von der Recke im prozessualen Konflikt über die Besitzverhältnisse des Wasserschlosses lagen. Die von Berchem und die von Grüter vereinigten den Besitz 1692 durch die Hochzeit mit der von Grüterschen Erbtochter zu einem Gesamtbesitz. Der Letzte derer von Berchem, Johann Goswin, starb schließlich 1789 auf Werdringen. Das Lehnsgut Werdringen wurde kurz darauf im Jahre 1798 denen von der Recke als Mannslehen zugesprochen.

Im Jahre 1850 erhielt Graf Friedrich Wilhelm von der Recke-Volmestein das Schloss von seinem Vater geschenkt und versetzte es innerhalb von 5 Jahren in seinen heutigen Zustand als „repräsentatives Wasserschloss im neugotischen Stil", dessen mittelalterliche und frühneuzeitliche Bausubstanz sich nur in wenigen Teilen erhalten hat. Bis zu seinem Verkauf an einen Bauunternehmer 1925 wurde Werdringen vorwiegend landwirtschaftlich genutzt. Als 1977 die Stadt Hagen das Wasserschloss erwarb, war es bereits akut vom Verfall bedroht, ab 1990 kam es daher zu einer umfangreichen Sanierung und Renovierung der Anlage, welche 2004 mit der Eröffnung des Museums für Ur- und Frühgeschichte im einstigen Wirtschaftsgebäude des Schlosses ihren Abschluss fand.

Eine Wanderung vom Wasserschloss Werdringen zum nahegelegenen Kaisberg entführt den Besucher schließlich an einen mythenumwobenen Ort, an dem bereits das Heer des Varus im Jahre 9 n. Chr. vor seiner verheerenden Niederlage gegen Arminius sein Lager aufgeschlagen haben soll. Auch Karl der Große soll hier im Jahre 775 gelagert haben, als er die benachbarte sächsische Sigiburg (heute Hohensyburg) belagert hat. Beide Legenden lassen sich bis heute jedoch weder aus archäologischen noch aus historischen Quellen belegen.

J.H.

Hamm: Burg Mark

Spricht man über die Geschichte des Mittelalters zwischen Ruhr und Lippe, kommt man um eine Familie nicht herum, die Grafen von der Mark. Sie gingen aus dem Geschlecht derer von Altena hervor. Diese kauften am Ende des 12. Jahrhunderts ein Gut auf dem heutigen Gebiet der Stadt Hamm. Auf diesem Land erbaute Adolf I. von der Mark 1200 die große Turmhügelburg.

Zu dieser Zeit geschah bei Gevelsberg eine schwere Bluttat. Friedrich von Isenberg ermordete den Erzbischof von Köln, verlor daraufhin seine Güter und wurde hingerichtet. In diesem Zuge kam es auch zu der Zerstörung der Stadt Nienbrügge, die westlich der heutigen Altstadt von Hamm an der Lippe lag. Scheinbar nutzte Adolf I. von der Mark diese Situation zur Gründung der Stadt Hamm im Jahre 1226.

Ein erstes historisches Schlaglicht auf die Burg Mark als Befestigungsanlage wirft die Überlieferung für das Jahr 1251. Damals schenkte Graf Engelbert von der Mark, ein Sohn des Grafen Adolf, der nahe gelegenen Marker Kirche einen Hof zum Ausgleich dafür, dass kurz zuvor während einer Fehde mit dem Bischof von Münster das Obergeschoss des Kirchturms abgetragen worden war. Offenbar war die militärische Situation so prekär, dass man dem Feind nicht die Möglichkeit geben wollte, vom Kirchturm aus in die Burg hineinzusehen.

Von etwa 1200 bis 1391 war das Haus Mark der Hauptsitz der Grafen von der Mark und damit Mittelpunkt der bedeutenden Herrschaft Mark, bis die Grafen nach der Vereinigung mit dem Herzogtum Kleve ihren Sitz an den Niederrhein verlegten. Danach wurden keine Neubauten mehr ausgeführt.

Mit der Zeit verfiel die Burg zusehends, aus dem Jahre 1595 ist bekannt, dass sie schon damals in sehr schlechtem Zustand gewesen ist. 1772 wurden die noch erhaltenen Gebäude von dem preußischen General Karl Friedrich von Wolffersdorff abgebrochen, um Baumaterial für Kasernen zu gewinnen. 1803 erfolgte sogar der Abbruch der Fundamente. Somit ist heute nur noch der – immer noch imposante – künstlich aufgeschüttete Hügel, auf dem die Burg einst stand, erhalten.

Mit Hilfe archäologischer Ausgrabungen wurde versucht zu rekonstruieren, wie die Burg einst ausgesehen hat: Die Burg bestand aus einer Vorburg und einer Hauptburg. Die Vorburg hatte Ausmaße von etwa 140 × 100 m. Ihre Höhe über dem umgebenden Wiesengelände betrug etwa 2 m. Das Plateau der Hauptburg hingegen war 7 m über die natürliche Bodenoberfläche erhöht, ihr Durchmesser betrug etwa 50 m. Der Hügel der Hauptburg war an seinem Fuß durch eine steinerne Ringmauer befestigt. In der der Vorburg zugewandten Ostseite war in die Mauer ein Turm integriert, der mit einer Größe von ca. 12 × 9,50 m mächtige Dimensionen hatte. Er diente offenbar als Torturm und kontrollierte den einzigen Zugang zur Hauptburg. Auf der gegenüberliegenden Seite befand sich der Wohnturm oder Palas. Er war mit 18,2 × 9,70 m wesentlich größer als der Torturm und diente als Residenz der Burgherren.

Der Eindruck, den diese für damalige Verhältnisse riesigen steinernen und mit einer Steinmauer umfassten Gebäude in einer steinlosen Gegend hervorgerufen haben, ist kaum zu überschätzen. Darüber hinaus wird man sich die Fassaden wohl weiß gekalkt vorstellen müssen, was den Eindruck noch weiter verstärkte.

In einer der Gräften wurde ein besonders prächtiger bronzener Stachelsporn des 13. Jahrhunderts gefunden. Wenn man sich vor Augen hält, dass Sporen schon an sich wichtige Statussymbole waren und die meisten aus Eisen bestanden, wirft ein Sporn aus Bronze ein bezeichnendes Licht auf den Reichtum und die Stellung der Burgbewohner. Insgesamt stimmen die Größe der Burg sowie ihre bauliche Ausstattung einerseits und der Bronzesporn stellvertretend für andere Luxusgüter anderseits mit der großen landesgeschichtlichen Bedeutung der Grafen von der Mark überein.

Heute ist die Burg Mark ein wichtiges Denkmal westfälischer Landes- und Kulturgeschichte, der Burghügel und sein Umfeld sind als Naherholungsgebiet ausgelegt.

A. v. O.

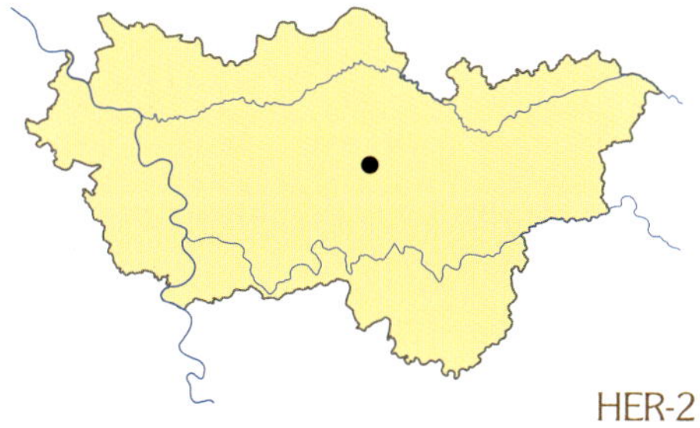

Herne: Schloss Strünkede

Schloss Strünkede liegt in der Emscherniederung der Stadt Herne im Stadtteil Baukau. Heute handelt es sich um ein verputztes, gelb gefärbtes Wasserschloss. Doch die Geschichte der Burg und der Familie von Strünkede reicht weit zurück in die Vergangenheit und hat alles, was zur Geschichte eines Schlosses gehört – von besonders weisen bis zu verrückten Herren, Bränden und Eroberungen und vielleicht auch einem Geist.

Das Geschlecht derer von Strünkede wurde 1142 das erste Mal urkundlich erwähnt. Im Jahre 1150 wurde ein Mitglied der Familie von Strünkede erstmals als Ritter bezeichnet.

Wann der Grundstein für das heutige Schloss gelegt wurde, ist nicht bekannt, sicher hingegen ist, dass es sich damals noch nicht um ein Schloss sondern um eine Burg handelte. Diese Burg wurde durch Gerlach und Wesel von Strünkede das erste Mal im Jahre 1243 urkundlich erwähnt. Über das Aussehen der Burg gibt erst eine Urkunde aus dem Jahre 1263 Auskunft, hier wird eine Haupt- und eine Vorburg aus Stein erwähnt. Der Hof der damaligen Burg war von allen Seiten mit Gebäuden umgeben und nicht wie heute an der Süd- und Ostseite frei. Rund um die Burg gab es ein komplexes Gräftensystem zur Sicherung, gegenwärtig bestehen nur noch zwei dieser Wassergräben.

Nachdem sich die Familie von Strünkede unter den Schutz der Klever Grafen gestellt hatte, zwang Dietrich VI. von Kleve Gerlach von Strünkede dazu, ihm die Burg für einen geringen Betrag – 100 Mark Kölner Pfennige – zu verkaufen.

Im Jahre 1307 soll die Burg durch einen Dienstmann des Grafen von der Mark niedergebrannt worden sein. Erst 1316 gab Dietrich IX. von Kleve die Burg als Lehen und das Wohnrecht zurück an die Familie von Strünkede. Eben dieser Dietrich von Kleve ließ die Burg auch weiter ausbauen, bis sie zu einer der stärksten klevischen Festungen wurde. Die Burg soll angeblich stadtähnliche Ausmaße gehabt haben, allerdings ist dies nicht mehr nachweisbar, da die Fundamente fehlen.

Die Strünkeder traten mehrmals als Schlichter zwischen den Klever Grafen, dem Erzbischof von Köln und dem Xantener Stift auf. Außerdem liehen sie ihren Lehnsherren Geld. Nicht viel später versuchten die Strünkeder mehrmals sich von ihren Lehnsherren, den Klever Grafen, zu lösen – jedoch erfolglos. Obendrein gerieten sie in Streitigkeiten mit der Stadt Recklinghausen.

Die Familie von Strünkede unterstützte Freiheitsbriefe verschiedener Städte und stand in der Dortmunder Fehde auf

Seiten der Stadt Dortmund. Im Laufe des 14. und 15. Jahrhunderts wurde Burg Strünkede mehrmals belagert und eingenommen. Die wohl letzte Belagerung fand im Jahre 1487 durch den Herzog von Kleve statt. Dieser hatte das Anwesen zu gleichen Teilen an Reinert und dessen Onkel Johann von Strünkede vergeben. Reinert, ein wilder und wahnsinniger Gesell, nahm seinem Onkel den Lehnsteil jedoch gewaltsam ab. Er widersetzte sich dem Grafen von Kleve und trotz des beschlossenen „Ewigen Landfriedens" kam es zu Streitigkeiten mit Recklinghausen. Außerdem stahl er dem Bürgermeister von Münster eine Herde Ochsen und weigerte sich diese zurückzugeben. Als nun ein Bote des Herzogs kam, um ein Mahnschreiben zu überreichen, erschoss er dessen Pferd, während der Bote noch obenauf saß. Daraufhin wurde er gefangen gesetzt und erst durch die Fürsprache einiger Ritter wieder freigelassen. Aufgrund erneuter Wiedersetzung gegen das Wort seines Lehnsherren wurde er auf seiner eigenen Burg gefangen gehalten. Die Burg ging als Lehen an seine Söhne Jobst und Reinhard – unter der Voraussetzung, dass sie ihren Vater weiter gefangen hielten und ihn unter keinen Umständen freiließen. Jobst – er wurde auch der „tolle Jobst" genannt – hatte noch größere Streitigkeiten mit der Stadt Recklinghausen als sein Vater und soll weitaus mehr Schandtaten verbrochen haben. Dies könnte jedoch auch ein Volksmärchen sein, denn für alle Taten, die ihm zugesprochen wurden, lebte er viel zu kurz. Neben seinen angeblichen Untaten fügte er dem Schloss einen Anbau hinzu; in diesem Anbau befindet sich im Gebälk ein Steinbild, das als der personifizierte Geist von Strünkede gilt. Dieser Geist wird mit Reinert von Strünkede in Verbindung gebracht; allerdings starb der Vater erst nach seinem Sohn.

Goddert von Strünkede, der Sohn des „wilden Jobst", beendete 1664 endlich den Umbau und hinterließ die Anlage im frühbarocken Stil.

Im Jahre 1777 starb der letzte Erbe derer von Strünkede. Heute befindet sich das Schloss mit seinem Park im Besitz der Stadt Herne.

P.B.

Krefeld: Burg Linn

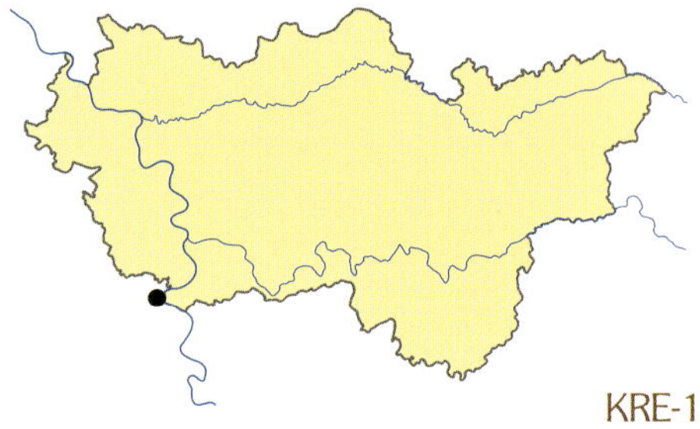

KRE-1

Jung und Alt tummeln sich auf den Wiesen rund um Burg Linn. Händler preisen ihre Waren an, Handwerker führen ihr Können vor und werden von Neugierigen beobachtet. Hier und da schlendern feine Damen und Herren – gemäß dem Motto „Sehen und Gesehen werden" – die Wege entlang. Die Szene wird untermalt von einem beständigen Gemurmel und Stimmengewirr, das beizeiten durch den lauten Schrei eines Greifvogels durchschnitten wird. In welche Richtung man auch schaut, überall begegnet der Blick interessanten Menschen in farbenprächtiger Kleidung und den wunderschönen Gegenständen, die von den Händlern zum Verkauf feil geboten werden oder vor den Augen der Besucher hergestellt werden.

Diese Szenerie bietet sich dem Besucher des alljährlich stattfindenden Flachsmarktes, der auf dem die Burg Linn umgebenden Gelände abgehalten wird. Seinen Ursprung nahm der Markt bereits im Jahre 1315. Linn, in dessen Zentrum der Andreasmarkt war, wurde damals zur Stadt erhoben und ist heute ein Stadtteil Krefelds. Dort tauschten Bauern Flachs gegen Gegenstände des Alltagsgebrauchs. Nach kurzer Zeit entwickelte sich der Flachsmarkt zu einem Jahrmarkt, auf dem man natürlich einerseits weiterhin Gebrauchsgegenstände erwerben konnte und Handwerker und Händler ihre Produkte anpriesen, aber andererseits auch Schaustellertruppen, Wahrsager und anderes buntes Volk zur Belustigung des Volkes auftrat. In den vergangenen Jahrhunderten erfreute sich dieses Treiben einer solchen Beliebtheit, dass der Flachsmarkt viermal im Jahr stattfand. Auch heute tummeln sich Menschen jeglichen Alters – allerdings nur noch einmal im Jahr – auf dem Gebiet rund um die Burg, lassen sich von Ritterturnieren, Greifvogel-Vorführungen und vielerlei anderen Spektakel belustigen und ins – natürlich völlig überzeichnete – Mittelalter zurückversetzen.

Burg Linn, der Ort dieses alljährlichen Trubels, wurde erstmals im Jahre 1188 urkundlich erwähnt, als der freiadelige Edelherr Otto von Linn seinen Besitz an den Kölner Erzbischof Philipp von Heinsberg verkaufte. Er erhielt sein ehemaliges Eigentum als Lehen zurück und war somit kölnischer Lehnsmann. Sein Sohn Gerhard von Linn starb jedoch bereits im Jahre 1264 – kinderlos. Somit ging das Lehen an die Grafen von Kleve, die es dem kölnischen Erzbischof jedoch fortwährend entfremden konnten, da dieser durch die Schlacht von Worringen immens geschwächt worden war. Im Laufe der folgenden Jahre und Jahrzehnte wurde das Anwesen bisweilen auch zum Witwensitz Mechthilds von Geldern, der Ehefrau des 1368 verstorbenen Johanns von Kleve. Die-

se hatte jedoch einen großen Schuldenberg angehäuft und zudem auch noch den ebenfalls verschuldeten Ritter Heinrich von Strünkede als Verwalter eingesetzt. Er begann daraufhin, vorüberziehende kölnische Kaufleute auszurauben, weswegen die Burg an den Erzbischof von Köln zurückgegeben wurde. Bis 1704 blieb sie in kölnischem Besitz.

Das sich dem heutigen Besucher bietende Erscheinungsbild der Burg geht auf das 13. Jahrhundert zurück, obwohl im Zuge des spanischen Erbfolgekriegs im Jahre 1702 einige Brände das Anwesen völlig zerstörten. Nach 1830 wurde die hoch aufragende Ruine der Burg zwecks Romantisierung sogar in einen englischen Landschaftspark eingegliedert. Bereits im Jahre 1923 erwarb die Stadt Krefeld den Besitz und eröffnete vier Jahre später in den Räumen des Anwesens ein Museum, das dort auch heute noch betrieben wird. 1950 wurden auf den Ruinen Flachdächer angebracht, die im Jahre 1993 durch Steildächer aus Schiefer ersetzt wurde – eigentlich nur als Schutzmaßnahme gedacht, gaben sie der Burg einen großen Teil ihrer ehemaligen Proportionen und Herrschaftlichkeit zurück. Dank dieses Vorgehens kann sich also der geneigte Besucher des jährlichen Flachsmarktes phantasievoll in die Vergangenheit zurückversetzen lassen und Burg Linn mit der Ehrfurcht betrachten, die einem solch prächtigen und herrschaftlichen Anwesen zusteht.

L. W.

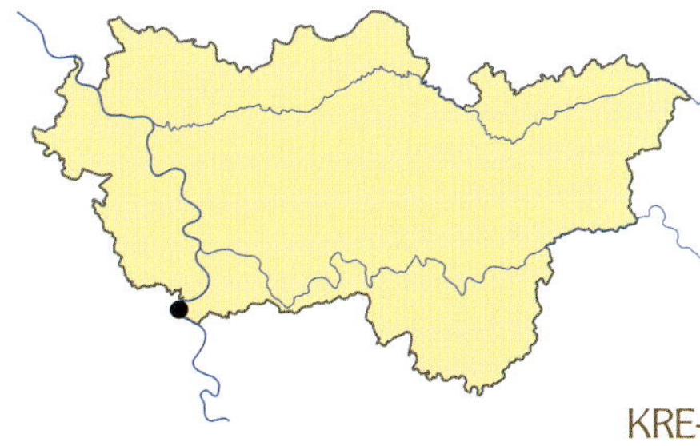

KRE-5

Krefeld: Schloss Rath

Mittelalterliche Ritterfeste und Märkte erfreuen sich in heutiger Zeit immer größerer Beliebtheit und manch einer erfüllt sich einen Traum und nennt eine Burg sein Heim, doch dieses Leben in einer Burg hat nicht nur schöne Seiten – damals wie heute.

Dieser Gedanke kam mir, als ich die Internetseite der heutigen Besitzer des Hauses Rath in Krefeld besuchte und dort deren Bitte las *„das vom Burggraben begrenzte Privatgrundstück nicht mit Hinterlassenschaften wie Dosen, Grill-Rückständen und sonstigem Müll zu verzieren"*. Sicher, diese Art von Problemen war den damaligen Herren wahrscheinlich unbekannt. Doch wer waren diese und warum wurde Haus Rath ausgerechnet an diesem Ort errichtet? Es liegt direkt am so genannten „Hohen Weg", einem damals wichtigen Fern- und Handelsweg zwischen Geldern und Köln, diesen galt es zu schützen und zu überwachen.

Seine damaligen Lehnsherren, derer von Rode, bekleideten schon zu Barbarossas Zeiten einflussreiche Ämter. Ein Arnold de Rode und sein Bruder Adelbert waren am Kreuzberger Gericht in Kaiserswerth tätig. Etwas später wurde ein Arnold de Rode als Amtsmann am Hofe Friedrich I. Barbarossa in Aachen erwähnt. Viele erhaltene Urkunden belegen, dass die Herren von Rode Mitte des 13. Jahrhunderts noch immer eine bedeutende Rolle in der Region spielten; ein Hinweis hierfür ist das Siegel auf einer Urkunde aus dem Jahr 1262: ein quer geteiltes Schild, das in der oberen Hälfte einen halben Doppeladler zeigt und in der unteren Hälfte gerautet ist. Sollte dieses Siegel im Zusammenhang mit dem Doppeladler-Siegel der Reichsstadt Kaiserswerth in Verbindung stehen, wäre belegt, dass die Herren von Rode ein Reichsamt ausübten und als Ministeriale direkt dem damaligen Kaiser Friedrich II. unterstellt waren. Haus Rath ist in seiner über 800 Jahre andauernden Geschichte durch Kriege weitgehend verschont geblieben, allerdings hätte die Anlage einer ernsthaften Belagerung wahrscheinlich auch nicht standhalten können. Wenn auch eine typische Burganlage zu erkennen ist, so fehlen doch die wichtigen Verteidigungsanlagen. Neben dem wehrhaften Wohnturm und dem heute ausgetrockneten Graben gab es nur eine Landwehr, in Form eines kleinen Erdwalls mit einer Mauer, die einige Meter außerhalb der Burg gelegen war.

Eine Motte bildete die Basis für den Wohnturm, der jedoch nicht auf der Hügelaufschüttung errichtet wurde, denn die alte Eingangstür liegt ca. 3,20 m über der Oberfläche des Burghügels; wahrscheinlich war das Untergeschoss mit Erde ummantelt. Diese im Osten gelegene Tür führt in einen,

von kleinen Rechteckfenstern erhellten, Wohnraum; gegenüber der Tür befindet sich ein Kamin. An der Nordwand existiert eine Mauertreppe, die zum ehemaligen Wehrgeschoss führte. Ebenfalls an der Ostseite befindet sich ein für damalige Zeiten sicher ungewöhnlicher Abtritt, der durch eine Tür vom Wohnraum abgetrennt wird und sogar mit einer Wasserspülung ausgestattet ist. Ein von oben herangeführtes Regenwasserrohr war mit dem Abtrittschacht verbunden und sorgte so für die Reinigung des Schachtes. Es spricht einiges dafür, dass die Anlage schon zu Zeiten Barbarossas – Kaiser Friedrich I. – errichtet worden war, denn für das Untergeschoss des Wohnturmes wurde dasselbe Baumaterial, Drachenfels Trachyt, verwendet wie für die Kaiserpfalz in Kaiserswerth. Auch die Basaltquader, verarbeitet zu den typischen so genannten staufischen Bossen, sprechen für eine Errichtung um 1200.

In den folgenden Jahrhunderten wurden viele An- und Umbauten vorgenommen. Mitte des 14. Jahrhunderts wurde ein Palas direkt am Wohnturm errichtet, daran angeschlossen zwei quadratische Türme, die um 1500 durch die noch erhaltenen Rundtürme ersetzt wurden. Im 18. Jahrhundert folgte der so genannte „Kleistsche Anbau" an der Ostseite und die Errichtung des Südflügels. Nachdem 1989–1991 eine aufwendige Restaurierung vorgenommen wurde, befindet sich die Anlage heute in Privatbesitz.

C. V.

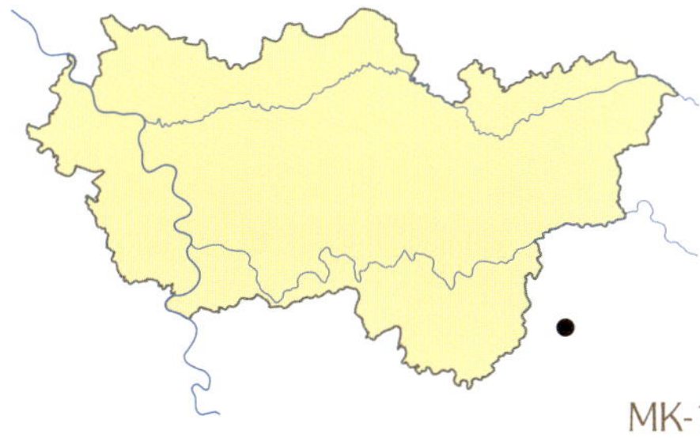

Altena: Burg Altena

Burg Altena liegt auf einem Bergsporn in der Stadt Altena mehr als 100 m über dem Zusammenschluss von Nette und Lenne im Märkischen Kreis.

Burg „All zu nah" soll er sie genannt haben, der Graf von Arnsberg, als er im Jahr 1000 nach der Geburt Christi die Nachricht vom Bau einer Burg auf der Wulfsegge – einem Bergsporn des Klusenberges – vernahm. So berichtet es zumindest die Legende, auf die der Name der Burg Altena zurückzuführen sein könnte. Nach dieser Legende sollen zwei Brüder aus dem römischen Geschlecht der Ursiner für den Bau der Burg verantwortlich gewesen sein und so den Zorn des Grafen von Arnsberg auf sich gezogen haben. Von den Umständen und den Zeiten, in denen die Burg erbaut wurde, weiß man heute leider nicht viel mehr als das, was eben solche Legenden und Sagen berichten. So erzählt eine andere Gründungsgeschichte, dass die Burg von Adolf und Everhart von Berg im Jahre 1108 errichtet worden sei. Viele Spekulationen gibt es seither, die sich um die Erbauung der Burg Altena ranken, und es bleibt abzuwarten, ob es möglich sein wird, bald Licht in das Dunkel der Vergangenheit zu bringen. Ein Grund für die Errichtung der Anlage könnten die Eisenproduktionen im Umland gewesen sein, die es zu schützen galt. Erstmals schriftlich erwähnt wird die Burg in einer Gründerurkunde des Klosters Cappenberg 1122/1125. Jedoch ist die Urkunde selbst nur in einer Abschrift aus dem 15. Jahrhundert erhalten und somit in ihrer Echtheit umstritten.

Deutlichere Angaben lassen sich über die Grafschaft Altena und die Linie der Grafen von Altena machen. Bevor die Grafschaft Altena eigenständig wurde, gehörten ihre Gebiete wahrscheinlich zu der Grafschaft Berg. Ihre Eigenständigkeit erhielt sie spätestens durch den Grafen Eberhard I., der sich in einer Nebenlinie der Grafen von Berg seit 1161 als Graf Eberhard von Altena bezeichnete und seinen Wohnsitz auf der Burg hatte.

Durch die von Friedrich I. von Altena erworbene Grafschaft Mark und die Verlegung des Hauptsitzes nach Hamm am Ende des 12. Jahrhunderts wurde der Titel des Grafen von Altena immer häufiger durch den der Grafen von der Mark ersetzt. Burg Altena wurde jedoch weiterhin als Stammsitz angesehen, auf dem sich die Grafen von der Mark allerdings nur noch begrenzt aufhielten und der ansonsten von Verwaltern und kleinen Mannschaften bewohnt wurde. Durch Erbschaft gelangte die Grafschaft samt Burg im Jahre 1609 in den Besitz des Kurfürstentums Brandenburg. Das spätere Königreich Brandenburg-Preußen unterhielt eine Garnison in der Anlage, zudem wurden die Gebäude als Kriminalgericht und

Gefängnis genutzt und beherbergten invalide Soldaten. Ein Teil des Anwesens wurde nach Auflösung der Garnison 1771 an die Stadt Altena verkauft, 1842 schenkte die Stadt die Burg dem preußischen König. 1856 überließ man Teile der Anlage dem Johanniterorden, der hier bis ins 20. Jahrhundert hinein ein Krankenhaus unterhielt. 1914 wurde in den Räumen der Anlage von Richard Schirrmann die älteste Jugendherberge der Welt gegründet. Heutiger Besitzer ist der Märkische Kreis, der in ihr auch ein Museum untergebracht hat.

Die bis dahin stark verfallene Anlage wurde von 1907 bis 1915 durch die Initiative des Landrates wieder aufgebaut und erhielt hierdurch ihr heutiges Aussehen, welches sich teilweise vom ursprünglichen Äußeren der Anlage unterscheidet. Durch den zeitweiligen Aufenthalt von zwei Familienzweigen im 12. Jahrhundert besitzt die 190 m lange und 40 m breite Anlage zwei Bergfriede und zwei Palasgebäude. Den ältesten Teil bilden die Überreste des hufeisenförmigen „Dicken Turms" in der Mitte der Anlage zusammen mit den historischen Überresten der Ringmauer und den Mauerteilen des Kellergeschosses im „Alten Palas" aus dem 12. Jahrhundert. Der mit dem „Alten Palas" verbundene „Pulverturm" wurde im 20. Jahrhundert um mehrere Stockwerke erweitert und auf dem Dach mit Ziertürmchen ausgestattet. Beide Bergfriede – „Dicker Turm" und „Pulverturm" – schließen den oberen Burghof ein, der durch einen vom „Dicken Turm" flankierten Zwinger vom unteren Burghof getrennt ist. An diesem wiederum befindet sich am unteren Ende eine weitere Toranlage. Zusätzlich gehören zu der Anlage noch der „Neue Palas", einige Wirtschaftsgebäude sowie ein Kapellengebäude.

A.P.

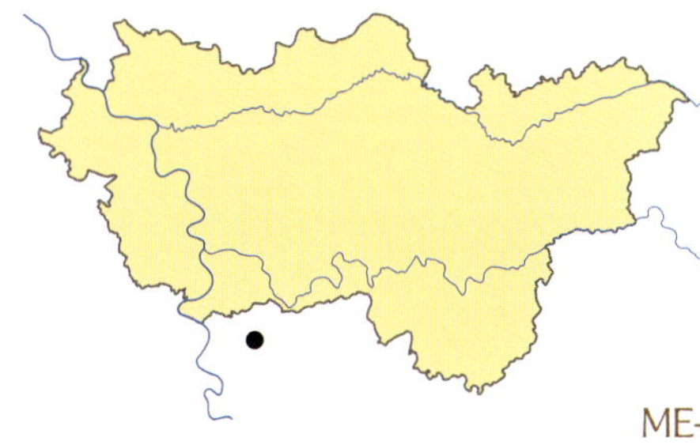

ME-4

Ratingen: Haus zum Haus

Eigentlich ein ungewöhnlicher Name für eine Burg, aber der Name der Herren vom Haus ist urkundlich belegt: 1220 wird in einer Urkunde ein Minister Namens Theodoricus vom Haus – *de domo vam huys* – erwähnt. Doch bereits seit dem 8. Jahrhundert soll es an dieser Stelle Befestigungen gegeben haben, denn der Übergang an der Anger, hier in Ratingen, war ein strategisch wichtiger Knotenpunkt zweier vorgeschichtlicher Wegverbindungen.

Für die Zeit von 1168 bis 1190 wird der Erzbischof von Köln Allod von Henricus als Besitzer des Anwesens vermutet. Wahrscheinlich handelte es sich hier um ein kleines Turmhaus, umgeben von einem Wassergraben; die Wirtschaftsgebäude lagen im Bereich der heutigen Vorburg – so oder so ähnlich mag es um 1200 ausgesehen haben. Allerdings zerstörte ein Brand die gesamte Anlage; das anschließend neu errichtet „feste Haus" war bedeutend größer als die alte Turmanlage.

Wie auf fast allen Gütern wechselten auch hier im Laufe der Jahre die Lehnsnehmer: im Jahre 1447 erhielt ein gewisser Johann vom Haus, der Marschall der Grafen von Berg, die Genehmigung das Haus zu einem Rittersitz auszubauen. Die nachgewiesene rechteckige Ringmauerburg mit großer Grabenanlage ist sicher seiner Bautätigkeit zuzuschreiben; ebenso wie die ummauerte Vorburg mit ihren Wirtschaftsgebäuden.

Neben weiteren baulichen Veränderungen, brachte ein anderer Besitzer – Freiherr von Horst – die Eisenanker am Burghaus an.

Eine vage Ahnung davon, wie es damals ausgesehen haben mag, gibt eine Beschreibung aus dem Jahre 1684, in der zu lesen ist, dass zu dem Anwesen ein Rentmeisterhaus, Pferdeställe, ein Kuhstall, ein Backhaus, ein Schafstall und Scheunen gehörten. Zur Kernburg gehörten ein steinernes Wohnhaus, vier Türme, ein kleiner und ein großer Garten, eine Bleiche, ein Blumengarten und drei Beigärten, allesamt umgeben von Wasser.

Diese Beschreibung belegt, dass auch das Haus zum Haus, wie viele Burgen im 16./17. Jahrhundert, zu einem repräsentativen Stammhaus umgestaltet wurde. Besitzer zu dieser Zeit war die Familie der Freiherren von Zweiffel und das Haus wurde als freiadliger Sitz und Erbgut bezeichnet. Dann im Jahre 1768 erwarben die Erben von Bawir zu Frankenberg die Burg, die seitdem nur noch von Pächtern bewohnt wurde.

Im 19. Jahrhundert, als landwirtschaftlicher Pachthof genutzt, verfielen Teile der Burg und der Graben wurde verfüllt.

Im Jahre 1972 wurde die Anlage verkauft und eine grundlegende Sanierung vorgenommen – mit einer vollständigen Rekonstruktion der Wassergräben. Über die Vorburg ist die rechteckige, wasserumwehrte Kernburg zu erreichen und an einigen Stellen sind sogar noch Reste der ehemaligen Ringmauer aus dem 15. Jahrhundert zu erkennen. Die Burg wird gegenwärtig gewerblich, zu Wohnzwecken sowie von einer Stiftung genutzt und kann von außen besichtigt werden.

Wie um viele Burgen rankt sich natürlich auch um „Haus zum Haus" eine Sage.

So sollen in dem dicken Südwestturm die Heinzelmännchen gehaust und über Nacht alle Arbeit in der Burg erledigt haben. Doch einer der Burgvögte hörte eines Tages von einem Goldschatz, den die Heinzelmännchen hüten würden, er fing sich die kleinen Wichte und kochte sie in einem Dreibeinkessel, um von ihnen ein Geständnis zu erpressen. Doch die Heinzelmännchen verrieten nichts und nach dieser schnöden Behandlung machten sie sich aus dem Staub und alle mussten ihre Arbeiten wieder selbst verrichten.

C. V.

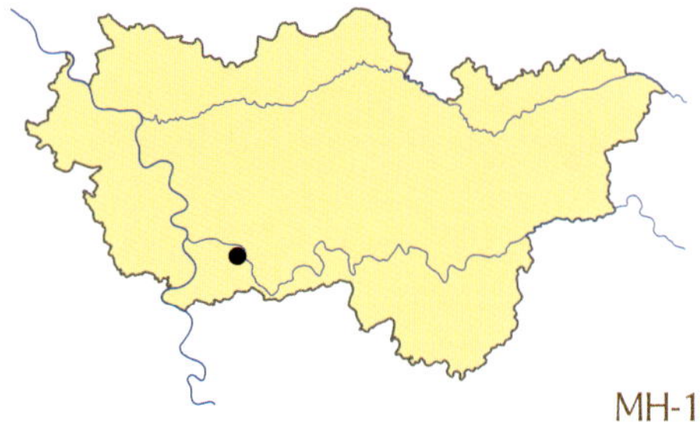

MH-1

Mülheim/Ruhr: Burg und Schloss Broich

Am 8. Tage des Oktobers AD 1659

Ich bin zur Jagd ausgeritten gen Styrum, wo ich meinen Schwurbruder Moritz von Limburg-Styrum überreden konnte, mit mir zu reiten. Zum Schmaus und Trunk gingen wir zum Abt von Hamborn, der uns aufs Köstlichste bewirtete. Über dieses Mahl sind wir in Streit geraten, wobei ich zugeben muss, dass der Wein mir meine Sinne trübte. Jugendlicher Eifer führte dazu, dass sich mein Gemüt erhitzte. Als sich dann der feige Graf anschickte, sich vor einer Aussprache zu drücken und eilends die Flucht ergriff, bin ich mit wallendem Blute ihm nach. Um die Sache aus der Welt zu schaffen, forderte ich ihn auf, abzusitzen und sich mit mir zu duellieren, wie es sich unter Männern geziemt. Darauf zog Moritz seine Pistole und bedrohte mich mit diesem feigen Mordinstrument. Allerdings schien es, als hätten ihn unsere Begleiter zur Vernunft gebracht, denn er meinte, wir sollten unseren Streit auf später vertagen und lud mich auf Schloss Styrum ein. Dieser Verräter! Denn als ich nichts Böses ahnend neben dem Heuchler ritt, zog er abermals seine teuflische Waffe, setzte sie mir auf die Brust und beförderte mich ins Totenreich! Nie werde ich diesem Hund verzeihen!

So könnte ein Tagebucheintrag Carl Alexanders von Daun-Falkenstein gelautet haben, sofern er nach seinem Tod noch einen hätte verfassen können. Da dies jedoch aus gegebenen Umständen nicht möglich war, bleibt uns leider nur, auf die Überlieferungen zu schauen und uns selbst ein Bild von den Streitigkeiten zwischen Broich und Styrum zu machen, die im 17. Jahrhundert herrschten.

Schloss Broich, die Hauptresidenz des hier zu Wort gekommenen Erben von Broich, liegt in Mülheim an der Ruhr oberhalb des Flusses im gleichnamigen Stadtteil gegenüber der alten Stadthalle. Im Hof des Schlosses fällt sofort ein riesiger neuzeitlicher Vorbau auf, der sich vor dem wesentlich älteren Palas erhebt. Eine große Inschrift prangt an dem Gebäude und verkündet das Jahr der Erbauung – 1792. Doch aus welcher Zeit stammt die gesamte Anlage?

Bei Ausgrabungen wurden unter einer Schuttschicht Teile einer älteren Militäranlage entdeckt, deren Reste heute frei liegen. Diese wurden in das 9. Jahrhundert datiert, allerdings ist ein Bezug zu Burg (in späterer Zeit Schloss) Broich nicht nachweisbar. Eine urkundliche Erwähnung findet die Burg erst 300 Jahre später im Jahr 1188.

Die Folgejahre waren weitestgehend durch bauliche Veränderungen und militärische Konflikte geprägt. Im 15. Jahrhundert wurden Wirtschaftsgebäude errichtet, die aber im 18. Jahrhundert wieder abgerissen wurden. Heute zeugen nur noch ausgegrabene Sockelmauern auf dem Burghof von diesen Gebäuden.

Militärische Auseinandersetzungen gab es zum Beispiel im Jahre 1240 wie auch mehrfach in der Mitte des 15. Jahrhunderts. Herauszuheben ist die Belagerung im Jahre 1443 während der Soester Fehde, in diesem Jahr wurde die Burg zu großen Teilen zerstört und der Bergfried in der Folge abgerissen.

Den Wandel von einer Festung zu einem repräsentativen Schloss leitete aber erst das Jahr 1598 ein. Nachdem die Burg von spanischen Truppen kurzzeitig eingenommen worden war, baute Wirich von Daun-Falkenstein die Anlage von 1644–48 zu seiner Residenz um. In der Mitte des 20. Jahrhunderts wurde auch der letzte Bau Wirichs südlich des Schlosses – ein Torhaus – abgerissen. Neben den Baumaßnahmen Wirichs waren für das 17. Jahrhundert vor allem die Streitigkeiten Broichs mit dem Nachbarn Styrum bezeichnend. Deutlich zeigt dies die bereits erwähnte Ermordung Carl Alexanders zu Broich, durch welche der wenige Jahre andauernde Frieden zwischen Broich und Styrum gebrochen wurde.

So kommen wir nun zu dem bereits erwähnten seltsamen Vorbau, der beim Betreten des Burghofe, ob seiner Fremdartigkeit direkt ins Auge springt. Bei dem Anbau vor dem Palas handelt es sich um ein Treppenhaus, das der Inschrift nach Marie Luise Albertine von Hessen-Darmstadt im Jahre 1792 errichten ließ. Eine der letzten baulichen Veränderungen fand noch Ende des 19. Jahrhundert statt, als Eduard Stoecker sich eine Villa auf dem zur Ruine verkommen Innenhof errichtete und, um eine bessere Aussicht auf die Ruhr zu haben, einen beträchtlichen Teil der Ringmauer abtragen ließ. Die Villa bestand jedoch nur knapp 100 Jahre, da sie bei den Restaurationsarbeiten, die sich an die Grabung anschlossen, wieder komplett entfernt wurde.

Heutzutage ist das Schloss in das Gelände der Mülheimer Landesgartenschau eingegliedert.

R.K.

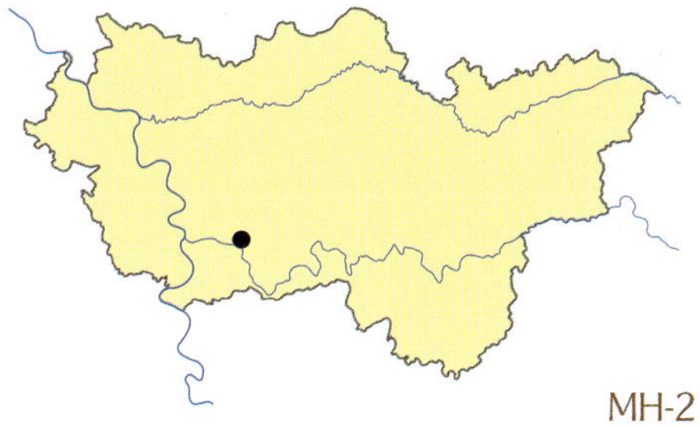

Mülheim/Ruhr: Schloss Styrum

Am 8. Tage des Oktobers AD 1659

Heute ereignete sich ein Unglück, das seinesgleichen sucht.

Das Schreckliche geschah, kurz nachdem ich mit dem mir befreundeten Carl Alexander beim Abte von Hamborn gespeist hatte. Darauf waren wir in Streit geraten. Um weiteres Unglück zu verhindern, sollte ich abreisen. Jedoch kam mir der Unselige hinterher und feuerte im trunkenen Zustand mir und meinen Gefährten hintendrein. Ich habe ihn zur Vernunft bringen wollen und mahnte ihn zur Einsicht, als Carl seinen Degen zog und auf seinen Hofmeister losging. Nachdem diese Sache geregelt war, sagte ich dem Grafen Adieu und ritt fort. Als er mir allerdings nachkam, den Degen in der Hand, zog ich meine Pistole, um Dummheiten des trunkenen Grafen zu unterbinden. Jedoch kam dieser nicht zur Einsicht, so dass ich den Broicher Gefolgsleuten sagte, mich träfe keine Schuld, sollte ein Unglück geschehen. Doch das Kind war nicht zu bremsen in seiner Raserei. Als es mir zu nah zu kommen drohte, drückte ich ab. Beschämt ob dieser Tat, ergriff ich die Flucht.

So mag sich das Geschehen – von Styrumer Seite aus betrachtet – ereignet haben. Oder auch nicht. Es bleibt Spekulation, welcher von Beiden nun wen provoziert hatte, nur die Folgen sind bekannt und überliefert. Ein mühsam errichteter Friede zwischen den Herren von Broich und Styrum, deren Hauptsitz wir hier vor uns sehen, wurde auf blutige Weise gebrochen.

Blickt man heute auf den durch spätere Umbauten im 19. Jahrhundert villenartig anmutenden Herrschersitz mit der großen begrünten Parkanlage, so traut diesem wohl kaum jemand zu, ehemals eine wehrhafte Befestigung gewesen zu sein. Oder hätten Sie beim ersten Betrachten der Luftbildaufnahme gedacht, dass die ersten Bauansätze schon in das 13. Jahrhundert fallen?

Schloss Styrum, von dem hier die Rede ist, liegt im Norden der Stadt Mülheim und gehörte im Mittelalter zur Reichsherrschaft Styrum. Es diente in der Neuzeit repräsentativen und administrativen Zwecken, selbst als die Reichsherrschaft ab dem Jahre 1806 nicht mehr bestand. Die erste urkundliche Erwähnung fand Styrum im Jahre 1067, als das Gebiet von König Heinrich IV. an den St.-Suitbertus-Stift in Kaiserswerth verschenkt wurde.

Im Jahr 1225 ereignete sich dann eine Tat, die noch Jahre später die Besitzverhältnisse des Oberhofes Styrum im Unklaren belassen sollten. In diesem Jahr wurde Erzbischof Engelbert von Gefolgsleuten Friedrichs von Isenberg brutal ermordet, wodurch Friedrich seinen gesamten Besitz verlor, darunter das Gebiet Styrum. Es gelang erst 18 Jahre später Dietrich von Isenberg, dem Erben Friedrichs, Teile der alten Besitztümer wiederzuerlangen. Die Rückgewinnung der Besitztümer sollte sich schon im Jahre 1288 bewährt machen, als der Graf von Isenberg-Limburg nach der Niederlage in der Schlacht von Worringen auf den Styrumer Oberhof floh. Anfang des 14. Jahrhunderts begründete Johann I., Enkel von Friedrich von Isenberg, die Limburg-Styrum Linie, die den Oberhof zu einer Burg ausbauen und bis 1809 über das spätere Schloss herrschen sollte. Die Zeit war gezeichnet von Streitigkeiten mit den Nachbarn, den Herren von Broich, deren Höhepunkt die Ermordung des Kronprinzen im Jahre 1659 darstellte.

Viel wichtiger allerdings für die Geschichte des Schlosses und vor allem für den Anblick, den es heute bietet, sind die zahlreichen Umbauten, die vom 14. bis zum 17. Jahrhundert urkundlich belegt sind. Im Jahr 1890 gelangte es in den Besitz von August Thyssen, der das stark heruntergekommene Schloss renovieren und zum Amtssitz für die Direktoren der dort errichteten Wasserwerke umbauen ließ. Schloss Styrum verblieb im Besitz der Familie Thyssen, bis es Ende der Fünfziger Jahre der Stadt Mülheim gestiftet wurde.

Im Jahr 1992 wurden in der Schlosskapelle Veranstaltungsräume eingerichtet. Diese Räume sind heute ein Bestandteil des Wassermuseums »Aquarius«.

R.K.

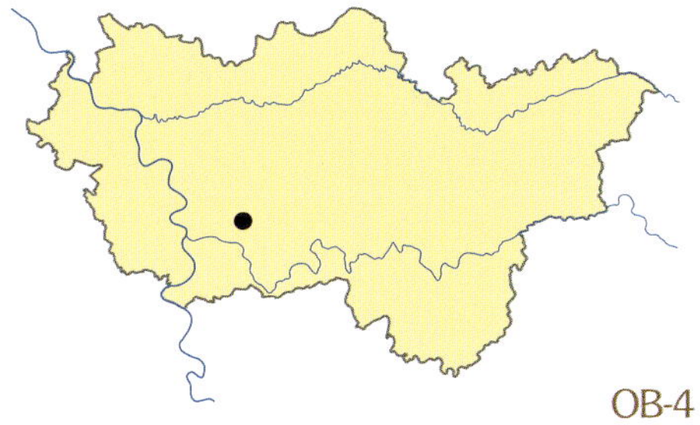
OB-4

Oberhausen: Schloss Oberhausen

Schloss Oberhausen steht in der gleichnamigen Stadt, die dem Schloss ihren Namen zu verdanken hat. Er ist wahrscheinlich auf den Rittersitz Overhus (auch Overhuysen, Averhus) zurückzuführen, welcher aus dem späten 12. oder frühen 13. Jahrhundert stammt. Heute beherbergt das Schloss unter anderem mit der Ludwig-Galerie ein international renommiertes Ausstellungshaus.

Bis 1443 kontrollierte die Wasserburg eine 200 m entfernte Furt durch die Emscher. Im selben Jahr fiel sie an die im klevischen Lehensbund stehende Familie von der Hoven. Um 1615 gelangte sie in den Besitz des Conrad von Boenen. Wegen ihrer Lage an dem wichtigen Emscherübergang wurde die Burg häufig geplündert und besetzt, so auch im Achtzigjährigen Krieg (1568–1648), in dem die Republik der Sieben Vereinigten Niederlande ihre Unabhängigkeit von der spanischen Krone erkämpfte.

Im Jahre 1779 wurde der Burgherr Friedrich Adolf Freiherr von Boenen zu Berge und Oberhaus vom Kaiser in den Reichsgrafenstand erhoben. Er nahm den Namen und das Wappen seiner Ehefrau Wilhelmine Franziska Westerholt-Gysenberg an, die er neun Jahre zuvor geheiratet hatte. Sie war die Erbin von Schloss Berge, wo die Familie fortan residierte, weswegen Schloss Oberhausen zusehends verfiel. Große Teile des Schlosses wurden 1791 abgebrochen. Friedrich Adolf wies im Jahre 1801 seinem Sohn Maxi-

milian Friedrich Graf von Westerholt-Gysenberg, aufgrund seiner unstandesgemäßen Hochzeit mit Friederike Karoline von Bretzenheim, einer illegitimen Tochter des bayerisch-pfälzischen Kurfürsten Karl Theodor, die Burg als Wohnsitz zur Pacht zu. Da es sich aber in der verfallenen Burg nicht standesgemäß wohnen ließ, beauftragte Maximilian Friedrich ab 1803 den Architekten August Reinking, Pläne für den Um- und Ausbau zu einem klassizistischen Herrenhaus vorzulegen. Nach diesen Plänen wurde Schloss Oberhausen zwischen etwa 1804 und 1820/1821 als gräflicher Wohnsitz erbaut und ausgestaltet.

Vierzig Jahre später verlegte die Familie den Wohnsitz nach Schloss Arenfels bei Bad Hönningen. Der landwirtschaftliche Gutsbetrieb wurde 1884 eingestellt und ab 1891 wurde das Schloss vermietet. Fünf Jahre später kaufte die Stadt Oberhausen das westlich vom Schloss gelegene, ehemals fürstliche Jagdrevier und gestaltete es zu einem Volkspark um. Anlässlich des 100. Geburtstags Kaiser Wilhelm I. erhielten die Kaisergärten ihren Namen. Das Schloss selbst wurde 1908 Eigentum der Emschergenossenschaft, die es jedoch schon nach zwei Jahren an die Stadt verkaufte. Im Zweiten Weltkrieg wurden Teile des Haupthauses sowie der Wirtschaftsgebäude zerstört. Diese konnten bis 1952 wieder vollständig aufgebaut werden, während das Hauptgebäude so stark beschädigt war, dass es abgetragen werden musste. Mit Hilfe der Gutehoffnungshütte wurde es bis 1960 nach Reinkings Plänen historisierend wieder aufgebaut, die Innenräume wurden hingegen im Stil der 50er-Jahre ausgestattet. Das Schloss wurde um den im 19. Jahrhundert nicht ausgeführten Nordflügel erweitert.

Die Anlage besteht gegenwärtig aus dem Haupthaus, dem Wirtschaftsgebäude, heute „Kleines Schloss" genannt, sowie dessen Flügelbauten. An der Innenseite des dreigeschossigen Haupthauses befindet sich zwischen zwei kurzen Flügeln das Foyer „Vitrine" mit einer modernen Glas-Stahl-Konstruktion. Gegenüber dem Haupthaus befindet sich das „Kleine Schloss", dem über zwei Rundbögen die ehemaligen Wirtschaftsgebäude angeschlossen sind. Durch diese Konstruktion entsteht zwischen den Gebäuden ein etwa 50 × 50 m großer Innenhof.

A. S.

Castrop Rauxel: Schloss Bladenhorst

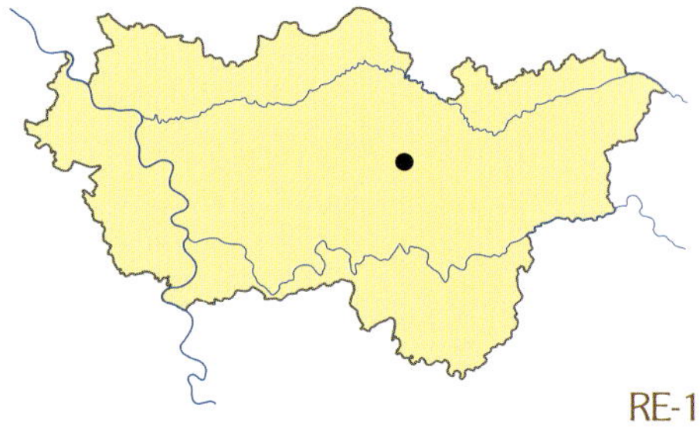

RE-1

Anlagen der Großindustrie, Eisenbahn, Kanäle, all dies ist charakteristisch für den Emscherbogen zwischen Dortmund und Herne. Doch ein altes Gebäude, welches im Sommer nur schwer durch die grünen, belaubten Bäume zu entdecken ist, gibt einen kleinen Einblick in das vorindustrielle Zeitalter. Etwa drei Kilometer nordwestlich der Stadt Castrop-Rauxel, umgeben von Wiesen- und Waldflächen, befindet sich das typisch westfälische Wasserschloss Bladenhorst.

Auch Schloss Bladenhorst wurde im Laufe der Zeit von mehreren Adelsgeschlechtern bewohnt, jedoch ist hier nicht Krieg Ursache des Besitzerwechsels. Warum genau dies geschah, wird im folgenden Text erörtert. Die Anlage, wie sie heute erhalten ist, stammt aus den Jahren 1530–1584, aus einer Zeit, in der sich der Baustil von der mittelalterlichen Burg zur neuzeitlichen, offenen Schlossanlage wandelte. Seine erste Erwähnung fand Schloss Bladenhorst, im gleichnamigen Vorort von Castrop-Rauxel, 1266 in einer Urkunde als Ritterburg derer *von Blamhurst*, die als Gefolgsleute des Grafen Dietrich von Kleve erscheinen. Zu dessen Zeiten war die Anlage ein vierflügeliges Herrenhaus auf einem nahezu quadratischen Grundriss. An den Außenecken standen sechsseitige Wohntürme mit geschweiften Dachhauben.

Um die Burg herum führte ein doppelter Gräftenring, der von einem Wall getrennt wurde. Auf diesem, zwischen den Gräften gelegenen Wall, befand sich eine Wehrmauer. Diese wird an den vier Ecken von Batterietürmen unterbrochen sowie an der Südseite von dem Torhaus, welches das älteste Gebäude ist und ursprünglich als Wehrbau angelegt wurde. Durch dieses konnten die stolzen Ritter ihre gut befestigte Burg betreten. Jedoch nur, wenn die beiden Zugbrücken, die das Torhaus über die erste Gräfte hinweg mit dem übrigen Land und über die zweite innere Gräfte hinweg mit der Burg verbanden, heruntergelassen waren.

Anfang des 14. Jahrhunderts fiel die Burg, des Hauses Bladenhorst, in den Besitz der Ritter von Düngelen.

Nach diesem Adelsgeschlecht, das die Burg dem Grafen von Kleve als Offenburg anbot und sie als Lehen wieder empfing, waren die Edelherren von Viermundt die Regenten im Schloss. Diese Übergabe geschah durch die Heirat der Erbtochter Beatrix im Jahr 1496. Erst jetzt wurde die Burg äußerlich verändert, da sich zu dieser Zeit die ehemaligen Wehranlagen zu offenen Schlossanlagen wandelten. Die beiden Söhne begannen bald nach dem Tod ihres Vaters mit dem Umbau des Schlosses und gaben der Schlossanlage ihr heutiges Aussehen.

1624 ging das Schloss, ebenfalls aufgrund einer Heirat, in den Besitz der adligen Herren von Romberg über. In deren Besitz befand sich das Schloss für 57 Jahre. Als letztes Adelsgeschlecht wohnten dort die Freiherrn von Weichs zur Wenne, die genau wie ihre Vorgänger durch eine Heirat mit der Erbtochter in den Besitz der Anlage gelangten. Das Schloss wurde weiter umgestaltet und erhielt im 18. Jahrhundert zierliche Bogenbrücken, die die Ecktürme über die Gräfte hinweg mit der ehemaligen Wehranlage, die man zu Gartenanlagen umgestaltete, verbanden. Von den Batterietürmen ist nur noch der Südturm erhalten. Seit dem 19. Jahrhundert ersetzt eine steinerne Brücke die beiden Zugbrücken.

1926 kauften die Klöckner-Werke das Schloss. 70 Jahre später erwarb ein privater Investor das Objekt, der bis zu seinem Konkurs im Jahre 2002 umfangreiche Renovierungs- und Restaurierungsarbeiten durchführte. Nach einigen Jahren des Stillstandes unter Zwangsverwaltung wurde das Schloss 2006 versteigert. Der neue Käufer übernahm 2007 das geschichtsträchtige westfälische Wasserschloss mit dem mächtigen Torhaus und setzte die Restaurierungsarbeiten in den nächsten Jahren fort.

Bis das Schloss sein gegenwärtiges Aussehen vorweisen konnte, wurden seit dem 18. Jahrhundert einige Veränderungen vorgenommen. Derzeit befinden sich im Schloss Wohnungen und Büros, es ist somit nur eingeschränkt zugänglich.

A. S.

Herten: Schloss Herten

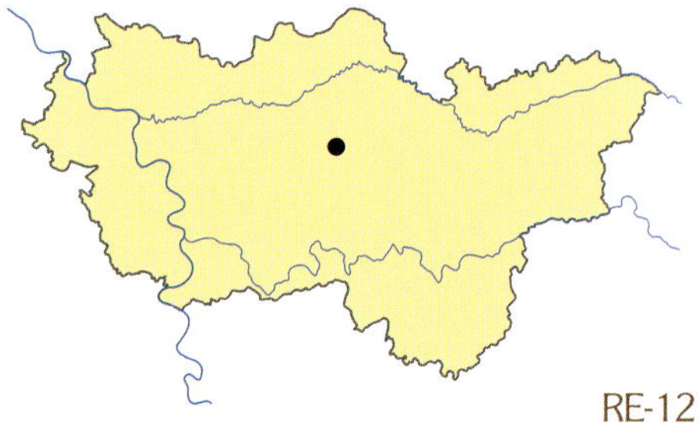

Sicher war es einer der Herren von Nesselrode, der in jener Walpurgisnacht in seinem Schloss saß und hin und her gerissen zwischen Angst und Neugier auf seinen tapferen Jäger wartete. Dieser hatte sich mutig vor Beginn der Geisterstunde zum Paschberg geschlichen und wartete dort mit klopfendem Herzen auf die Mitternachtsstunde.

Das Schloss, von dem hier die Rede ist, liegt am Fuße des Paschbergs – das Wasserschloss Herten. Heute liegt es inmitten eines ca. 30 Hektar großen, alten Englischen Landschaftsgartens in der Nähe Recklinghausens.

Die Hauptburg ist ein auf einer Insel gelegener Ziegelbau – beispielhaft für die Bauweise der Spätgotik. Westlich davon liegt die ebenfalls von einer Gräfte umgebene Vorburg, beide Inseln sind über Zugbrücken miteinander verbunden.

Die Werdener Abtei belehnte damals die Herren von Herten, die bereits im Jahre 1286 Erwähnung finden, mit dem Gut am Paschberg. Dort, wo heute das Schloss zu bewundern ist, errichtete das Rittergeschlecht Mitte des 14. Jahrhundert ein „festes Haus", einen Wohnturm, dessen Relikte noch heute im Gewölbekeller nachweisbar sind. Durch Heirat und Vererbung wechselten in den nächsten Jahrhunderten die Besitzer bzw. Lehnsherren; den Herren von Herten folgten die von Galen und schließlich die Stecke von Leythe.

Im Jahre des Herrn 1529 heiratete die Erbtochter Anna Stecke von Herten den Erbkämmerer des Herzogtums Berg Bertram von Nesselrode. Der politisch offenbar bedeutsame Mann – von 1539 bis 1556 war er kurkölnischer Statthalter im Vest Recklinghausen – setzte den schon vor der Heirat begonnenen Ausbau des Hauses fort. Zeitgenössische Berichte sprechen von einem gewaltigen Bauwerk, Rechteckwall mit Eckbastion – errichtet um die damalige Vor- und Hauptburg – prägten den ausgesprochenen Wehrcharakter des Hauses, von dem noch heute das vierseitig geschlossene Kastell mit Eckpavillon-Türmen erhalten ist.

In einer Umbauphase um 1650 wurde den gestiegenen Ansprüchen nach Wohnlichkeit und Präsentation Rechnung getragen. Die Befestigungsanlagen wurden weitgehend zurückgebaut und es entstand im Ostflügel ein großer Saal, dessen Decke mit mythischen Figuren perspektivisch ausgemalt war. Diese Malerei, die bei den in der Neuzeit durchgeführten Restaurierungsarbeiten wiederentdeckt wurde, aber leider nur noch zur Hälfte erhalten blieb, ist bis heute in Westfalen einzigartig.

Im Jahre 1687 vernichtete ein schwerer Brand Teile des Anwesens, der Wiederaufbau dauerte bis 1702. Seit dieser Zeit ist das Erscheinungsbild der Hauptburg unverändert. Das Schloss Herten hatte eine besondere Bedeutung auch über den örtlichen Bereich hinaus, seine Besitzer waren einflussreiche Männer und hohe Beamte. Freiherr Franz von Nesselrode wurde 1702 in den Reichsgrafenstand erhoben, wodurch er Sitz und Stimme in der Reichsversammlung erhielt.

Bis ins 19. Jahrhundert stellte die Familie fast dreihundert Jahre die Statthalter für das kurkölnische Vest Recklinghausen; Schloss Herten diente ihnen während dieser Zeit als Wohnsitz und Residenz.

Die Unsicherheit der Jahre nach dem Ersten Weltkrieg veranlasste die gräfliche Familie allerdings dazu, das Schloss zu verlassen und 1920 ihren Wohnsitz endgültig zu verlegen.

Seitdem war das Anwesen weitgehend unbewohnt und verfiel zusehends. Der Bergbau tat sein Übriges; Risse im Gebäude, entstanden durch die Verformung des Bodens und die veränderte Wasserführung der Gräfte, drohten das hölzerne Fundament zu schwächen, was zu einem Einsturz des Gebäudes geführt hätte.

Bereits in den 1960er Jahren wurden dann erste Schritte zur Sicherung des Gebäudes veranlasst, es sollten aber noch einige Jahre vergehen, bis durch die Initiative des Landschaftsverbandes Westfalen-Lippe nach der aufwendigen Restaurierung von 1974 bis 1989 wieder eine sinnvolle Nutzung realisiert werden konnte.

Heute bildet das Schloss den stilvollen Rahmen für hochkarätige Konzerte, viele Ausstellungen und kulturelle Veranstaltungen.

Doch wie ist es denn nun unserem tapferen Jäger ergangen?

Er saß in seinem Versteck und wartete; würde es wie in den vergangenen Walpurgisnächten wieder dieses gleißende Licht geben, das Schlag ein Uhr erlosch?

Die Mitternachtsstunde nahte und tatsächlich: Schlag zwölf fuhr eine gleißende Helle aus der Erde, starr vor Schreck schloss der mutige Jäger die Augen. Als er sie wieder auftat, sah er mitten in der „Kuhle" ein loderndes Feuer; Hexen ritten auf ihren Besenstielen umher und tanzten mit schwarzen Teufeln; durch das Feuer reichte Luzifer selbst einer großen Hexe die Hand. Ein Knacken im Gebüsch ließ den entsetzten Jäger aufblicken, er sah in die schaurige Fratze eines grinsenden Teufels, der seine Hand nach ihm ausstreckte. In seiner Angst rief er die Mutter Gottes an und mit einem Schlag war der Spuk vorbei. Wie vom Teufel persönlich gehetzt lief er den Berg hinab zum Schloss, wo er seinem Herren – dem Grafen – stammelnd Bericht erstattete. Als der Graf später zu Bett gehen wollte, warf er noch schnell einen prüfenden Blick aus dem Fenster und sah in seinem Schlosspark große schwarze Wölfe umherschleichen, sofort nahm er seine Büchse zur Hand und schoss. Auf der Stelle waren die gespenstischen Tiere verschwunden. Am nächsten Morgen, als man den Jäger wecken wollte, war dieser verschwunden, und niemand wusste wo er geblieben war. Die Wölfe wurden nie wieder gesehen und auch der Spuk in der „Hexenkuhle" hat seitdem ein Ende.

C. V.

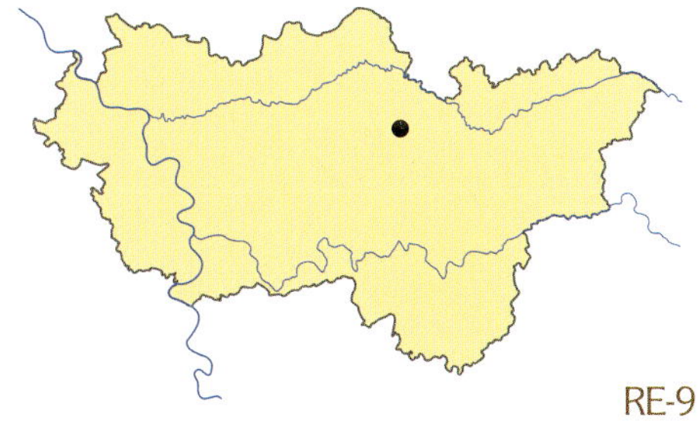

Datteln: Die Horneburg

Die Horneburg, eine der wichtigsten Burgen im Vest Recklinghausen, wird mit der Familie von Hardenberg in Verbindung gebracht, deren Besitzanspruch für das Jahr 1332 beurkundet ist.

Der Besitzer der Anlage war Engelbertus, Priester der Ortschaft Oer, bis sie im Zuge des Krieges zwischen dem Erzbischof Friedrich und Engelbert von der Mark 1337 zerstört wurde. Nachdem sie in den Besitz des Ritters Heidenreich von Oer übergegangen war, wurde die Burg wieder aufgebaut. Dabei entstand eine kleine Siedlung, die so genannte Freiheit, die südlich der Vorburg wieder angelegt wurde. Die Freiheit, mit eigenem Wall und Graben, besaß besondere Rechte, denn es gab einen Bürgermeister und es existierte eine Selbstverwaltung. Eine Burgkapelle von 1390 und ein Ziegelofen von 1395 weisen daraufhin, dass Heidenreich von Oer die Horneburg stetig weiter ausbauen ließ.

Der Sohn des Ritters, der ebenfalls den Namen Heidenreich von Oer trug, wurde 1410 vom Erzbischof Dietrich von Köln unterworfen und schließlich von der Burg vertrieben. Er hatte versucht, mit königlicher Hilfe die Hochgerichtsbarkeit im Bereich der Horneburg zu erlangen, dies wollte das Erzbistum Köln verhindern. Im Jahre 1431, nachdem die Burg schon dem Bischof gehörte, gab die Familie von Oer ihren gesamten Besitz im Recklinghausener Vest auf. Die Bürger der Freiheit hatten allerdings keine Einschränkungen zu befürchten. Ihre einzige Verpflichtung gegenüber dem Bischof bestand

darin, dem neuen Burgherrn, sobald er sich ankündigte, die Burg herzurichten und den Gefolgsleuten des Bischofs in ihren Häusern einen Schlafplatz zur Verfügung zu stellen.

Nach dem Ende der weltlichen Herrschaft des Erzbistums Köln konnten die Herzöge von Arenberg die Horneburg ihr Eigen nennen. Diese nahmen einige bauliche Änderungen vor, so dass nur noch der Ostflügel in seiner ursprünglichen Form erhalten blieb. Die restlichen Gebäude ließen sie abreißen. Zur weiteren Geschichte Horneburgs gehören mehrere Hexenprozesse, die in den Jahren 1588 bis 1590 stattfanden. Es ist bezeugt, dass in der Horneburg der Sitz des Vestischen Kriminalgerichts und Gefängnisses tagte.

Die Hauptburg wurde 1646 von den Schweden zerstört und im Folgenden nicht mehr aufgebaut. Nach dem Dreißigjährigen Krieg wurde nur die ehemalige Vorburg wieder errichtet, welche das heute zu sehende Herrenhaus ist. Seit 1921 gehört die Horneburg dem Kreis Recklinghausen, der aufgrund der neuen Nutzung die Burg abermals umbauen ließ. Die Anlage wird für das Freizeitangebot des Förderschulinternates zur Verfügung gestellt. Allein einzelne Fragmente der östlichen Vorburg blieben erhalten.

Ausgrabungen aus dem Jahre 1927 legten das Areal und die Hauptburg frei und machten eine fast quadratische Umfassungsmauer mit Schießscharten und an die Mauer angelehnte Gebäude ausfindig. Die Gebäudeanordnung der Horneburg auf einer Aquarellzeichnung von 1803 erinnert eher an einen Barockgarten, der um einen großen Hof angelegt wurde. So wird der Wandel von einer mittelalterlichen Burg zu einem neuzeitlichen Schloss deutlich.

C. K.

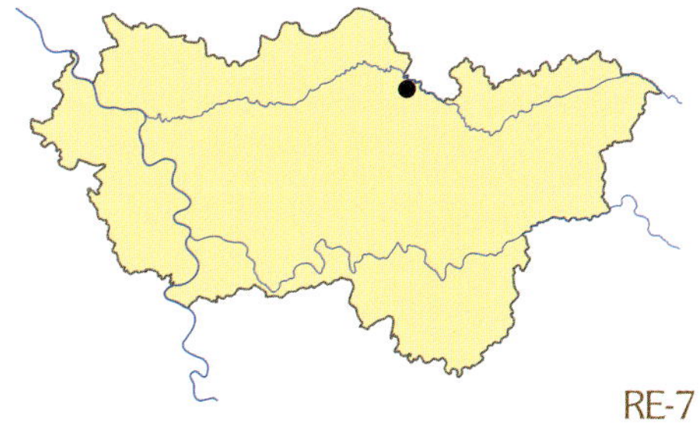

RE-7

Datteln: Schloss Vogelsang

Haus Vogelsang, ein Name der heutzutage an einen Park erinnert, an Frühling oder auch an ein buntes Vogelhaus, wirkte schon im 14. Jahrhundert anziehend auf seine Herren. Um so verwunderlicher erscheint es, dass diese es dort nie lange aushielten. Möglicherweise hat sie ja der Geruch vertrieben, denn der Name Vogelsang geht auf die beiden Worte *ful*, was soviel wie faul oder morsch bedeutet, und *sang*, das auf hochdeutsch sengen bezeichnet, zurück. Damit bezeichnet Vogelsang einen faulenden, stinkenden, versengten Ort, oder, um es kurz zu machen, ein Haus, das nach einer Brandrodung im Sumpf errichtet wurde.

Aber weshalb sollte man sich ein Haus im Sumpf errichten? So schön der Name „Haus Vogelsang" auch klingen mag, diente es reinen Wohnzwecken? Dabei ist die Bezeichnung „Haus" ein wenig irreführend. Es handelt sich um eine Wasserburg aus dem Mittelalter. Diese Befestigung liegt im Gebiet Recklinghausens und diente, wie Haus Ahsen oder die nicht weit entfernte Mahlenburg, als Befestigungsanlage des Lippegebiets.

Von der ersten Bauphase der Befestigung ist jedoch nicht mehr viel erhalten. Allein die Fundamente konnte man auf der kleinen Insel auffinden, die in der Mitte des Sees liegt. In einer zweiten Bauphase wurde eine Vorburg um den See errichtet, die wiederum durch einen Wassergraben vor feindlichen Angriffen geschützt war. Wie der See, so wird auch

der Wassergraben durch Umleitung des Klostener Mühlenbachs mit Frischwasser beliefert. Als Zugang zu der Wasserburg wurden Reste einer Brückenkonstruktion entdeckt, welche die Menschen trockenen Fußes ins Innere der Anlage brachte.

Wie schon angemerkt wurde, wechselten seit dem 14. Jahrhundert die Herrschaften, die über diese Brücke in die sich in ihrem Besitz befindende Anlage gelangten. So gehörte die Wasserburg vormals dem Konrad von Rechede, der selbst 1331 seine erste urkundliche Erwähnung fand. Der Name „Vogelsang" kann allerdings erst mehr als 40 Jahre später belegt werden. Weitere wichtige Familien, die im Laufe der Zeit Haus Vogelsang besucht haben, waren zum einen die Familie Sobbe, die es von der Mitte des 14. Jahrhunderts bis in das 16. Jahrhundert in ihrem Besitz hatte, zum anderen die Familie von Brabeck, deren letzter Burgherr 1822 verschied.

Die letzten größeren Umbauten, die der Anlage ihr heutiges Gesicht gaben, fanden im 19. Jahrhundert statt, als in der Anlage ein katholisches Jugendheim eingerichtet wurde.

In den Innenräumen gab es nur noch später eine Renovierung, als die Räumlichkeiten zu Büroräumen umfunktioniert wurden. Noch heute sind sie in eben diesem Zustand und dienen der HVG, der Haus Vogelsang GmbH, als Residenz. In sich zeigt die Geschichte Haus Vogelsangs doch eine erstaunliche Entwicklung. So wurde aus der einstigen sumpfigen Brandrodung ein Sitz für Grünflächenmanager.

R. K.

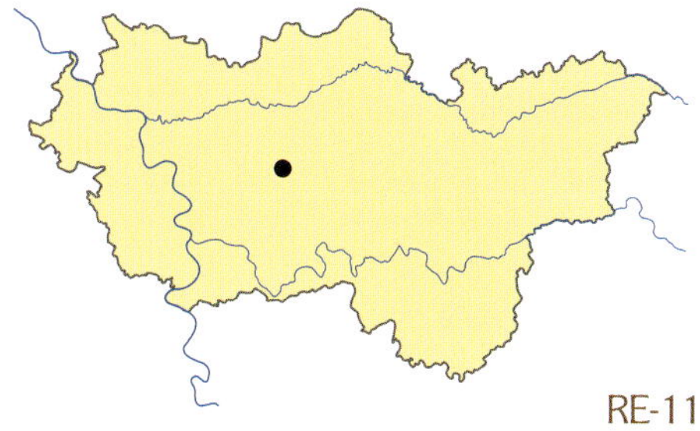

RE-11

Gladbeck: Schloss Wittringen

Macht, Prunk und Ritter, die in prächtigen Rüstungen über die Zugbrücken ritten, um zum Herrn des Hauses zu gelangen, all das konnte sich der Besucher um 1925 sicher nicht vorstellen, wenn er vor dem stand, was ihm da als „Wasserschloss Wittringen" präsentiert wurde.

Und sicher wäre in nur wenigen weiteren Jahren auch der letzte Rest des ehemaligen Rittersitzes verschwunden, wenn nicht die Stadt Gladbeck begonnen hätte, diesen wieder herzustellen.

Wann die erste Anlage entstanden ist, kann heute leider nicht mehr genau ermittelt werden, allerdings wird vermutet, dass ein Vorgängerbau an anderer Stelle errichtet war; auf dem Hof Ellinghorst ist ein umgräfteter Spieker nachgewiesen worden. Ob dies aber tatsächlich der Vorgänger des Hauses Wittringen war, bleibt im Dunkeln.

Anhand des Grundrisses –zwei umgräftete Inseln – lässt sich durchaus ein Vergleich mit anderen Häusern dieser Art herstellen und es ist möglich, auf eine Baufolge zu schließen.

Als erstes wurde wahrscheinlich auf der heutigen Vogelinsel ein Wohnturm errichtet, auf der größeren Insel entstand die Vorburg, umgeben von einer starken Umwehrungsmauer, beide Inseln waren durch Pfahlbrücken miteinander verbunden. Ausgrabungen, die 1926 von Richard Korn durchgeführt wurden, brachten im Gewölbe Spuren dieser Bebauung zu Tage.

Eine erste Erwähnung der adeligen Familie „von Wittringen" findet sich in einer Urkunde aus dem Jahr 1263, die einen Ritter namens Ludolfus de Witteringe nennt. Dieser gilt als der wahrscheinliche Erbauer der einstigen Burg. Ludolfus de Witteringe entstammte dem Geschlecht derer von Horst (Horst-Emscher), das wiederum seinen Ursprungssitz auf der Burg Altendorf – heute Essen-Burgaltendorf – am südlichen Ufer der Ruhr hatte.

Im Jahre 1394 wird Heinrich von Brabeck, auch Brachtbecke – genannt „von Wittringe" – als Besitzer der Burg erwähnt. Die drei Wolfsangeln aus dem Brabecker Familienwappen führt noch heute die Stadt Gladbeck in ihrem Wappen.

Ab 1438 belehnte Herzog Adolf von Kleve nach dem Tod des Heinrichs von Wittringen dessen Schwiegersohn Ernst von Oeffte mit der einen Hälfte von Wittringen und gab die zweite Hälfte an Heinrichs Bruder.

Dieser veräußerte dann 1447 seine Hälfte an Konstantine von Oeffte, womit sich der gesamte Besitz nun in den Händen derer von Oeffte befand. Etwa Mitte des 16. Jahrhunderts ging die gesamte Anlage als Verlobungsgeschenk auf das Rittergeschlecht von der Capellen über, auch wenn die

Hochzeit niemals stattfand, verblieb das Anwesen etwa 150 Jahre in deren Besitz.

Der Dreißigjährige Krieg ging auch an Wittringen nicht spurlos vorüber; 1642 wurde es von hessischen Söldnern gebrandschatzt. Das damalige Herrenhaus wurde jedoch anschließend als zweistöckiges Fachwerkhaus wieder aufgebaut. Anfang des 18. Jahrhunderts kam Wittringen in den Besitz der Familie Vittinghoff-Schell. Deren Nachfahre, Freiherr Friedrich von Vittinghof-Schell, veräußerte Wittringen mit den umliegenden Ländereien und dem Waldbesitz im Jahre 1922 für 3,75 Mio. Mark an die Stadt Gladbeck, die das Anwesen grundlegend sanierte. Im Zuge der Arbeiten wurde das Herrenhaus nach alten Plänen aus dem Archiv des Schlosses Hugenpoet wieder in seinen Ursprungszustand versetzt. Die ehemalige Scheune wurde abgerissen, um Platz zu schaffen für das heutige Hauptgebäude im Stile der niederrheinischen Renaissance.

Der historische Fachwerkbau beherbergt seit 1928 das Museum der Stadt Gladbeck mit naturkundlichen, bergbau- und stadtgeschichtlichen Sammlungen. Im neuen Gebäude hat ein Restaurantbetrieb Platz gefunden.

Die Vogelinsel am Wasserschloss eröffnete nach einem gänzlichen Umbau 2005 erneut ihre Pforten und zeigt Papageienvögel und andere Exoten. Direkt davor befand sich bis 2004 ein Schlossanbau mit einem kleinen Schauaquarium, das ersatzlos abgerissen wurde.

C. V.

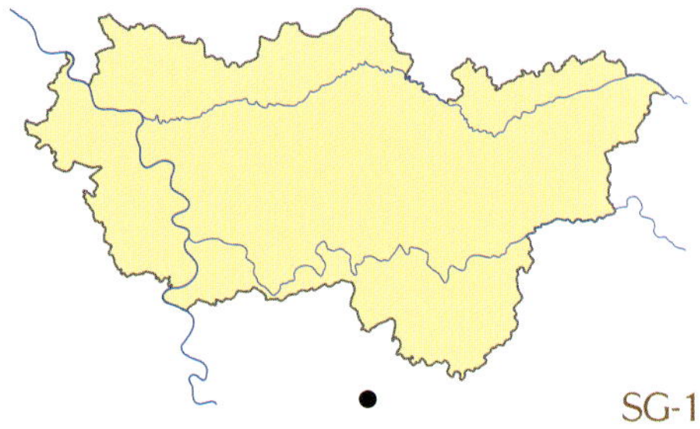
SG-1

Solingen: Schloss Burg

Der Name dieses Anwesens gibt schon zu Beginn ein Rätsel auf: Schloss Burg. Was ist es denn nun, ein Schloss oder eine Burg? Doch keine Sorge, dieses Wortspiel wird sich im Laufe der Geschichte auflösen.

Steile, schroffe Felswände, so präsentiert sich der Bergsporn oberhalb der Wupper dem aus Richtung Solingen kommenden Besucher und noch heute ist nachvollziehbar, warum die Herren von Berg ihr Anwesen gerade hier errichtet haben, nur aus einer Richtung, aus Osten, ist die Anlage samt der Handwerkersiedlung in der Vorburg zu erreichen.

Wir befinden uns im „Bergischen Land" und auch diese Bezeichnung ist sicherlich mehrfach zu deuten: waren es die Herren von Berg, die dieses Fleckchen Erde so prägten, dass sie ihren Namen dafür hergaben, oder war es die Topografie der Landschaft, die diese Bezeichnung entstehen ließ?

Es wird gesagt, die Grafen von Berg kommen aus dem „Dunkel" der Geschichte, allerdings ist nicht die Geschichte dunkel, unsere Kenntnis darüber liegt im Dunkeln.

Im Jahre 1068 wird in Urkunden erstmals der Name „*de Monte*" erwähnt. Das Geschlecht derer von Berg ist zu Beginn im Deutzgau bei Köln nachgewiesen. Wann Graf Adolf I.

von Berg das Deutzgau verließ, um an die Wupper zu ziehen, ist unbekannt, die Burg oberhalb der Wupper wird erstmals im Jahre 1150 urkundlich erwähnt.

Damit die Grafschaft, nach dem Tod Adolf III. nicht an die eingeheirateten Limburger fiel, übernahm, wenn auch nicht ganz rechtmäßig, Engelbert II. von Berg – Erzbischof Engelbert I. von Köln – im Jahre 1218 dieses Erbe. Dies brachte ihm natürlich nicht gerade Ruhm und Ehre ein und wie die Geschichte zeigt, rächt sich diese Amtseinnahme später.

Engelbert war es jedoch, der zum einen den Herrschaftsbereich derer von Berg erweiterte und zum anderen die Anlage zu einer gut befestigten Repräsentationsburg ausbaute.

Er würde heute durchaus als erfolgreicher Manager gelten, denn bereits 1216 war er Erzbischof zu Köln und zugleich Herzog von Westfalen, außerdem übte er das Amt des Reichsverwesers für den Staufenkaiser Friedrich II. aus. Sein Wirken endete jedoch abrupt am 7.November 1225; Neid, Missgunst, Hass und Familienstreitigkeiten gipfelten in seiner Ermordung bei Gevelsberg.

Doch nun kamen endlich die Limburger zu ihrem Recht und Heinrich IV. von Limburg wurde, wie schon 1218 gefordert, Herr von Berg; mit ihm hielt der doppelschwänzige limburgische Löwe Einzug in das Wappen der Berger und wurde somit zum bergischen Löwen.

In die Amtszeit Adolf V. von Berg fiel die letzte große und mit Abstand blutigste Schlacht im Mittelalter, die Schlacht von Worringen. Am 5. Juni 1288 besiegte Adolf V. mit seinen bergischen Bauern und seinem noch heute bekannten Schlachtruf *„Hya, Berge romerijke!“* (Hoch, ruhmreiches Berg!) den gegnerischen Erzbischof. In Gedenken an diese Schlacht erhob Adolf V. am 14. August 1288 Düsseldorf zur Stadt.

Durch die Entwicklung neuer Kriegstechniken im 14. Jahrhundert wurden Burgen nach und nach nutzlos, so auch die Burg an der Wupper. Doch wie viele andere Burgen in dieser Zeit wurde sie nicht einfach aufgeben, durch ihre schöne, waldreiche Lage an der Wupper wurde sie fortan als Jagdschloss und Festort genutzt. Der Begriff Burg wurde unmodern und durch den Begriff Schloss ersetzt, da jedoch die innerhalb der Burgmauern bestehende Handwerkersiedlung schon damals den Namen Burg führte, entstand so der heutige Name „Schloss Burg".

Die nächsten wechselvollen Jahrhunderte gingen auch an diesem Anwesen nicht spurlos vorüber. Nachdem es im 19. Jahrhundert vollends zur Ruine verkommen war, ist es dem Schlossbauverein zu verdanken, dass das Anwesen samt Museum heute zu besichtigen ist.

Natürlich gibt es auch hier wie für viele Burgen im Lande eine Sage:

Das Gottesurteil zu Burg an der Wupper

Unterhalb von Schloss Burg an der Wupper auf der linken Flussseite liegt ein weißer Stein; dieser Stein ist nicht natürlich von dieser Farbe, jemand trägt von Zeit zu Zeit weiße Pigmente auf. Er kennzeichnet die Stelle, an der sich der Sage nach Folgendes zugetragen haben soll:

Der Graf von Berg hielt einst eine Gerichtsverhandlung in der Burg ab. Als die Schöffen um ihn versammelt waren, trat Engelbrecht von Boldenberg auf und beschuldigte den anwesenden Schöffen Ritter Gerhard von Steinbach des Mordes und Verrats; er habe den Ritter Gerlach von Scherven im Schwelmer Walde heimlich überfallen und meuchlings ermordet.

Voll Grimm erhob sich der Beschuldigte, wies die Anklage mit Entrüstung zurück, mit der Versicherung, seinen Gegner im ehrlichen Zweikampf besiegt zu haben. Aber der Kläger führte nach altem Brauch entsprechend seine Zeugen vor, welche seine Aussagen beschworen. Die Folge war, dass Gerhard der bezichtigten Verbrechen für schuldig erklärt und in Haft genommen werden sollte.

Im höchsten Zorn schwang er sich auf sein Ross, nahm Schild und Speer und forderte Engelbrecht zum Zweikampf auf, dieser aber verweigerte den Kampf mit einem Geächteten.

Da rief Gerhard voll Verzweifelung aus: „Nun bleibt mir denn kein Mittel, Ihr Herren, meine Unschuld vor Euch zu erweisen, so ruf' ich das Zeugnis Gottes selber an!" Dann sprengte er hart an den Rand der Felswand, gab dem sich jäh aufbäumenden Ross die Sporen und stürzte in die Tiefe.

Alles drängte sich an den Abgrund, in der Gewissheit, Ross und Reiter unten zerschmettert zu sehen.

Aber der mutige Ritter saß wohlbehalten auf seinem Ross, das eben die Wellen der Wupper verließ. Hoch hielt der Kühne Schild und Speer in der Hand, von dem Berghang aber stürzten noch Steine und Geröll in die Tiefe.

Auf dem jenseitigen Ufer wandte sich der Ritter um und rief, auf seinen Pfad deutend: „So mag, was dort grünet verdorren und immer dort kein Halm sprießen, auf das ein ewiges Mal bleibe zum Gedächtnis, wie Gott die Unschuld rettet!"

Das Wort erfüllte sich, und bis heute wächst an jener Stelle weder Gras noch Strauch.

C. V.

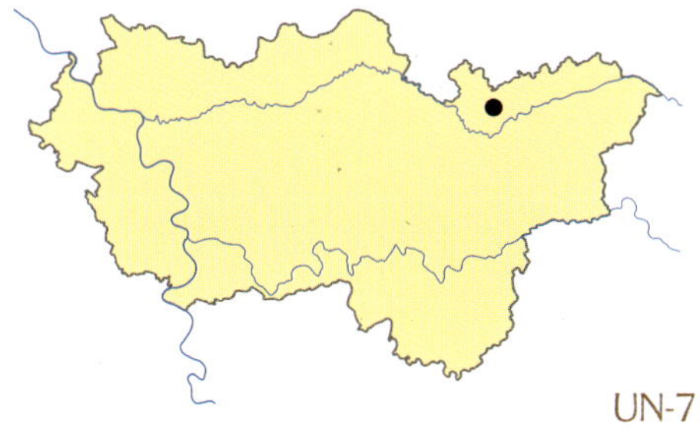

UN-7

Selm: Schloss Cappenberg

Schloss Cappenberg im gleichnamigen Ortsteil der Stadt Selm liegt umgeben vom Cappenberger Wald auf einem Höhenrücken. Es ist eine dreiflügelige barocke Anlage und erscheint auf den ersten Blick wie ein großzügiger adeliger Landsitz aus dem 19. Jahrhundert.

Wenn jedoch der Besucher die Anlage durch das Torhaus betritt, gelangt er in einen schönen Park und steht einer großen romanischen Kirche gegenüber. Ein ungewöhnlicher Anblick in einem Schlossinnenhof. Doch wie kam es zu diesem sakralen Bau?

Erstmals wird das Anwesen im 11. Jahrhundert schriftlich erwähnt. Besitzer war Graf Gottfried von Cappenberg, der nach einer Überlieferung das Schloss von seinem Vater übernahm. Dessen gleichnamiger Sohn fasste einen Entschluss, der ausschlaggebend für die Bedeutung des Schlosses war. Zusammen mit seinem Bruder Otto übergab der Graf seinen gesamten Besitz an Norbert von Xanten, dem Gründer des Prämonstratenserordens in Frankreich, zum Zwecke der Klostergründung. Seine ganze Familie trat dieser Gemeinschaft bei. Die junge Frau Gottfrieds, Jutta von Arnsberg, soll nicht gerade begeistert gewesen sein, in so jungen Jahren den Schleier zu nehmen. Ihr Vater Friedrich von Arnsberg belagerte sogar mit seinem Heer Burg Cappenberg. Er verstarb jedoch wenig später und die junge Frau fügte sich ihrem Schicksal. Sie verblieb im Cappenberger Frauenkloster.

War nun der Grund der Stiftung ein rein religiöser Akt oder stand sie doch eher im Zusammenhang mit dem Investiturstreit, im Laufe dessen Graf Gottfried und sein Bruder Otto von Cappenberg im Februar 1121 unter der Führung des Herzogs Lothar mit starker Heeresmacht nach Münster zogen und eine stark zerstörte Stadt zurückließen. Aufgrund des Investiturstreits hätte gegen Graf Gottfried ein Prozess wegen Landfriedensbruch stattfinden können, doch durch die Stiftung und den Eintritt ins Kloster blieb er nach damaliger Gepflogenheit straffrei.

Die kriegerische Dienstmannschaft des Grafen wurde je nach Wohnsitz den Diözesanbischöfen unterstellt. Der mit 105 Ministerialen größte Anteil ging an das Bistum Münster und bildete von da an eine wesentliche Grundlage seiner weltlichen Macht. Der Münsteraner Bischof hätte das Schloss Cappenberg gerne in seinen Wirkungsbereich übernommen, aber jegliche Verhandlungen mit Graf Gottfried scheiterten. Mit dem Eintritt in das Kloster erlosch das Geschlecht der Grafen von Cappenberg. Seine gesamte Grundherrschaft ging

in der Güterausstattung des ersten Prämonstratenserklosters auf deutschem Boden auf.

Zu Beginn war mit dem Männerkloster ein Frauenkloster verbunden, wobei man die juristische Struktur nicht Doppelkloster sondern besser „Annex-Kloster" nennt. 1145 zog der größere Teil der Schwestern in das Kloster Oberndorf bei Wesel, nur wenige blieben in Cappenberg. Ab dem 13. Jahrhundert war das Stift für den Adel reserviert. Das Kloster und die Kirche wurden im Dreißigjährigen Krieg schwer beschädigt und ab 1708 neu aufgebaut, womit dem Schloss sein heutiges Aussehen gegeben wurde. Im Jahre 1802 wurde das Stift aufgelöst und 14 Jahre später erwarb der preußische Reformer und Gegner Napoleons, Karl Freiherr vom Stein, das Schloss und lebte dort bis zu seinem Tod im Jahr 1831. In der bereits anfangs erwähnten romanischen Kirche befinden sich zwei spätmittelalterliche Grabplatten mit der Darstellung Gottfrieds von Cappenberg und der Barbarossakopf, den Kaiser Friedrich I. seinem Taufpaten Otto von Cappenberg schenkte. Dieser übergab ihn dem Stift als Behältnis für die Reliquien Johannes des Täufers.

Heute ist das Schloss ein Ausflugsziel für Weinliebhaber, Kunstbegeisterte, Freizeithistoriker und Wanderer. Schloss Cappenberg befindet sich gegenwärtig im Besitz des Grafen von Kanitz, eines Nachkommens des Karl Freiherr vom Stein.

A. S.

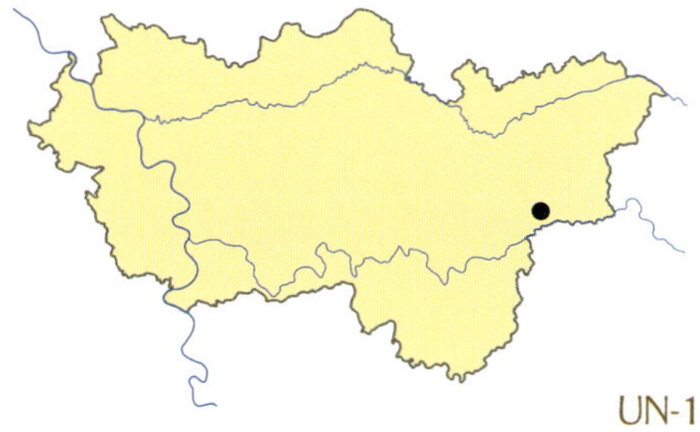

UN-1

Holzwickede: Haus Opherdicke

Aus den Fenstern des Hauses Opherdicke hat man einen weiten Blick über das Ruhrtal. Das Herrenhaus mit seinen Gräften ist das einzige Wasserschloss in Deutschland, das in luftiger Höhe an einem Berghang liegt. Nicht nur die idyllische Aussicht wird im Jahre 1176 Heinrich von Herreke aus der Familie der späteren Grafen von Dortmund dazu bewogen haben, seine Burg über der Ruhr zwischen Schwerte und Unna zu errichten. Direkt vor seiner Haustür verlief mit dem „kleinen Hellweg" eine der wichtigsten Handelsstraßen Westfalens.

Da Heinrichs Ehe kinderlos blieb, überschrieb er die Burg dem Kölner Erzbischof, der ihm diese als Lehen zurückgab. Nach dem Tode Heinrichs übertrug er die Güter Heinrichs Neffen Rembold von Grafschaft, in dessen Familie sie bis zu deren Aussterben im Jahre 1573 blieb. Diese vergab Burg Opherdicke an eine Ministerialenfamilie, die sich nach ihr von *(Op-) Herrike* oder *Herdicke* nannte.

Bedeutendster Vertreter dieses Geschlechtes war Ritter Goswin von Herike († 1359), er war von 1345 bis 1349 Ordensmeister von Livland. Als militärischer Oberbefehlshaber des Deutschen Ritterordens war er im Baltikum äußerst erfolgreich.

Auf die von Herrike folgte im 16. Jahrhundert die Kamener Burgmannenfamilie von Fresendorf als Besitzer der Anlage Opherdicke. Diese teilten sich nach 1540 das Patronatsrecht mit der Familie Lappe zur Ruhr. Um die Besetzung der Pfarr-

stelle kam es 1565 zum Streit zwischen den Lappes und Fresendorfs, der zum Auslöser der Reformation im Kirchspiel Opherdicke wurde. Am 3. Mai 1566 nahm der Lappessche Kandidat das Pfarrhaus mit Gewalt ein und ließ sich durch einen Soester Notar förmlich in das Kirchenamt einsetzen. Daraufhin wurde er vom Kölner Erzbischof exkommuniziert und als Spoilator verurteilt. Infolgedessen traten die Lappes und ihr Kandidat zum Evangelisch Lutherischen Bekenntnis über.

Arnold Heinrich von Fresendorf ließ das Herrenhaus 1683 bis 1687 erneuern. Aus dem Jahre 1755 liegt uns ein Bericht vor, der von einer Inschriftenplatte über der Eingangstür berichtet: *„haeC arX qVIngentos Vna sVb stIrpe per annos fLorens antIqVo stat reparate MoDo"* – „Diese blühende Burg steht von ihrem Ursprung an 500 Jahre und wird in alter Weise erneuert". Bei dieser Inschrift in Form eines Chronostichons sind die Großbuchstaben als römische Zahlen zu lesen. Addiert man diese, so erhält man die Jahreszahl 1683, das Jahr des Baubeginns. Vom Datum der Fertigstellung des Hauses künden die eisernen Maueranker an der Hoffront, welche die Jahreszahl 1687 bilden.

Im Jahre 1719 verkaufte die Familie von Fresendorf Haus Opherdicke an die Familie von Hane aus dem Hause Werve, die es Ende des Jahrhunderts ihrerseits an die Freiherrn von Lilien weitervererbte. Die neuen Besitzer wurden jedesmal umgehend vom Kölner Erzbischof mit dem Besitz belehnt. Unter Joseph Michael Freiherr von Lilien kam es Mitte des 19. Jahrhunderts zum weitgehenden Neubau des Wirtschaftshofes. Auch am Haupthaus nahm man Veränderungen vor. Nach 1906 wurde der Besitz teilweise parzelliert; das Restgut erwarb 1819 die Gutsbesitzerfamilie Regenbogen aus Dortmund-Huckarde. Seit 1980 ist Haus Opherdicke Eigentum der Stadt Unna, die es nach umfassender Restaurierung als Kulturzentrum und Tagungsstätte nutzt.

A. v. O.

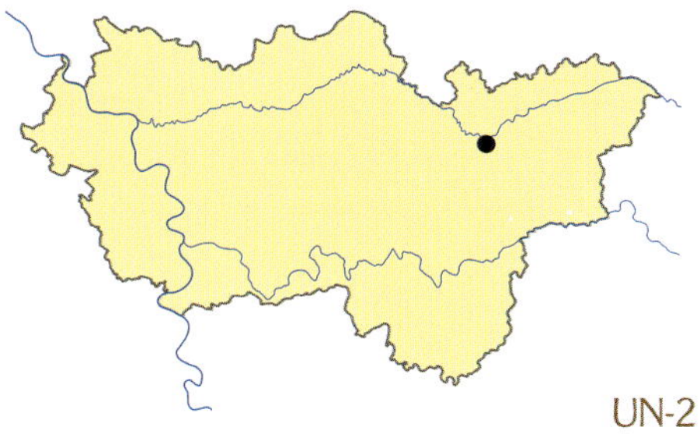
UN-2

Lünen: Schloss Schwansbell

Fast immer, wenn man durch den Park um Schloss Schwansbell wandelt, liegt ein Nebel über den alten Gräften. Dabei soll es nicht mit rechten Dingen zugehen, es heißt gar, der Teufel habe seine Finger im Spiel.

Das Schloss liegt südwestlich von Lünen, direkt südlich der heute kanalisierten Seseke. Es besteht aus einem Herrenhaus, dem dazugehörigen Wirtschaftsgebäude, beide aus dem 19. Jahrhundert, und der alten Gräfteinsel mit Gartenpavillion, gelegen in einem landschaftlich gestalteten Park. Schloss Schwansbell kann auf eine bewegte Geschichte zurückblicken. Bereits Ende des 10. Jahrhunderts wurde der Ortsname Schwansbell erstmals als *Svanasbugila* erwähnt. Bei dieser Ortschaft steht seit Mitte des 12. Jahrhunderts ein *Herebordus de Svanesbule*. Die Ministerialenfamilie Schwansbell findet während des Mittelalters im Dienste der verschiedensten Landesherren in rheinischen als auch westfälischen Urkunden Erwähnung.

Über mehrere Stationen gelangte das Anwesen 1845 an die Grafen von Westerholt, welche die Burg abrissen und das heutige Schloss mit seinen Wirtschaftsgebäuden errichteten.

Aber wie können wir uns die alte mittelalterliche Burg wohl vorstellen? Bis auf einige Fotos und Inventare, wissen wir leider sehr wenig über den Gräftenbau. Die Burg bestand aus Haupt- und Vorburg, gelegen auf zwei Gräfteninseln in einer Verbreiterung der Seseke. Die größere der beiden Inseln – heute nicht mehr vollständig umgräftet und damit kaum mehr erkennbar – beherbergte die Vorburg mit den Wirtschaftsgebäuden und Ställen. Die kleinere hat sich in der heutigen Gräfteinsel erhalten und beherbergte die Hauptburg. Nach deren Abriss blieb nur der Unterteil des Turmes stehen, auf dem ein Gartenpavillion errichtet wurde.

Im Jahr 1929 erwarb die Stadt Lünen das Anwesen. Vier Jahre später begann ein wenig rühmlicher Teil der Geschichte des Hauses, als es Gebietsführerschule der Hitlerjugend wurde. Ab 1940 gab es zusätzlich ein so genanntes Wehrertüchtigungslager, außerdem waren auch Kriegsgefangene auf Schwansbell interniert. Nach Kriegsende waren erst Flüchtlinge in dem Schloss untergebracht, hiernach wurde es als Kinderheim genutzt. Heute ist das Schloss wieder in Privatbesitz, das Wirtschaftsgebäude wird von der Stadt Lünen genutzt und beherbergt das Stadtmuseum.

Aber wie war es nun mit dem Teufel und dem Nebel um das Schloss?

Einst wohnte auf Schloss Schwansbell ein schlimmer Ritter. Der Schwansbeller hatte mit dem Teufel einen Pakt geschlossen und ihm darin seine Seele überantwortet, wenn dieser ihm helfen wolle, möglichst viel an Gütern dieser Welt zusammenzuraffen. Jeden Dienst, den der Ritter verlangte, musste ihm der Teufel leisten. Als der Schwansbeller merkte, dass sein Ende nicht mehr lange auf sich warten ließ, rief er den Teufel noch einmal zu sich und verlangte von ihm, er möge ihm alle Frösche aus dem Mühlenteich innerhalb einer halben Stunde herbeischaffen. Der listige Ritter aber wusste, dass der Teufel diese Aufgabe nicht erfüllen konnte, weil die Froschbrut gerade – nach und nach – ausschlüpfte. Vor Wut blies der Teufel seinen Höllenatem über das Wasser, so dass der Nebel bis zum Schloss wallte. Seitdem ließ er sich nie wieder bei den Schwansbellern blicken.

A. v. O.

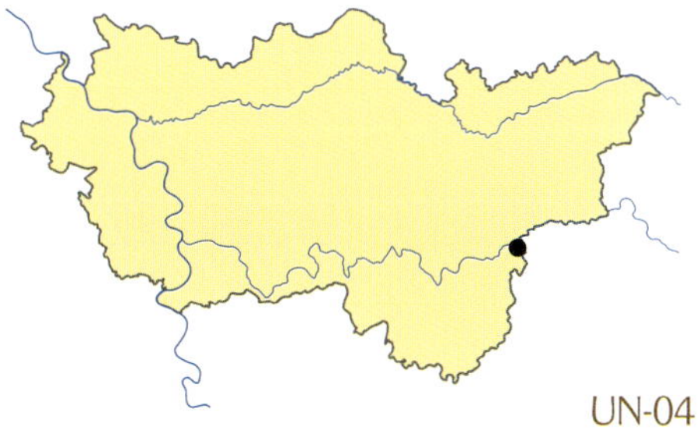

Schwerte: Haus Villigst

Ist das die Hose unseres Herrn Dietrich? Warum liegt sie gänzlich verbrannt in der Mitte des Hauses? Wie kann sie aus seinem verschlossenen Schlafgemach hierher gelangt sein? Nur die eisernen Knöpfe sind noch übrig! Aber der Herr ist auf einem Raubzug in Friesland - hat seine Hose sich von allein bewegt?" so riefen die Diener des Ritters von Sobbe aufgeregt durcheinander und standen im Kreis um die Überreste des Beinkleides ihres Herrn herum. Als wäre dieser Umstand nicht Grund genug für Aufregung, entdeckten sie auch noch einen ihrer Arbeitskameraden - erwürgt. Vom Mörder fehlte jede Spur.

Beim Schauplatz dieses mythischen Geschehens handelt es sich um Haus Villigst, einen ehemaligen Burgsitz, der durch den Verlauf der Ruhr von der Stadt Schwerte getrennt auf einer Uferterrasse liegt. Es wurde im Jahre 1050 erstmals urkundlich erwähnt.

Der damalige Besitzer des *domus Vilgeste*, Sobbo von Altena, war ein ehemaliger Gefolgsmann des Grafen von der Mark, mit dem er jedoch unterdessen in Fehde lag, weswegen er im Jahre 1300 den Schutz des Grafen von Kleve suchte. Er übertrug diesem – wohl als Zeichen seines guten Willens – den Besitz, um ihn dann als Lehen zurückzuerhalten. Gegen Ende desselben Jahres wurde aber auch der Streitfall zwischen Sobbo von Altena und dem Grafen von der Mark beigelegt und Sobbo erhielt die von dem Grafen von der Mark einverleibten Ländereien zurück; er konnte bis zum Jahre 1302 auch einen Großteil der Güter und Ländereien in und um Schwerte erwerben, und wurde so zum alleinigen Grundherrn.

Zu seinem Eigentum gehörten somit große Teile der Stadt Schwerte, der Oberhof *xantener curtis swerte* mit 60 Höfen – die Grafen von Kleve waren als Erbvögte des Stiftes Xanten die eigentlichen Herren über dieses Gebiet, das Sobbo von Altena als Lehen empfing. Zwei der Unterhöfe trugen den Namen *curtis vilgeste* – einerseits die Burg Villigst, der Sitz Sobbos von Altena, und andererseits der *curtis Vilgeyst* des Stiftes Herdecke, der auf dem Villigster Höhenrücken gelegen war. Dieser Höhenrücken erhebt sich direkt hinter der Uferterrasse, auf welcher die Burg Sobbos, das Haus Villigst auch heute noch zu besuchen ist.

Seine Nachkommen, zu denen auch jener Ritter mit der verbrannten Hose – Dietrich von Sobbe – gehörte, machten seinen Vornamen Sobbo zu ihrem Geschlechtsnamen. Sie übergaben Villigst im 15. Jahrhundert wieder an das Haus Kleve-

Mark, von dem es den Herren von der Mark überantwortet wurde. Heute gehört das Anwesen der Familie von Gemmingen, die es seit 1948 an die evangelische Kirche Westfalen verpachten. Das heutige Aussehen der Anlage – ein klassizistisches Herrenhauses mit vorgelagerten Wirtschaftsflügeln und repräsentativer Toranlage – entstand zwischen 1819 und 1831. Das mittelalterliche und frühneuzeitliche Erscheinungsbild kann heutzutage leider nur noch hypothetisch anhand einiger Urkunden, Situationspläne und Urkatasteraufnahmen nachvollzogen werden. Eindeutig ist dabei jedoch die Gegebenheit, dass das gegenwärtige Haupthaus keinesfalls an gleicher Stelle wie der Vorgängerbau errichtet wurde, sondern wahrscheinlich im Bereich der ehemaligen Vorburg.

Aber nun zurück zu der verbrannten Hose des Ritters Dietrich von Sobbe: Wieso verschwand sein Beinkleid? Wieso wurde es mitten im Haus verbrannt? Warum musste sein Diener einen so grässlichen Tod sterben?

Im Jahre 1344 begab es sich, dass Graf Adolf von der Mark einige der von ihm aus der Stadt Menden eroberten Kirchenschätze auf märkische Kirchen verteilte. Zu diesem Vorgehen war ihm von Dietrich von Sobbe geraten worden. Eine Monstranz mit dem Leibe des Herrn sollte an eine der Gottesmutter geweihten Kirche in Fröndenberg übersandt werden, damit – so lachte der Graf von der Mark höhnisch – Mutter und Sohn wieder vereint seien. Diese Gotteslästerung sollte nicht ungesühnt bleiben. Von Visionen und Prophezeiungen heimgesucht starb der Graf bereits zwei Monate nach der schmählichen Tat. Sein Berater, Dietrich von Sobbe, erlag zwei Jahre später auf dem Raubzug in Friesland seinen dort erhaltenen Wunden – nicht jedoch bevor der Teufel höchst persönlich seine Diener erwürgt und seine Hose verbrannt hatte.

Heutzutage wird das Haus des Gotteslästerers von verschiedenen Einrichtungen der evangelischen Kirche als Tagungsstätte genutzt.

L. W.

Glossar

Afterlehen: Als Afterlehen wird ein durch einen Lehnsträger (Vasall) weiter verliehenes Lehen bezeichnet.

Arboretum: Ein Arboretum (lat. *arbor* „Baum") ist eine Sammlung nicht in Pflanzgefäßen wachsender, verschiedenartiger, oft auch exotischer Gehölze; z. B. ein botanischer Garten, in dem hauptsächlich Bäume und Sträucher angepflanzt werden.

Basilica minor: Ehrentitel einer bedeutenden Kirche, der durch den Papst vergeben wird. Wichtig für diesen Titel sind die regionale Bedeutung der Kirche und eine enge Bindung an den römischen Bischof, nicht jedoch der Baustil der Kirche. Über dem Eingang oder an einer anderen markanten Stelle thront das Wappen des amtierenden Papstes oder des Papstes, der den Titel verliehen hat.

Batterieturm: Ein Batterieturm ist ein Verteidigungsturm in der äußeren Verteidigungslinie. In dem meist runden Turm waren zahlreiche Geschütze in verschiedene Richtungen zeigend und auf mehreren Ebenen untergebracht. Die einzelnen Ebenen waren oft durch eine Rampe miteinander verbunden, sodass die Geschütze variabel an den zahlreichen Schießscharten aufgestellt werden konnten.

Bergfried: Bezeichnet den Hauptturm einer Burg ohne Wohnfunktion. Als zentrale und gut ausgerüstete Befestigungsanlage diente er den Verteidigern häufig als letzter Zufluchtsort. War er hingegen für eine dauerhafte Wohnnutzung eingerichtet, so wird er als Wohnturm bezeichnet.

Bergsporn: Bei einem Bergsporn handelt es sich um einen schroff aus einem Berghang emporragender Felsen. Auch ein nach nur zwei oder drei Seiten scharf abfallender Bergrücken kann als Sporn bezeichnet werden.

Diese steil über einem Tal gelegenen Stellen waren bevorzugte Plätze zum Errichten einer Burg, da sie wegen ihrer schwer zugänglichen Lage – Spornlage genannt – besonders gut zu verteidigen waren.

Blide: Eine mittelalterliche Wurfmaschine, die nach dem Prinzip der Steinschleuder konstruiert wurde.

Bossen: Das Wort „Bosse" leitet sich vom mittelhochdeutschen Begriff für „schlagen" ab. Unter den Staufern blühte in Südwestdeutschland diese Art der Steinbearbeitung, die „Buckelquader", wie sie etwas griffiger genannt werden, sind geradezu das Kennzeichen der Stauferzeit.

Der so genannten „Bosse" haftet etwas Provisorisches oder Halbfertiges an – und gerade darin liegt ihre Besonderheit.

Brandschlitzverfahren: Spalten und Schlitze werden in die Burgmauer getrieben, dann wird dort Holz aufgeschichtet und angezündet. Durch die Schlitze dringt die Hitze tief in die Burgmauer und sprengt diese somit leicht auf.

Burgfried: Fälschlicherweise wird der Bergfried manchmal Burgfried genannt. Allerdings handelt es sich hier nicht um den Hauptturm einer Burg sondern um das Gebiet, das um die Burg herum gelegen ist.

Bursfelder Kongregation: Zusammenschluss der Klöster Bursfelde, Clus, Reinhausen und Huysburg in Niedersachsen, dem sich nach und nach alle weiteren Benediktinerklöster anschlossen. Ziel der Kongregation war eine Reform der Beachtung der Ordensregeln, welche wieder verstärkt befolgt werden sollten. Die Kongregation erwies sich als voller Erfolg, die teilnehmenden Klöster erlebten einen regelrechten Aufschwung.

Chronostichon/Chronogramm: Auf ein bestimmtes Jahr (bei einer Bauinschrift auf das Gründungsjahr) bezogener lateinischer Satz. Die Addition seiner Buchstaben, die zugleich römische Zahlzeichen sind (also I, V, X, L, C, D, M), ergibt die Jahreszahl.

Dortmunder Fehde: Die Große Dortmunder Fehde wurde 1388–1389 zwischen der Reichstadt Dortmund und einer Koalition bestehend aus dem Erzbischof von Köln, dem Grafen von der Mark und ca. 45 weiteren Landesherrn, ausgetragen. Nach einer längeren, vergeblichen Belagerung der Stadt durch die Verbündeten erfolgte Ende 1389 der Friedensschluss, durch den Dortmund seine Unabhängigkeit bewahren konnte.

Droste: Die Benennung Droste oder auch Drossart (mittelniederdt. *drossete*) kennzeichnete seit dem späten Mittelalter vor allem in Nordwestdeutschland am Niederrhein, in Westfalen, in Ostfriesland, aber auch in Mecklenburg und in den Niederlanden einen Beamten, der für einen definierten Verwaltungsbezirk in militärischer, gesetzgebender und polizeilicher Beziehung die Stelle des Landherrn vertrat. Die Funktion ist in etwa mit dem Amtmann, Amtshauptmann oder Landrat vergleichbar. In der Grafschaft Mark waren die Drosten in der Mitte des 14. Jahrhunderts ritterbürtig.

Drostei: Drostei hieß sowohl der Verwaltungsbezirk als auch der Wohn- und Amtssitz des Drosten.

Fehde: Der Begriff „Fehde" bezeichnet ein Rechtsmittel zwischen zwei Freien oder ihren Sippen. Es regelte vom Mittelalter bis zur Frühen Neuzeit die Rechtsbrüche direkt zwischen Geschädigtem und Schädiger unter Ausschaltung einer übergeordneten Instanz.

Floßöfen: Als technische Innovation erzeugten sie seit dem 13. Jahrhundert – im Unterschied zur älteren Technologie – mit höheren Temperaturen Roheisen.

Freiheit: Die in den Städten lebenden Bürger waren im Gegensatz zur Landbevölkerung Freie, also nicht abhängig von einem Grundherren, dem sie Abgaben oder Frondienste erbringen mussten. Unfreie konnten von Stadtherren zu Freien erhoben werden, indem sie in die Stadtgemeinschaft aufgenommen wurden.

Als „Freiheit" werden auch kleinere Ansiedlungen mit eingeschränkten Stadtrechten bezeichnet, die sich um Burgen herum bildeten, wie z. B. die Freiheit Wetter oder die Freiheit Blankenstein.

Fronhof: Bezeichnete im Mittelalter ein Herrengut, zu dem abhängige Bauerngüter gehörten, die Abgaben zu liefern hatten und Fronen leisten mussten.

Gräfte/Gräfteanlage: Westfälische Bezeichnung für einen oder mehrere Wassergräben; aus dem niederdeutschen Wort *graft* für Graben abgeleitet.

Halsgraben: Bei einem Halsgraben handelt es sich um einen künstlich angelegter Graben, der ein wichtiger Bestandteil des Wehrsystems einer Burg ist.

Hofgericht: War das Gericht eines Grundherrn über alle Streitgegenstände, die das Verhältnis der grundherrlichen Bauern untereinander oder zu ihrem Grundherrn betrafen.

Höhenburg: Eine Höhenburg, deren Bezeichnung sich aus der Kategorisierung von Burganlagen anhand ihrer topografischen Lage ergibt, liegt auf einer natürlichen Anhöhe. Nach dieser Unterteilung unterscheidet man Höhenburgen und Niederungsburgen (auch Flachlandburgen genannt).

Holzgericht: Das Holzgericht regelte Holz- oder Forstangelegenheiten und Nutzungsrechte der Markgenossen an einem Markwald. In den westfälischen Holzmarken saß der Holzgraf oder der Grundherr der Mark entweder selbst der Gerichtsverhandlung vor oder überließ den Vorsitz einem seiner Beamten. Die Meier als Beisitzer wurden in dieser Funktion auch Holzrichter genannt.

Kemenate: Die Kemenate (lat. *caminata* = mit Kamin versehene Kammer) ist ein Raum mit Kamin und war meist der einzige beheizte Raum einer Burg.

Kirchspiel: Der Begriff „Kirchspiel" ist die ältere Bezeichnung für eine Kirchengemeinde.

Kötterei: Altertümliche Bezeichnung für einen Gutshof.

Kurköln: Kurköln war eines der Kurfürstentümer des Heiligen Römischen Reiches Deutscher Nationen – Herrschaftsgebiet der Erzbischöfe von Köln.

Lehen/Lehnswesen: Der Lehnsherr war rechtlicher Eigentümer von Grund und Boden oder bestimmter Rechte. Er verlieh diese dem Lehnsempfänger auf Lebenszeit. Beide verpflichteten sich zu gegenseitiger Treue und Achtung: Der Lehnsherr zu Schutz und Schirm, der Lehnsempfänger zu Rat und Hilfe.

Oberster Lehnsherr war der jeweilige Landesherr, der Lehen an seine Fürsten vergab; diese konnten wiederum Lehen an andere Adlige vergeben → siehe auch Afterlehen.

Maison de Plaisance: Als *maison de plaisance* (frz. „Haus der Freude") wurden Lustschlösschen bezeichnet, die von reichen Kaufleuten erbaut wurden und sich in Verbindung mit den angelegten Parks und Attraktionen *Folies* (Verrücktheiten) nannten.

Mannlehen: Mannlehen oder „rechte Lehen" waren Lehen, welche dem Mann mit Mannschaft auf Lebenszeit geliehen wurden; es handelte sich dabei um ein ursprüngliches Soldatenlehen für Soldatendienste, welches daher auf die Lebenszeit eines Ritters angelegt war und dann erlosch. Ein Mannlehen musste man sich also mit aktiven Ritterdiensten verdienen. In Abgeltung der damit erworbenen Verdienste blieb es auch in der passiven Zeit des Alters bis zum Tode erhalten. Der Empfänger des Lehens war und blieb auf Lebenszeit ein Dienstmann des Lehengebers.

Mark: Die Mark (mittelhochdt. *marc, march* = Grenze), seltener auch Grenzmark genannt, war eine Grafschaft in einem von außen bedrohten Grenzgebiet des karolingischen Reiches, die von einem Markgrafen regiert wurde.

Markgraf: Ein Markgraf hatte ein Gebiet, das direkt an der Reichsgrenze des Fränkischen Reiches bzw. Ostfrankenreiches gelegen und zur Verteidigung dieser Grenze errichtet worden war (Grenzmark), zum Lehen. Er war königlicher bzw. kaiserlicher Amtsträger.

Marstall: bezeichnet (althochdt. *marstall* = Pferdestall, zu *marah* = Pferd) ein Gebäude oder Stallungen für die Pferde und Wagen eines Fürsten.

Meierei: ist ein veralteter Begriff für „Molkerei".

Monstranz: Eine Monstranz (lat. *monstrare* = zeigen) ist ein gewöhnlich aus Fuß, Schaft und Aufsatz bestehendes, aus Edelmetall gefertigtes Gefäß, das dem Zeigen der geweihten Hostie dient, die in dem Aufsatz hinter Glas auf einer mondförmigen Halterung (*Lunula*) aufrecht sichtbar ist.

Motte: Eine Motte (frz. „Erdhügel") ist ein künstlich aufgeschütteter Erdhügel, auf dem eine „Hochmotten-Burg" (Burg) steht, auch Kurzbezeichnung für diese selbst.

Neorenaissance: Die Neorenaissance, die auch Neurenaissance genannt werden kann, bezeichnet die Wiederaufnahme von Renaissanceformen in Architektur und Kunstgewerbe im 19. Jahrhundert.

Niederungsburg: Eine im Flachland oder einer Talsohle liegende Burg wird „Niederungsburg" (auch Flachlandburg oder Tieflandburg) genannt → siehe auch Höhenburg.

Oberhof: Im Mittelalter war ein Oberhof das mit Laienschöffen besetzte Gericht einer Stadt, das anderen Städten Rechtsbelehrungen erteilte. Während der Oberhof zunächst kein Instanzgericht war, führte die sich allmählich verfestigende sachliche Abhängigkeit häufig zur Einrichtung einer Appellationsinstanz beim Oberhof.

Offenhaus/Offenburg: Indem ein adeliger Burgherr seine sich im freien Besitz befindliche Burg gegenüber einem mächtigeren Herren (meist Landesherrn) zum Offenhaus erklärte, unterwarf er sich dessen Hoheit und räumte ihm das Recht ein, jederzeit in seine Burg einzureiten und diese in seinen Fehden zu nutzen. Verträge dieser Art waren mit entsprechenden Gegenleistungen (Lehen) verbunden.

Orangerie: Eine Orangerie ist der historische Begriff für einen repräsentativen Garten mit Zitrusbäumen.

Palas: Das Herrenhaus. In Pfalzen und auf Burgen das zentrale Wohngebäude für den König oder Kaiser beziehungsweise für den Burgherrn.

Patronatsrecht: Dies bezeichnet die Rechtsbeziehung zwischen katholischer oder evangelischer Kirche und dem Stifter einer Kirche. Das wichtigste Recht bestand darin, der zuständigen kirchlichen Autorität für die Besetzung des betreffenden Amtes einen verbindlichen Vorschlag zu machen. Dieses Recht beruhte auf dem mittelalterlichen Eigenkirchenwesen und konnte deshalb auch von Laien (Laienpatronat) wahrgenommen werden.

Prämonstratenser: Ist ein Orden von Regularkanonikern (Chorherren); er ist ein Zusammenschluss selbständiger Kanonien (Klöster). Gegründet wurde er 1120 von Norbert von Xanten in Prémontré bei Laon.

Rauchhaube: Eine Rauchhaube (syn. Rauchfang) nimmt den Rauch der Feuerstelle auf, der dann durch den Schornstein nach draußen gelangt.

Reichsverweser: Der Begriff „Verweser" leitet sich von dem althochdeutschen Begriff *fuerwesan* ab, der mit „jemandes Stelle zu vertreten" zu übersetzen ist; so war der Reichsverweser die Vertretung des Monarchen bei längerer Abwesenheit oder in der Zeit zwischen Tod und Thronbesteigung des Nachfolgers.

Rennofen: Mit Hilfe des Rennofens gewann man Eisen aus Eisenerz.

Rentmeister/Rentamt: Das Rentamt, die Behörde der landesherrlichen oder kirchlichen Finanzverwaltung, unterlag der Führung des Rentmeisters.

Rittergutsmatrikel: Als Rittergutsmatrikel werden Verzeichnisse von Personen oder Familien bezeichnet, die zum Zwecke der Nachweisbarkeit der Adelseigenschaft angelegt wurden. Sie konnten Wappenzeichnungen, Stammtafeln, Genealogien oder Listen enthalten. Sinn der Matrikel ist die deutliche Definition der Zugehörigkeit zur Adelsschicht bzw. zur Gruppe des so genannten historischen Adels.

Rössener Kultur: Die Rössener Kultur ist eine mitteleuropäische Kultur der Jungsteinzeit (ca. 4500–4300 v. Chr.).

Roter Hahn: In frühen Zeiten wurden Brände, Feuer und Brandschatzung umgangssprachlich als „Roter Hahn" bezeichnet.

Salier: Die Salier sind das erste deutsche Kaisergeschlecht des Mittelalters.

Schrötling: Der Begriff „Schrötling" ist eine veraltete Bezeichnung für einen noch ungeprägten Münzrohling.

Siepen: So wurde im Mittelniederdeutschen ein Bachtal genannt.

Soester Fehde: Bei der Soester Fehde handelt es sich um Auseinandersetzungen zwischen dem Erzbischof von Köln und der Stadt Soest sowie dem mit der Stadt verbundenen Herzogtum Kleve-Mark um die Vorherrschaft in Westfalen von 1444 bis 1449. Auf burgundische Vermittlung hin wurde im Schiedsspruch von Maastricht 1449 die Soester Fehde beigelegt: Soest und Xanten gingen an Kleve, Kurköln konnte weiterhin den wichtigen Rheinzoll bei Kaiserswerth und zwei eroberte Herrschaften behalten.

Spieker: Der Spieker (Speicher) ist ein Gebäude zum Lagern von Getreide und anderen Waren.

Spoilator: Ein Spoilator ist eine Person, die sich unrechtmäßig Kircheneigentum oder ein kirchliches Amt aneignet.

Suitbert: Suitbert (* um 637; † 713, auch Switbert, Swidbert, Suidbert, Suibert) war ein angelsächsischer Missionar, Gründer und erster Abt des Klosters Kaiserswerth.

Trachyt: Vulkangestein

Truchsessischer Krieg: Beim Truchsessischen Krieg handelt es sich um einen vor allem zwischen kurkölnischen und bayerischen Truppen ausgetragenen Konflikt, der auch als Kölner Krieg, Kölnischer Krieg oder als Truchsessische Wirren bezeichnet wird. Der Krieg vereitelte den Versuch, das Erzbistum Köln in ein erbliches, protestantisches Herzogtum zu verwandeln.

Urkataster: Urkataster sind Ergebnisse von Grundstücks- und Gebäudeaufnahmen – jedes Flurstück erhielt dadurch eine amtliche Bezeichnung. Das Urkataster bildete die Grundlage für die vermessungstechnische Fortschreibung der eintretenden Veränderungen, für die Besteuerung und für die Einrichtung des Grundbuches.

Vogt: Der Vogt (lat. *advocatus*) ist ein im mittelalterlichen Staatswesen von einer weltlichen oder geistlichen Herrschaft eingesetzter Vertreter. Es wurde unterschieden zwischen Reichsvogt und Kirchenvogt. Letzterer vertrat ursprünglich als Laie einen Geistlichen, eine Kirche, ein Kloster in weltlichen Dingen, v. a. vor Gericht. Allmählich übernahm der Vogt auch die Verwaltung des Kirchenguts.

Vogtei: Eine Vogtei ist das Amtsgebiet eines Vogts und der Inbegriff seiner Amtsgewalt.

Vorburg: Die Vorburg, auch „Unterburg" genannt, bezeichnet die dem Kernbereich etwas tiefer vorgelagerten Wohngebäude der Dienstmannen und des Gesindes sowie Wirtschaftsgebäude.

Wohnturm: Ein mittelalterlicher Turm, der überwiegend für Wohnzwecke genutzt wurde → siehe auch Bergfried.

Zweischalenmauerwerk: Das Zweischalenmauerwerk ist ein Verbundmauerwerk, bei dem zwei nah beieinander liegende Mauern (Schalen) durch eine in den Zwischenraum eingegossene Mischung aus Mörtel und Bruchstein fest miteinander verbunden werden.

Zwinger: Ein Zwinger ist im Allgemeinen der Freiraum zwischen der äußeren und der inneren Wehrmauer einer Festungsanlage.

Literatur

Einleitung

R. Christlein / O. Braasch, *Das unterirdische Bayern. 7000 Jahre Geschichte und Archäologie im Luftbild* (Stuttgart 1982).

H. Becker (bearb.), *Archäologische Prospektion. Luftbildarchäologie und Geophysik.* Arbeitshefte des bayerischen Landesamtes für Denkmalpflege 59 (München 1996).

H.W. Böhme (Hrsg.) u. a., *Burgen in Mitteleuropa: ein Handbuch. Bd. 1: Bauformen und Entwicklung. Bd. 2: Geschichte und Burgenlandschaften* (Stuttgart 1999).

K. Leidorf / P. Ettel, *Burgen in Bayern. 7000 Jahre Burgengeschichte im Luftbild* (Stuttgart 1999).

G. Spohr / C. Voigt, *Romantisches Ruhrgebiet. Burgen, Schlösser, Herrenhäuser* (Bottrop / Essen 2000).

Ch. Trümpler (Hrsg.), *Flug in die Vergangenheit. Archäologische Stätten in Flugbildern von Georg Gerster* (München 2003).

J. Blome, *Burgen – Schlösser – Herrenhäuser. Mit Pastellkreide unterwegs im Ruhrgebiet* (Herne 2004).

G.U. Großmann, *Burgen in Europa* (Regensburg 2005).

B. Helwing / B. Song, *Archäologische Flugprospektion im Süd-Iran.* In: Th. Stöllner (Hrsg.), *Streifzüge durch Persien. 5500 Jahre Geschichte in Ton* (Bochum 2008) 13–44.

B. Song, *Luftbildarchäologie – Methoden und Anwendungen.* In: A. Hauptmann / V. Pingel (Hrsg.), *Archäometrie. Methoden und Anwendungsbeispiele naturwissenschaftlicher Verfahren in der Archäologie* (Stuttgart 2008), 203–220.

B. Song, *Archäologische Flugprospektion als Methode zur Erforschung der Kultur- und Industriedenkmäler im Ruhrgebiet.* In: H.-J. Przybilla / A. Grünkemeier (Hrsg.), *Denkmäler3.de – Industriearchäologie. Tagungsband des interdisziplinären Kolloquiums vom 5.–7. November 2008 in Essen, Zollverein School* (Aachen 2009), 112–118.

B. Song, *Xanten aus der Vogelperspektive. Luftbildarchäologie und die neuen Ergebnisse der Flugprospektion im Xantener Raum.* In: I. Kwiatkowski / M. Oberweis (Hrsg.), *Recht, Religion, Gesellschaft und Kultur im Wandel der Geschichte. Ferculum de cibis spiritualibus. Festschrift für Dieter Scheler* (Hamburg 2008), 1–32.

N. Hanel / B. Song, *Neue Ergebnisse der Luftbildarchäologie zu den römischen Militärlagern Vetera castra I auf dem Fürstenberg bei Xanten*, Germania 85, 2007, 349–357.

B. Song / C. Kreuzer, *Langendreer, Werne und Laer in Luftbildern. Geschichte und Gegenwart des Bochumer Ostens im Herzen des Ruhrgebiets* (Bochum 2009).

Burgen Aufruhr. Unterwegs zu 100 Burgen, Schlössern und Herrensitzen in der Ruhrregion (Essen 2010).

Bochum, Haus Laer

A. Ludorff (Bearb.), *Die Bau- und Kunstdenkmäler des Kreises Bochum-Land* (Münster 1907) 36.

V. Frielinghaus / M. Imdahl (Hrsg.), *Der Rittersitz Haus Laer und die Ortschaft Laer in Bochum* (Bochum 1970/71).

H. Polenz, *Von Grafen, Bischöfen und feigen Morden* (Essen 2004) 74–77.

Bochum, Haus Langendreer

A. Ludorff (Bearb.), *Die Bau- und Kunstdenkmäler des Kreises Bochum-Land* (Münster 1907) 40–41.

C. Kreuzer, *Langendreer-Werne zwischen Steinzeit und Gegenwart* (Bochum 1999) 136–157.

Bochum, Haus Weitmar

F. Darpe, *Geschichte der Stadt Bochum* (Bochum 1894 [Nachdruck 1991]).

A. Ludorff (Bearb.), *Die Bau- und Kunstdenkmäler des Kreises Bochum-Land* (Münster 1907) 49–50.

E. Schulte, *Geschichtsbilder der Rittersitze Crange im Emscherbruch und Weitmar bei Bochum* (Bochum 1977).

N. Konegen (Hrsg.), *Bochum zu Fuß. 11 Stadtteilrundgänge durch Geschichte und Gegenwart* (Hamburg 1991).

W. Berneiser, *Haus Weitmar.* In: *Bochum.* Ein Heimatbuch Bd. 7 (Bochum, o. J.) 95–97.

Bottrop, Schloss Beck

J. Körner (Bearb.), *Die Bau- und Kunstdenkmäler von Westfalen. Landkreis Recklinghausen und Stadtkreise Recklinghausen, Bottrop, Buer und Osterfeld* (Münster 1929) 350 u. 360–368.

J. Bieker, *Schlösser im Revier. Romantik zwischen Fördertürmen*[2] (Dortmund 1993).

K. E. Zinkann, *Der Typ Maison de Plaisance.* In: F. Matzner / U. Schulze, *Johann Conrad Schlaun 1696–1773. Das Gesamtwerk* (Stuttgart 1995) 628–675.

G. Sphor, *Romantisches Ruhrgebiet. Burgen, Schlösser, Herrenhäuser*[3] (Bottrop/Essen 2000).

R. M. Snethlage, *Wasserschloss Haus Beck* (Regensburg 2005).

Kreis Coesfeld: Olfen, Haus Sandfort

A. Ludorff, *Die Bau- und Kunstdenkmäler von Westfalen. Kreis Lüdinghausen* (Münster 1893) 73–81.

K. E. Mummenhoff, *Die Profanbaukunst im Oberstift Münster von 1450 bis 1650.* Westfalen, 15. Sonderheft (Münster 1961) 254–256.

Düsseldorf, Burg Angermund

H. Schmitz, *Angermunder Land und Leute. Bd. 1* (Düsseldorf 1979).

K. Pfeffer, *Schlösser und Herrensitze in den 1975 eingemeindeten Gebieten Düsseldorfs.* Düsseldorfer Jahrbuch 57/58, 1980, 1–20.

Düsseldorf, „Große Burg"

P. Clemen, *Die Kunstdenkmäler der Stadt und des Kreises Düsseldorf.* Die Kunstdenkmäler der Rheinprovinz 3 (Düsseldorf 1894) 154–155.

G. Binding, *Zwei Motten am Niederrhein: Ickt und Luttelnau.* Zeitschrift für Archäologie des Mittelalters 7, 1979, 85–106.

Düsseldorf, Pfalz Kaiserswerth

C. M. Zimmermann / H. Stöcker (Hrsg.), *13 Jahre Heilige, Kaiser, Reformer* (Düsseldorf 1981).

G. Binding, *Deutsche Königspfalzen. Von Karl dem Großen bis Friedrich II. (765–1240)* (Darmstadt 1996).

T. Biller, *Die Pfalz Friedrichs des Ersten zu Kaiserswerth – zu ihrer Rekonstruktion und Interpretation.* In: Wartburg-Gesellschaft zur Erforschung von Burgen und Schlössern (Hrsg)., *Schloß Tirol. Saalbauten und Burgen des 12. Jahrhunderts in Mitteleuropa.* Forschungen zu Burgen und Schlössern, Bd. 4 (München 1998) 173–188.

J. Wroblewski / A. Wemmers/ J. Zeune (Hrsg.), *Theiss-Burgenführer Niederrhein* (Darmstadt 2001).

Düsseldorf, Schloss Kalkum

W. Bader, *Schloss Kalkum* (Köln 1968).

R. Becker, *1100 Jahre Kalkum* (Ratingen 1991).

Dortmund, Haus Bodelschwingh

W. Gronemann, *Kleine Geschichte des Amtes Wellinghofen* (Dortmund 1983).

U Quednau, *Haus Bodelschwingh.* In: Landschaftsverband Westfalen-Lippe (Hrsg), *Im Wandel der Zeit. 100 Jahre Westfälisches Amt für Denkpflege* (Münster 1992) 54–57.

H. Brink-Kloke / U. Mehrfeld, *Die Zeit der Herren. Dortmunder Adelssitze in Entwicklung und Tradition*[2] (Dortmund 2004).

Dortmund, Haus Brünninghausen

J. Winckler, *Der tolle Bomberg* (Berlin 1925).

W. Hücker, *Haus Brünninghausen.* Beiträge zur Geschichte Dortmunds und der Grafschaft Mark 64, 1968, 9–76.

W. Gronemann, *Kleine Geschichte des Amtes Wellinghofen* (Dortmund 1983) 54–64.

H. Brink-Kloke / U. Mehrfeld, *Die Zeiten der Herren. Dortmunder Adelssitze in Entwicklung und Tradition*[2] (Dortmund 2004).

Dortmund, Haus Dellwig

N. Reimann, *Kleine Geschichte des Amtes Lütgendortmund und der Ämter Dorstfeld und Marten* (Dortmund 1993).

H. Vogel, *Spurensuche. Ein Beitrag zur Geschichte Lütgendortmunds* (Bochum 1994).

H. Brink-Kloke / U. Mehrfeld, *Die Zeit der Herren. Dortmunder Adelssitze in Entwicklung und Tradition*[2] (Dortmund 2004).

K. Hoecken, Haus Dellwig. *Baugeschichte, Bedeutung und Besitzer des bei Lütgendortmund gelegenen Wasserschlosses* (o. J.).

Dortmund, Hohensyburg

O. Schnettler, *Zur Geschichte Hohensyburgs und des Reichshofes Westhofen.* Beiträge zur Geschichte Dortmunds und der Grafschaft Mark 39, 1931, 223–250.

W. Kuhlmann, *Ortsgeschichte Hohensyburg/Syburg.* In: F. Bünte (Hrsg.), *Dortmund-Hohensyburg*[2] (Dortmund 1999) 4–27.

P. R. Hömberg, *Die Hohensyburg. Kreisfreie Stadt Dortmund.* Frühe Burgen in Westfalen 15 (Münster 2000).

Dortmund, Burg Hörde

U. Warnke, *Die Burg Hörde – Eine Brücke zwischen gestern und heute* (Münster 2003).

U. Warnke, *Die Burg Hörde. Ein mittelalterlicher Wohnturm im Stadtgebiet von Dortmund?* In: H. Eilbracht / V. Brieske / B. Grodde (Hrsg.), *Itinera Archaeologica. Vom Neolithikum bis in die frühe Neuzeit.* Festschrift für Torsten Capelle zum 65. Geburtstag (Rhaden Westf. 2005) 315–321.

H. Brink-Kloke / D. Lammers, *Wo Albert von Hörde ging… Erste Ergebnisse der neuen archäologischen Ausgrabungen an der Hörder Burg.* Heimat Dortmund, H. 3, 2007, 10-12.

H. Brink-Kloke / W. Garth / D. Lammers, *Ausgegraben! 800 Jahre Hörder Burggeschichte(n)* (Dortmund 2009).

Dortmund, Haus Husen

H. Brink-Kloke / U. Mehrfeld, *Die Zeit der Herren. Dortmunder Adelssitze in Entwicklung und Tradition*[2] (Dortmund 2004).

Dortmund, Haus Rodenberg

U. v. Alvensleben, *Haus Rodenberg an der Emscher.* Beiträge zur Geschichte Dortmunds und der Grafschaft Mark 61, 1964, 234–249.

T. Spohn, *„ein schön und lustig gelegener Herrensitz" – Zur Baugeschichte von Haus Rodenberg.* Beiträge zur Geschichte Dortmunds und der Grafschaft Mark 85/86, 1994/95, 143–181.

S. Liesenberg, *Haus Rodenberg in Aplerbeck – ein westfälischer Rittersitz und seine Geschichte* (Dortmund 1996)

Dortmund, Haus Steinhausen

L. Nieland, *Der Reichshof Westhofen im Mittelalter.* Beiträge zur Geschichte Dortmunds und der Grafschaft Mark 50, 1953, 171–352. Insbes. 211.

W. Honselmann, *Haus Steinhausen bei Schwerte-Holzen.* Heimatblätter für Hohenlimburg und Umgebung 36, 1975, 209–228.

T. Spohn, *„Ich habe einen Pfächtiger auf meinem Rittersitz" – Zur Bau-, Wohn-, Wirtschafts- und Lebensweise auf dem kleinen Adelsitz Haus Steinhausen zwischen 1628 und 1712.* Beiträge zur Geschichte Dortmunds und der Grafschaft Mark 81/82, 1990/91, 57–96.

Dortmund, Haus Wenge

H. Beisenherz, *Das ehemalige Kirchspiel Kurl und seine Randgebiete* (Gelsenkirchen 1932).

A. Valhaus, *Lanstrop – Das Dorf am Grenzpfahl der Großstadt Dortmund* (Werne 2001).

Dortmund, Haus Westhusen

K. Hoecken, *Haus Westhusen bei Nette* (Dortmund 1961).

W. Gronemann, *Kleine Geschichten des Amtes Mengede* (Dortmund 1978).

H. Brink-Kloke / U. Mehrfeld, *Die Zeit der Herren. Dortmunder Adelssitze in Entwicklung und Tradition*[2] (Dortmund 2004).

Duisburg, Haus Böckum

G. v. Roden, *Geschichte der Stadt Duisburg. Bd. 2* (Duisburg 1974) 337.

E. Verheyen, *Bau- und Kunstdenkmäler in Duisburg*. In: W. Braun, *Duisburger Forschungen*. Schriftreihe für Geschichte und Heimatkunde Duisburgs Beiheft 7 (Duisburg 1966) 53.

Duisburg, Kaiserberg

G. Tromnau (Bearb.), *Duisburg und der untere Niederrhein zwischen Krefeld, Essen, Bottrop und Xanten* Führer zu archäologischen Denkmälern in Deutschland, Bd. 21 (Stuttgart 1990) 196–201.

Der Brockhaus in fünfzehn Bänden Bd. 3 (Leipzig u. a. 1997).

Essen, Burg Altendorf

H. Eversberg, *Beiträge zur Bau- und Kulturgeschichte der Burg Altendorf an der Ruhr*. Hattinger Heimatkundliche Schriften 16 (Hattingen 1968).

H. Eversberg, *Beiträge zur Geschichte der Burg Altendorf an der Ruhr*. Hattinger Heimatkundliche Schriften 18 (Hattingen 1972).

E. G. Neumann: *Burg Altendorf/Ruhr*. Westfalen 50, 1972, 58-59.

Essen, Schloss Borbeck

E. Alshut, *Schloss Borbeck aus bau- und kunsthistorischer Sicht*. In: B. Marfording (Hrsg.), *Schloss Borbeck und sein Park*. Oberhof – Wasserburg – Lustschloss – Residenz und Bürgerzentrum im Wandel der Jahrhunderte (Essen 1999) 41–52.

C. Eiden / D. Hopp, *Archäologische Funde rund um Schloss Borbeck*. In: B. Marfording (Hrsg.), *Schloss Borbeck und sein Park*. Oberhof – Wasserburg – Lustschloss – Residenz und Bürgerzentrum im Wandel der Jahrhunderte (Essen 1999) 9–12.

J. Gerchow, *Vom Oberhof zur Residenz der Essener Äbtissin: „Haus" Borbeck im Mittelalter*. In: B. Marfording (Hrsg.), *Schloss Borbeck und sein Park*. Oberhof – Wasserburg – Lustschloss – Residenz und Bürgerzentrum im Wandel der Jahrhunderte (Essen 1999) 13–22.

B. Marfording, *Das Schloss*. In: A. Körner, *Zwischen Schloß und Schloten. Die Geschichte Borbecks* (Bottrop 1999) 22–28.

B. Marfording, *Die Residenz der Essener Fürstäbtissinnen in Borbeck*. In: B. Hermans (Hrsg.), *Die Säkularisation im Ruhrgebiet. Ein gewalttätiges Friedensgeschäft im Ruhrgebiet* (Mülheim an der Ruhr 2004) 77–90.

Essen, Haus Horst und Vryburg

I. Gutenberger, *Herrenhäuser in Essen*. Essener Heimatbücher 2 (Essen 1978) 11–13.

H. Rieth, *Burgen, Schlösser, feste Häuser*. Adelssitze im Essener Raum. Geschichte und Geschichten Teil 1. Heimatstadt Essen 28 = Mitteilung aus Ruhrlandmuseum der Stadt Essen 244 (Essen 1978) 79–85.

E. Schumacher, *Ausgrabungen des Ruhrlandmuseums. Teil 2: Die Vryburg in Steele-Horst. Die Heimatstadt Essen*. Jahrbuch 1979, 77–84.

I. Voigt, *Burg Horst. Die Geschichte eines alten Hauses an der Ruhr 1142-1983* (Essen 1983).

D. Hopp / E. Schumacher, *Die Vryburg in Steele-Horst*. Archäologie im Rheinland 1991, 122–123.

D. Hopp, *Rettungsversuche*. Archäologie im Rheinland 2001, 156–158.

Essen, Schloss Hugenpoet

A. Freiherr v. Fürstenberg, M. Freiherr von Fürstenberg, *Schloss Hugenpoet*. Essener Spezialführer 1 (Essen 1996).

F. Flothmann, *Burgen und Schlösser in Kettwig an der Ruhr*[2] (Kettwig 1983).

Essen, Isenburg

E. Hegel, *Kirchliche Vergangenheit im Bistum Essen* (Essen 1960).

Essen, Abtei Werden

B. Hermann u. a. (Hrsg.), *Essen. Geschichte einer Stadt* (Bottrop/Essen 2002).

J. Gerchow (Hrsg.), *Das Jahrtausend der Mönche. Kloster-Welt Werden 799 – 1803* (Köln 1999).

Ennepe-Ruhr-Kreis: Hattingen, Burg Blankenstein

S. Leenen / S. Pätzold, *Das „Huys tot Blanckensteine". Die Burg Blankenstein an der Ruhr aus historischer und archäologischer Sicht*. Märkisches Jahrbuch für Geschichte 108, 2008, 57–106.

S. Leenen / S. Pätzold, *Burg Blankenstein in Hattingen, Ennepe-Ruhr-Kreis*. Frühe Burgen in Westfalen 30 (Münster 2009).

Ennepe-Ruhr-Kreis: Witten, Burg Hardenstein

M. Wittke / R. P. Fuchs, *Archiv des Vereins für Orts- und Heimatkunde in der Grafschaft Mark. Bestand B: Haus Hardenstein Fundbuch*. Jahrbuch des Vereins für Orts- und Heimatkunde in der Grafschaft Mark, Beiheft 3 (Witten 1997).

D. Radke / H. Schoppmeyer (Hrsg.), *Burg Hardenstein. Geschichte und Geschichten* (Witten 1999).

H. D. Radke, *Werksteinfunde in der Burgruine Hardenstein*. Märkisches Jahrbuch für Geschichte 108, 2008, 311–318.

Ennepe-Ruhr-Kreis: Witten, Haus Herbede

B. J Sobotka (Hrsg.), *Haus Herbede in Witten. Umfeld – Denkmal – Bedeutung* (Witten 1988).

G. Isenberg, *Ausgrabungen in Haus Herbede bei Witten, Ennepe-Ruhr-Kreis*. Ausgrabungen und Funde in Westfalen-Lippe, Jg. 6, Teil B, 1991, 180–261.

G. Isenberg/H. W. Peine / A. Weisgerber, *Haus Herbede – die archäologische Erforschung eines kleineren Herrensitzes an der Ruhr*. Westfalen 70, 1992, 361–402.

G. Isenberg, *Haus Herbede bei Witten. Die archäologische Untersuchung der Vorburg 1988/89*. Ausgrabungen und Funde in Westfalen-Lippe, Jg. 8, Teil B, 1993, 155–169.

Ennepe-Ruhr-Kreis: Hattingen, Burg Isenberg

H. Polenz, *Von Grafen, Bischöfen und feigen Morden. Ein spannender Führer durch 22 Burgen und Herrenhäuser im Ruhrtal*[2] (Essen 2005).

S. Leenen, *Die Burg Isenberg in Hattingen, Ennepe-Ruhr-Kreis.* Frühe Burgen in Westfalen 25 (Münster 2006).

Ennepe-Ruhr-Kreis: Hattingen, Haus Kemnade

W. Fenselau, *Haus Kemnade zu Bochum. Wissenswertes zu einem Bochumer Kulturdenkmal* (Bochum 1994).

T. Dann, *„... ein vortrefflich schöner Rittersitz ...“ Haus Kemnade und seine Ausstattung vom 16. bis zum 19. Jahrhundert* (Bochum 2000).

M. Hempen / G. Hagenkötter / K. F. Gehse, *Haus Kemnade, das „Königreich Stiepel“ und die 1.000-jährige Dorfkirche. Begleittext zur Ausstellung im Haus Kemnade vom 17.05. bis 28.09. 2008* (Bochum 2008).

Ennepe-Ruhr-Kreis: Herdecke, Haus Mallinckrodt

D. v. Mallinckrodt, *Die Burgmannen von Mesekenwerke und Mallingrode zu Volmestein und Wetter an der Ruhr. Ursprung und älteste Geschichte der von Mallinckrodt.* Jahrbuch des Vereins für Orts- und Heimatkunde in der Grafschaft Mark 65, 1966, 9–34.

D. v. Mallinckrodt, *Das Rittergut Mallinckrodt und die Grundherrschaft der von Mallinckrodt.* Jahrbuch des Vereins für Orts- und Heimatkunde in der Grafschaft Mark 71, 1973, 1–125.

G. Spohr, *Romantisches Ruhrgebiet, Burgen, Schlösser, Herrenhäuser.* Jahrbuch des Vereins für Orts- und Heimatkunde in der Grafschaft Mark 1996, 110.

Ennepe-Ruhr-Kreis: Witten, Schloss Steinhausen

G. Haren, *Geschichte der Stadt Witten. Von der Urzeit bis zur Gegenwart* (Witten 1924).

A. Kracht, *Burgen und Schlösser im Sauerland, Siegerland und an der Ruhr* (München 1983).

B. J. Sobotka, *700 Jahre Schloss Steinhausen zu Witten. 1297–1997* (Witten 1997).

Ennepe-Ruhr-Kreis: Wetter/Ruhr, Burg Volmarstein

A. Kuhn, *Sagen, Gebräuche und Märchen aus Westfalen und einigen andern, besonders den angrenzenden Gegenden Norddeutschlands, Bd. 1* (Leipzig 1859) 136.

R. Krumbholtz, *Urkundenbuch der Familie von Volmerstein und von der Recke bis zum Jahre 1437* (Münster 1917).

O. Schnettler, *Alt Volmarstein* (Hagen 1961).

G. Spohr, *Romantisches Ruhrgebiet, Burgen, Schlösser, Herrenhäuser*[3] (Bottrop/Essen 2000) 168.

D. Thier, *900 Jahre Burg Volmarstein.* Heimatbuch Hagen und Mark 42, 2000, 65–79.

Ennepe-Ruhr-Kreis: Wetter/Ruhr, Burg Wetter

H. Polenz, *Von Grafen, Bischöfen und feigen Morden*[2] (Essen 2005).

D. Thier, *Die märkische Freiheit Wetter* (Hagen 1989).

H. Schoppmeyer, *Die märkischen Freiheiten Blankenstein und Wetter.* Märkisches Jahrbuch für Geschichte 103, 2003, 31–62.

U. Varenhold-Huland, *Zur Entstehungsgeschichte der Burg Wetter an der Ruhr.* Westfälische Forschungen 21, 1968, 186–187.

Gelsenkirchen, Haus Berge

J. Körner / A. Weskamp, *Die Bau- und Kunstdenkmäler von Westfalen, Band 39: Landkreis Recklinghausen und Stadtkreise Recklinghausen, Bottrop, Buer, Gladbeck und Osterfeld* (Münster 1929) 86 u. 95–97.

G. Griese (Hrsg.), *Burgen und Schlösser in Gelsenkirchen*[2] (Gelsenkirchen 1960) 84–95.

G. A. Spürk (Hrsg.), *Haus Berge* (Gelsenkirchen 1981).

Gelsenkirchen, Schloss Horst

A.v Meseure / J. Jourdan/B. Müller, *Umbau und Erweiterung von Schloss Horst, Gelsenkirchen.* Architektur Jahrbuch 2000, 86–93.

Stadt Gelsenkirchen (Hrsg.),*Dokumentation Schloß Horst* (Hagen 2002).

C. Kneppe, *Horst (Gelsenkirchen).* In: W. Ehbrecht (Hrsg.), *Westfälischer Städteatlas, Lieferung VIII* (Münster 2005).

E. Alshut / H. W. Peine, *Schloss Horst in Gelsenkirchen. Burgen, Schlösser und Wehrbauten in Mitteleuropa 15* (Regensburg 2006).

C. Kneppe / H. W. Peine, *Haus Horst im Emscherbruch, Stadt Gelsenkirchen.* Frühe Burgen in Westfalen 21[2] (Münster 2006).

Hagen, Schloss Hohenlimburg

E. Nordmar, *Schloß Hohenlimburg. Die Baugeschichte einer westfälischen Höhenburg* (Hagen 1960).

G. Aders / A. L. Hulshoff / G. Theuerkauf, *Burgen und Sitze.* In: G. Aders / A. L. Hulshoff, u.a., *Die Grafen van Limburg Stirum, T. II, Bd.4* (Assem/Amsterdam 1968) 256–269.

H. Lorenz, *Archäologen zu Gast auf Burgen der Grafen von Isenberg und von der Mark. Skript zu den Exkursionen im Rahmen des Essener Archäologischen Sommers 1993* (Essen 1993) 104–115.

Hagen, Raffenburg

W. Bleicher, *Die Raffenburg.* Heimatblätter für Hohenlimburg 38, 1977, 237–243.

A. Korthals, *Die Raffenburg. Eine fast vergessene westfälische Höhenburg.* Jahrbuch des Vereins für Orts- und Heimatkunde in der Grafschaft Mark 98, 1998, 67–83.

Hagen, Schloss Werdringen

D. Thier, *Werdringen, lebendige Geschichte im Ruhrbogen. Die Bauakte des Wasserschlosses Werdringen von 1799/1800 der Freiherren von der Recke* (Hagen 2001).

R. Blank, u.a. (Hrsg.), *Hagen. Geschichte einer Großstadt und ihrer Region* (Essen 2008).

Hamm, Burg Mark

U. Lobbedey, *Zur Baugeschichte von Haus Mark. Die Ausgrabung auf der Motte im Jahre 1973.* In: H. Zink (Hrsg.), *750 Jahre Stadt Hamm* (Hamm 1976) 39–68.

G. Eggenstein, *Vor, während und nach 1226 – Burg Mark.* In: G. Eggenstein / E. Schwinzer (Hrsg.), *Zeitspuren – Die Anfänge der Stadt Hamm*(Hamm 2001) 75–80.

G. Eggstein / A. Haasis-Berner, *Die Homburg und die Burg Mark, Kreisfreie Stadt Hamm.* Frühe Burgen in Westfalen 19 (Münster 2002).

Herne, Schloss Strünkede

K. Brandt, *Das Wasserschloss Strünkede und seine Ritter.* In: A. Knorre, *Schloss Strünkede* – Westfälische Kunststätten. Westfälischer Heimatbund (Münster 1981).

G. Wand-Seyer, *Ein uhralt, adelich und ritterlich Geschlechte. Zur Geschichte der Herner Adelsfamilie von Strünkede* (Herne 1992).

Krefeld, Burg Linn

E. Brües, *Krefeld. Teil 2: Uerdingen-Hohenbudberg, Linn-Gellep, Fischeln, Bockum-Oppum-Verberg, Benrad, Traar.* Die Denkmäler des Rheinlandes 13 (Düsseldorf 1967) 43–49.

C. Reichmann, *Neue Untersuchungen zur Baugeschichte der Burg Linn.* Die Heimat (Krefeld) 65, 1994, 131–148.

G. Rotthoff, *Burg und Herren von Linn.* In: R. Feinendegen / H. Vogt (Hrsg.), *Krefeld – Die Geschichte der Stadt, Bd. 1* (Krefeld 1998) 234–434.

Krefeld, Haus Rath

E. Brües, *Krefeld. Teil 2: Uerdingen-Hohenbudberg, Linn-Gellep, Fischeln, Bockum-Oppum-Verberg, Benrad, Traar.* Die Denkmäler des Rheinlandes 13 (Düsseldorf 1967) 96–97.

C. Reichmann, *Haus Rath im Mittelalter, Die Heimat* (Krefeld) 63, 1992, 36–51.

G. Rotthoff, *Haus Rath.* In: R. Feinendegen / H. Vogt (Hrsg.), *Krefeld – Die Geschichte der Stadt, Bd. 1* (Krefeld 1998) 404–409.

Märkischer Kreis, Burg Altena

H. H. Diedrich, *Burg Altena.* Westfälische Kunststätten 1 (Münster 1977).

A. Kracht, *Altena. Fritz-Thomée-Str. 80. 1.2 Burg.* In: *Kunst- und Geschichtsdenkmäler im Märkischen Kreis* (Altena 1984) 24–31.

J. Friedhoff, *Burg Altena.* In: J. Zeune, *Theiss Burgenführer Sauerland und Siegerland* (Stuttgart 2002) 22–25.

S. Eismann, *Die Burg Altena in Altena, Märkischer Kreis.* Frühe Burgen in Westfalen 28 (Münster 2009).

Kreis Mettmann: Ratingen, Haus zum Haus

G. Binding, *Grabungsbericht des Rheinischen Landesmuseums 1966.* Bonner Jahrbücher 168, 1968, 404–497.

J. Germes, *Die Ratinger Edelherren und ihre Burg. Geschichte der Wasserburg „Zum Haus".* Beiträge zur Geschichte Ratingens 6 (Ratingen/Düsseldorf 1973).

Mülheim/Ruhr, Burg und Schloss Broich

K. Ortmanns, *Schloß Broich in Mülheim an der Ruhr.* Rheinische Kunststätten 77^3 (Neuss 1992).

G. Binding, *Burg Broich im frühen Mittelalter. Die Ausgrabungen 1965/69 aus heutiger Sicht.* In: Geschichtsverein Mülheim an der Ruhr (Hrsg.), *900 Jahre Mülheim an der Ruhr* (Mülheim an der Ruhr 1993) 69–76.

H. Fischer, *Burg Broich an der Ruhr.* Jahrbuch Mülheim an der Ruhr 56, 2001, 29–34.

H. Fischer, *Historisches Museum Schloss Broich. Eine Museumsperle.* Jahrbuch Mülheim an der Ruhr 57, 2002, 29–35.

G. Binding, *Burg Broich an der Ruhr* (Mülheim an der Ruhr 2006).

R. A. Mostert, *Broich – Burg, Schloss, Residenz* (Essen 2008).

Mülheim/Ruhr, Schloss Styrum

K. Ortmanns, *Schloss Styrum in Mülheim an der Ruhr.* Rheinische Kunststätten 377 (Köln 1992).

H. Fischer, *Die Herren von Styrum und ihr Haus. Die Entstehung von Haus und Herrschaft Styrum in Mülheim.* Mülheimer Jahrbuch 1993, 215–221.

H. Fischer, *Die Grafen von Styrum.* Mülheimer Jahrbuch 1994, 193–203.

K. Rawe / E. Bocklenberg, *Schloss Styrum.* In: Geschichtsverein Mülheim an der Ruhr (Hrsg.), *Zeugen der Stadtgeschichte. Baudenkmäler und historische Orte in Mülheim an der Ruhr* (Essen 2008) 21–29.

Oberhausen, Schloss Oberhausen

F. Graf Westerholt-Arenfels, *Max Friedrich Graf Westerholt, seine Familie und seine Zeit* (Köln 1939).

W. J. Sonnen, *Rittersitz und Schloss Oberhausen.* Annalen des Historischen Vereins für den Niederrhein 166, 1964, 285–298.

R. Günter, *Oberhausen.* Die Denkmäler des Rheinlands 22 (Düsseldorf 1975).

K. Haucke, *August Reinking 1776-1819. Leben und Werk des westfälischen Architekten und Offiziers* (Münster 1991).

W. Gaida / H. Grothe, *Vom Kaisergarten zum Revierpark* (Bottrop u. Essen 1997) 147–151.

Kreis Recklinghausen: Castrop-Rauxel, Schloss Bladenhorst

K. Hartung, *Schloss Bladenhorst in der Geschichte.* In: Kultur und Heimat 13, 1961, 61–110.

K. Hoecken, *Historische Bau- und Kunstdenkmäler in Castrop-Rauxel.* In: *Castrop-Rauxel. Entwicklung einer Stadt im westfälischen Industriegebiet* (Castrop-Rauxel 1967).

W. Reinighaus, *Haus Bladenhorst, Hof und Gericht Castrop. Territoriale, wirtschaftliche und kirchliche Beziehungen bis zum Ende des Alten Reiches.* Beiträge zur Geschichte Dortmunds und der Grafschaft Mark 94, 2003, 63–86.

Kreis Recklinghausen: Herten, Schloss Herten

U. Schumacher-Haardt, *Schloss Herten.* Westfälische Kunststätten 68 (Münster 1993).

Kreis Recklinghausen: Datteln, Horneburg

J. Lappe, *Geschichte des Amtes Waltrop* (Waltrop 1938) 219–260.

H. Beverungen (Red.), *Horneburg – Geschichte und Geschichten.* Beiträge zur Orts- und Heimatkunde (Datteln 1983).

Kreis Recklinghausen: Datteln, Haus Vogelsang

A. Hunke, *Haus Vogelsang.* Vestisches Jahrbuch 49 (1942/47), 53–57.

Kreis Recklinghausen: Gladbeck, Schloss Wittringen

F. Herjo, *Das Adelsgeschlecht von Wittringen und Unverzagt aus dem Stamme von der Horst angesessen zu Wittringen in Gladbeck im Vest Recklinghausen.* Vestische Zeitschrift 84/85, 1985/86.

W. Schneider, *Haus Wittringen.* Westfälische Kunststätten 85 (Münster 1998).

Solingen, Schloss Burg

T. R. Kraus, *Entstehung der Landesherrschaft der Grafen von Berg bis zum Jahr 1225.* Bergische Forschungen XVI (Neustadt a. d. Aisch 1981).

D. Soechting, *Bergisches Museum, Burg Wupper, Solingen an der Wupper* (Braunschweig 1982).

D. Soechting (Red.), *„Für Kaiser, Volk und Vaterland". Der spätromantische Wiederaufbau von Schloss Burg seit 1887.* Festschrift zum 100jährigen Bestehen des Schlossbauvereins Burg an der Wupper (Köln 1987).

A. Kolodziej, *Herzog Wilhelm I. von Berg 1380–1408.* Bergische Forschungen XXXIX (Neustadt a. d. Aisch 2005)

C. G. Holtschneider, *Archäologische Untersuchungen auf Schloss Burg.* Romerike Berg 56, 2006, H. 1, 3–6.

J. Friedhoff, *Burg – Residenz – Stadt. Die Residenzorte der Grafen Sayn und Berg im Hoch- und Spätmittelalter.* In: J. Zeune (Hrsg.), *Von der Burg zur Residenz. Veröffentlichungen der Deutschen Burgenvereinigung e. V. Reihe B: Schrift Bd. 11* (Braubach 2009) 47–57.

Kreis Unna: Selm, Schloss Cappenberg

G. Dethlefs, *Der Freiherr vom Stein und Cappenberg.* Bildhefte des Westfälischen Landesmuseum für Kunst und Kulturgeschichte 36 (Münster 2001).

O. Ellger, *Cappenberg: Von der Burg zur Kirche. Ausgrabungen im Chor der ehem. Prämonstratenserstiftskirche St. Johannes Ev. in Selm-Cappenberg 1992/93.* Westfalen 78, 2000 (2002), 237–269.

W. Bockhorst, *Die Grafen von Cappenberg und die Anfänge des Stifts Cappenberg.* In: I. Crusius / H. Flachenecker (Hrsg.), *Studien zum Prämonstratenserorden.* Studien zur Germania Sacra 25 (Göttingen 2003) 57–74.

Kreis Unna: Holzwickede, Haus Opherdicke

H. Thümmler, *Bau- und Kunstdenkmäler von Westfalen, Kreis Unna* (Münster 1959) 59–369

W. Timm, *Geschichte der Gemeinde Holzwickede mit ihren Ortsteilen Hengsen, Holzwickede und Opherdicke* (Holzwickede 1988) 20–22.

Kreis Unna: Lünen, Schloss Schwansbell

P. Löffler, *Das Haus Schwansbell bei Lünen und seine Inventare.* Der Märker 11, 1968, 189–192.

W. Lehnemann, *Museum der Stadt Lünen im Schloss Schwansbell* (Lünen 1985).

R. Weitkamp, *Schloss Buddenberg und Schloss Schwansbell – Kaderschmieden des Nationalsozialismus.* In: F. Niklowitz / W. Heß, *Lünen 1918–1966* (Lünen 1991) 319–328.

W. Balzer, *Spuren, Steine, Denkmäler. Zeugnisse der Geschichte im Raum Lünen* (Lünen 1993) 107–115.

Kreis Unna: Schwerte, Haus Villigst

U. Barth, *Die Baugeschichte des Hauses Villigst.* Der Märker 22, 1973, 27–33.

A. Kracht, *Burgen und Schlösser im Sauerland, Siegerland, Hellwig, Industriegebiet – ein Handbuch* (Frankfurt/Main 1976).

R. Stirnberg, *Die Villigster Oberhöfe der Stifte Herdecke und Xanten und die Burg Villigst – Untersuchungen und Thesen zur Geschichte.* Hohenlimburger Heimatblätter 61, 2000, 41–69.

Die Sagen dieses Bildbandes wurden den Sagenbüchern *Ruhrsagen* und *Emschersagen* von Dirk Sondermann entnommen.

Abbildungsnachweis

Wolfgang Hannig: S. 29, 32, 48, 71, 75, 88, 99, 107, 113, 116/7, 131, 134, 140, 141, 149, 156, 161 u. 172.

Dr. C. Kneppe: S. 157.

Dr. Stefan Leenen: S. 20, 34, 36, 54, 56, 61, 67, 68, 85, 91, 132, 146 (2×), 159, 162 u. 168.

LWL-Pressestelle: S. 9 (unten links).

Kai Niederhöfer, M. A.: S. 142.

Christoph Ohlig: S. 11.

Dr. Barbara Seyock: S. 9 (unten rechts).

Alle übrigen Fotografien wurden vom Herausgeber aufgenommen.

Abb. 10.1 auf S. 10 nach H. W. Böhme (Hrsg.) u. a., Burgen in Mitteleuropa: ein Handbuch. Bd. 2: Bauformen und Entwicklung (Stuttgart 1999) 138, Abb. 48.

Die Pastellbilder auf dem Titelblatt sowie auf den S. 20, 23, 26, 30, 33, 35, 38, 41, 44 (2×), 47, 49, 52, 72, 78, 81, 83, 89, 92, 94, 98, 102, 104, 110, 112, 114 118, 124, 129, 144, 147, 152, 154, 159, 169, 171, 173 u. 175 werden Joachim Blome verdankt.

Gladbeck: Schloss Wittringen.

Wesel
Lippe
Rhein
Essen
Ruhr
Duisburg
Düsseldorf
Rhein
10 km